독자의 1초를
아껴주는 정성을
만나보세요!

세상이 아무리 바쁘게 돌아가더라도 책까지 아무렇게나 빨리 만들 수는 없습니다.
인스턴트 식품 같은 책보다 오래 익힌 술이나 장맛이 밴 책을 만들고 싶습니다.
땀 흘리며 일하는 당신을 위해 한 권 한 권 마음을 다해 만들겠습니다.
마지막 페이지에서 만날 새로운 당신을 위해 더 나은 길을 준비하겠습니다.

모두의 아두이노 DIY

Arduino DIY for Everyone

초판 발행 · 2020년 8월 31일
초판 2쇄 발행 · 2023년 2월 10일

지은이 · 김홍덕
발행인 · 이종원
발행처 · (주)도서출판 길벗
출판사 등록일 · 1990년 12월 24일
주소 · 서울시 마포구 월드컵로 10길 56(서교동)
대표전화 · 02)332-0931 | **팩스** · 02)323-0586
홈페이지 · www.gilbut.co.kr | **이메일** · gilbut@gilbut.co.kr

기획 및 책임편집 · 이원휘(wh@gilbut.co.kr) | **디자인** · 여동일 | **제작** · 이준호, 손일순, 이진혁
마케팅 · 임태호, 전선하, 차명환, 박민영, 지운집, 박성용 | **영업관리** · 김명자 | **독자지원** · 윤정아, 최희창

교정교열 · 이미연 | **전산편집** · 박진희 | **출력 및 인쇄** · 북토리 | **제본** · 신정문화사

• 이 도서의 국립중앙도서관 출판예정도서목록(CIP)은 서지정보유통지원시스템(http://seoji.nl.go.kr)과
  국가자료종합목록구축시스템(https://kolis-net.nl.go.kr)에서 이용하실 수 있습니다.(CIP제어번호: CIP2020033765)

ISBN 979-11-6521-267-4 93000 (길벗 도서번호 080215)

정가 27,000원

- -

독자의 1초를 아껴주는 정성 길벗출판사

(주)도서출판 길벗 | IT교육서, IT단행본, 경제경영서, 어학&실용서, 인문교양서, 자녀교육서 www.gilbut.co.kr
길벗스쿨 | 국어학습, 수학학습, 어린이교양, 주니어 어학학습, 학습단행본 www.gilbutschool.co.kr

페이스북 • www.facebook.com/gbitbook

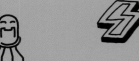

모두의
아두이노
ARDUINO
DIY

17가지 프로젝트로 만드는
나만의 스마트홈

김홍덕 지음

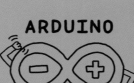

길벗

흔히 미래 사회는 인공지능 시대라고 이야기합니다. 이에 학교에서도 인공지능 및 4차 산업에 필요한 인재를 키우기 위해 초·중학교 때부터 소프트웨어 교육을 의무화했습니다. 또한 창의력, 융합능력, 문제해결력을 갖춘 미래형 인재를 기르기 위해 메이커 교육이 인기를 얻고 있습니다. 다양한 도구를 이용해 자신이 원하는 작품을 설계하고 제작하는 메이커 교육과 코딩을 직접 해보는 소프트웨어 교육에 가장 적합한 것이 바로 아두이노입니다.

이 책에는 서울시교육청에서 운영하는 영재교육원의 '융합 정보' 분야 베테랑 강사이자 정보통신 및 소프트웨어 관련학과를 맡은 경험이 있는 저자의 노하우가 담겼습니다. 저자는 센서나 전자 소자의 기본 개념과 동작을 설명하고 아두이노 보드를 활용해 새로운 기능을 수행하는 프로젝트를 구현할 수 있도록 이 책을 단계별로 구성했습니다. 이 책을 통해 아주 단순한 부품 사용법부터 다양한 부품과 회로를 구성하고 프로그램을 코딩해 하나의 제품을 만드는 과정까지 재미있고 쉽게 배울 수 있습니다. 이 책이 여러분을 미래형 인재로 이끌어주길 기원합니다.

이주암_강서공업고등학교장

아두이노가 세상에 나온 뒤 십여 년이 지날 때까지 만족스러운 아두이노 책을 찾지 못했는데, 드디어 만났습니다. 이 책은 아두이노를 어떻게 활용하는지 친절히 설명하고 그 과정을 세세히 제시해 아두이노를 처음 접하는 왕초보도 쉽게 따라 할 수 있습니다. 또한 사용하는 소자들을 자세히 설명해, 단순히 해보는 수준이 아니라 동작 원리까지도 쉽게 이해할 수 있습니다. 그야말로 아두이노 이론과 실습을 한 권으로 마스터할 수 있는 책입니다. 여러분도 이 책 한 권으로 아두이노 전문가가 되시길 바랍니다.

이명훈_충남대학교 사범대학 기술교육과 교수

아두이노 책은 일반적으로 실습과 프로그램 코드를 설명하는 것으로 구성됩니다. 이 책은 아두이노를 이용해 혼자서 작품을 제작할 수 있도록 실습 과정을 자세히 설명하고, 각 단계와 실습 결과를 동영상으로도 확인할 수 있습니다. 학교 현장에서 아두이노를 수업하는 교사뿐 아니라 혼자서 아두이노를 공부하는 학생, 일반인에게도 아주 유용한 책이 될 것입니다.

김민영_서울공업고등학교 교사

현장에서 코딩 수업을 진행하는 교사로서 우리 주변 사물이나 기계의 제어 없이 피상적으로 코딩을 배우는 모습이 때로 안타깝게 느껴졌습니다. 이 책은 아두이노를 처음 시작하는 사람, IoT와 함께 달라진 삶에 더 적극적으로 대처하려는 사람에게 좋은 책입니다. 종합 프로젝트로 선정된 과제가 조금 어려워 보여도, 기초적인 하드웨어를 이해하고 조금씩 업그레이드해가는 과정에서 단계적으로 사고를 확장할 수 있게 구성된 교재입니다. 내용 이해를 넘어 자연스럽게 창의력을 확장하도록 구성됐습니다.

스마트 제어 중 어려운 프로젝트는 앱 인벤터를 사용해 어려움을 덜었습니다. 또한, QR 코드로 동영상에 쉽게 접속해 확인할 수 있도록 안내한 것도 중도에 실습을 포기하지 않고 열공하도록 이끄는 요소입니다. 부디 많은 독자가 이 책으로 4차 산업혁명 시대를 살아가는 구성원으로서 갖춰야 할 역량을 원하는 만큼 확장하길 기대합니다.

김신애_금호고등학교 교사

이 책의 강점은 현직 교사인 저자가 아두이노에 입문하는 학생의 관점에서 쉽게 따라 하고 익힐 수 있도록 Project Job 위주로 구성했다는 점입니다. 프로그래밍 지식이 전무하더라도 충분히 익히고 따라 할 수 있도록 DIY 실습 내용을 다뤄 아두이노 입문의 문턱을 최대한 낮췄습니다. 아두이노와 프로그래밍을 동시에 배우고 싶은 분에게 이 책을 추천합니다.

박성열_수도전기공업고등학교 교사

이 책은 다양한 센서를 연동해 실습할 수 있는 예제가 많이 수록돼 있어, 아두이노를 배우려는 독자에게 아두이노에 대한 풍부한 경험을 제공해줍니다. 무엇보다 이 책이 돋보이는 점은 '종합 프로젝트'의 구성입니다. 종합 프로젝트로 앞서 배운 기초 및 응용 과제를 흥미로우면서도 융합적인 결과물로 만들어낼 수 있습니다. 쉽고 재미있게 아두이노를 배우기 시작해 어느새 4차 산업혁명의 핵심기술인 IoT의 영역 안에 들어가 있을 것입니다.

신수진_서울전자고등학교 교사

이 책은 전기전자 교과목을 배운 학생이나 기초 전기전자 실습을 해본 일반인이라면 누구나 쉽게 이해할 수 있게 적혔습니다. 아두이노를 경험한 사람이 재료 구입, 출력 설정, 제작, 시연까지 일련의 과정을 실습함으로써 이해를 높이고 자신의 프로젝트 활동에 도움이 되도록 책이 구성됐으며, 실습이 조금 어려워도 QR 코드를 활용해 도움을 받을 수 있고 앱 인벤터 실습까지 포함돼 있어 종합적인 실습이 가능합니다. 이 책은 아두이노를 다양하게 활용할 수 있게 예제를 구성해 아두이노의 활용성을 높여줍니다.

조동현_경기기계공업고등학교 교사

"교재 안에 아두이노 개인과외 선생님이?"
이 책은 전자소자 소개부터 시작해 소자를 이용한 기본 구현, 응용 과제, 업그레이드 프로젝트까지 경험하게 해줍니다. 그리고 모든 과정을 동영상으로 선생님의 개인지도를 받습니다. 가히 획기적이라 할 수 있습니다.

마이스터고 학생을 대상으로 한 아두이노 수업을 준비하며 아두이노 책과 유튜브 영상을 많이 찾아봤습니다. 양이 너무 방대해서 어디부터 시작해야 하나 막막했던 경험이 있습니다. 책 한 권에 아두이노 기초부터 심화 과정까지 체계적으로 정리한 책은 이 책이 유일합니다. 거기다 모든 과정마다 QR 코드로 동영상이 제공되니 친절한 개인지도를 받는 것 같습니다. 아두이노 개인지도를 받고 싶은 모든 이에게 추천하고 싶습니다.

최유진_서울로봇고등학교(마이스터고) 교사

이 책은 아두이노를 기반으로 '직접 만들어 가는 메이커'적 재미와 '창의적이고 융합적 사고와 문제해결능력을 향상'하려는 교육적 목적에 충실하게 구성됐습니다. 각 장의 핵심 소자나 센서를 '기본–응용–Semi 프로젝트' 순으로 확장해 나아감으로써 기본기를 탄탄히 하고 응용 및 활용할 수 있도록 이끌어 아두이노를 처음 접하는 초보자에게도 무척 도움이 됐습니다. 장을 거듭하면서 앞에서 경험한 소자와 센서가 결합된 새로운 과제를 수행함으로써 종합적이고 융합적 사고로 자연스럽게 발전시켜 나아갈 수 있었습니다. 특히 종합 프로젝트를 중간중간 배치하여 4차 산업혁명에 필요한 핵심 역량을 체득하며 발전시켜 나가도록 구성한 것이 인상적이었습니다.

모든 과정을 그림을 통해 직관적으로 설명하고, 한 계단씩 단계별로 진행 및 검증해볼 수 있었습니다. 실습 내용과 과정을 동영상으로 확인해볼 수 있도록 QR 코드를 제공하는 세심한 배려 또한 잊지 않았습니다.

초등학교 4학년 아이와 함께 직접 아두이노 키트로 실습을 진행했습니다. 처음 한두 챕터는 부모 주도의 학습과 실습을 진행하면서 책 내용대로 각종 소자와 센서를 배치하고, 연결 원리와 방법을 설명하고, 프로그래밍 방법을 가이드했습니다. 이후에는 아이 스스로 모든 과정을 진행하고 마무리했습니다. 점진적이고 단계별로 사고를 확장하고 문제를 해결해 나갈 수 있는 구성 덕에 초등학생 아이도 큰 어려움 없이 할 수 있었다고 생각합니다.

아두이노와 DIY는 새로운 시대에 필요한 역량을 체득하고 인재로 성장할 수 있는 훌륭한 도구입니다. 우리 아이의 성장을 위해 어떻게 도와줘야 할지, 저와 같은 생각과 고민을 하는 이 시대 부모들에게 하나의 지침서가 되길 희망합니다.

김용회_㈜씨에스피아이 IT개발자 / 김태환_영덕초등학교 4학년

이 책은 아두이노를 기초부터 응용까지 한 권으로 습득할 수 있는 책입니다. 챕터마다 '기본 동작–응용–Semi 프로젝트'가 있어 단계별로 쉽게 따라 할 수 있었습니다. 단계별 실습은 여러 기능이 모여 하나의 프로젝트가 되는 것을 직접 확인하고, '아하, 이렇게 되는구나'를 깨닫게 해줬습니다. 또한, 종합 프로젝트로 쉽고 재미있게 나의 작품을 만들어볼 수 있었습니다. 마지막으로 앱 인벤터를 통해 안드로이드 앱과 연동해 아두이노로 소자들을 제어해보는데, 무궁무진하게 응용할 수 있는 내용이었습니다.

김두환_직장인

이 책에서는 실생활에 사용할 수 있는 제품을 만드는 다양한 부품을 소개합니다. 본문은 부품의 원리, 회로 연결 방법, 예시 부품만 이용한 예제, 부품을 둘 이상 활용한 예제, 프로젝트에 적용할 수 있는 예제 순으로 진행됩니다. 책을 따라가며 코드를 수정해보고 부품을 바꿔보며 학습하니 실력이 쌓이는 것을 느꼈습니다. 실습하면서 깨달은 점은 회로를 이해하는 것은 물론, 프로그래밍 능력 또한 필요하다는 점입니다. OLED, 미세먼지 센서 같은 부품의 활용 방법을 더 알아나가야겠다고 생각했습니다. 다른 책에서는 아두이노를 기본만 배우고 정작 프로젝트를 하려고 하면 OLED 디스플레이와 마그네틱 스위치, 블루투스처럼 새로운 부품이 필요했습니다. 이 책은 프로젝트에 필요한 부품 위주로 설명해 실제로 프로젝트를 만들어보는 데 도움이 많이 됐습니다. 이 책 덕분에 머릿속에서만 생각했던 IoT 제품을 직접 구현해볼 수 있겠다는 자신감이 생겼습니다.

최성일_프리랜서

편집자 실습 후기

아두이노는 처음 사용해봤습니다. 아무것도 몰라서 막막한 기분으로 시작했으나 생각보다 쉽게 실습에 성공할 수 있었습니다. 처음에는 간단한 소자와 코드로 단순한 동작을 시켜보고, 그 다음에는 더 다양하게, 그 다음에는 더 복잡하게, 단계별로 진행하다 보니 어느새 마지막 실습이었습니다. 이 구성은 난이도와 진입 장벽을 낮춰주면서, 동시에 아두이노의 매력 또한 잘 느낄 수 있게 해줬습니다. 아두이노는 내가 원하는 기능을 내 손으로 직접 구현할 수 있게 해줍니다. 게다가 내가 조금 더 생각하면 더 편리하게, 더 쉽게 구현할 수 있습니다. 궁리하고 연구해 도구와 기능을 개선시켜 나가는 아두이노와 DIY의 장점을 이 책으로 경험해보길 추천합니다.

'4차 산업혁명' 하면 무엇이 떠오르나요? 이제는 트렌드(Trend)에서 멀어진 단어라고 생각하나요? 그렇지 않습니다. 현재 많은 나라가 4차 산업혁명의 선두주자가 되기 위해 여러 분야에서 연구와 개발을 활발히 진행하고 있습니다. 특히 교육 분야에서는 4차 산업혁명이 요구하는 미래형 인재를 어떻게 육성할 수 있을지가 큰 화두입니다. 그렇다면 4차 산업혁명에서 강조하는 핵심 역량은 무엇일까요? 바로 창의적 사고, 융합, 협업, 의사소통, 문제해결력 등이 핵심 역량으로 강조되고 있습니다.

'아두이노를 활용한 프로젝트'는 4차 산업혁명에서 강조하는 핵심 역량을 함양시킬 수 있는 효과적인 교육 방법입니다. 이 책을 통해 핵심 역량을 기를 수 있도록 하려면 내용을 어떻게 구성해야 할지 많이 고민했습니다. 고민에 대한 결론을 다음과 같이 책에 녹여봤습니다.

첫째, 미래 인재의 핵심 역량을 개발할 수 있는 환경을 마련했습니다. 창의적 사고, 융합, 협업, 의사소통, 문제해결력 등을 기르기 위해 프로젝트 중심으로 내용을 구성했습니다. 이 책은 3개의 종합 프로젝트로 이루어져 있고, 종합 프로젝트는 다시 Semi 프로젝트로 나뉩니다. Semi 프로젝트는 종합 프로젝트를 구현하기 위해 서로 연계돼 있습니다. 독자들은 프로젝트에 직접 참여하면서 자연스럽게 핵심 역량을 체득할 수 있는 값진 경험을 할 것입니다.

둘째, 각 장을 기초, 응용 과제, Semi 프로젝트로 구성했습니다. 기초 부문에서는 전자 소자 또는 센서의 기본 개념과 동작을 설명합니다. 응용 과제 부문에서는 기초 부문에서 학습한 기본 개념을 바탕으로 새로운 전자 소자 또는 센서를 연계해 새로운 기능이나 시스템을 구현합니다. Semi 프로젝트 부문에서는 종합 프로젝트를 구현하기 전에 초보자의 부담을 줄이고 bottom-up 방식으로 종합 프로젝트를 구현할 수 있도록 했습니다. 종합 프로젝트의 전체 기능을 몇 개의 작은 기능으로 나누고, 나눈 기능을 Semi 프로젝트에서 하나씩 구현할 수 있도록 구성했습니다. 각 장의 Semi 프로젝트에서 구현된 기능을 합치면 종합 프로젝트의 전체 기능이 구현됩니다.

셋째, 교과목 간 융합을 실천할 수 있는 프로젝트를 마련했습니다. 하나의 종합 프로젝트를 달성하기 위해서는 여러 교과목의 지식과 능력이 필요합니다. 하드웨어 구현하기에서는 전압, 전류, 저항, 전자 소자 및 센서의 특성, 브레드보드 사용법, 아두이노 보드 특성 등의 전기, 전자 교과목의 지식이 필요합니다. 소프트웨어 구현하기에서는 프로그램을 계획, 작성, 수정 및 보완, 테스트할 수 있는 프로그래밍 교과목의 지식과 능력이 요구됩니다. 외관 구현하기에서 작품에 대한 전체 설계는 제도, 디자인 교과목의 지식과 감각이 필요합니다. 아두이노 프로젝트는 미래 · 융합 교육을 실천하는 교육 방법입니다. 다양한 교과목의 지식과 능력을 융합해 하나의 프로젝트 작품을 구현해나갈 수 있게 구성했습니다.

이 책은 4차 산업혁명에서 요구하는 교육적 메시지와 학교 현장의 상황을 반영해 세상 밖으로 나오게 됐습니다. 책에서 소개하는 내용을 하나씩 밟아나간다면 그 과정 속에서 많은 것을 느끼고, 가치 있는 경험을 하게 될 것입니다. 이 책이 대한민국을 이끌어 나갈 미래 인재를 육성하는 데 작게나마 교육적 밑거름이 되기를 기원합니다.

마지막으로 책이 나오기까지 많은 관심과 적극적인 지원을 해주신 이원휘 과장님과 관계자분들께 깊은 감사를 드립니다. 어려운 부탁에도 흔쾌히 책에 대한 의견을 주신 이주암 교장 선생님, 이명훈 교수님, 동료 선생님(김민영, 김신애, 박성열, 신수진, 조동현, 최유진) 진심으로 감사합니다. 늘 한결같은 지지와 응원을 보내주는 사랑하는 우리 가족, 묵묵히 힘겨움을 이겨내고 희생해준 사랑하는 아내 수연이와 추억을 많이 남기지 못해 항상 미안한 마음뿐인 이 세상 보물 고운, 지운에게도 감사한 마음을 전합니다.

김홍덕

이 책의 활용법

예제 파일 내려받기

이 책에서 사용하는 예제 코드는 길벗 홈페이지에서 도서명으로 검색해 내려받거나 아래 깃허브 저장소에서 내려받을 수 있습니다.

- 길벗 홈페이지: https://www.gilbut.co.kr
- 길벗 깃허브: https://github.com/gilbutITbook/080215

무료 동영상 강의 듣기

무료 동영상 강의 듣기

다음 유튜브에서 이 책의 무료 동영상 강의를 들을 수 있습니다. 본문의 QR 코드나 단축 URL을 사용하면 해당 강의로 바로 연결됩니다.

- 길벗 유튜브: http://bit.ly/2ES67EL
- 저자 유튜브: http://bitly.kr/4xtQYGMxlxu

실습 시 유의사항

① '하드웨어 구현하기'에서는 브레드보드에 전자 소자, 센서 등의 배치를 소개합니다. 실습할 때 참고하되 책에 제시한 배치 위치와 반드시 일치하지 않아도 됩니다. 브레드보드의 여유 공간에 자유롭게 배치해도 됩니다. 중요한 것은 점퍼 케이블을 사용해 제대로 연결하는 것입니다.

② 센서의 제조사마다 핀 표기가 다를 수 있습니다. 즉, '하드웨어 구현하기'에서 안내한 핀 표기와 소지한 재료의 핀 표기가 다를 수 있습니다. 이 경우 연결 대상과 소지한 센서의 핀 표기를 확인한 후에 연결해주세요.

재료 구입과 사용에 대해

① 소지한 재료가 책에서 사용한 부품 목록과 다를 수 있습니다. 같은 기능을 수행하는 재료라면 사용해도 됩니다. 이때 코드의 일부가 변경될 수 있습니다. 예를 들어 온·습도 센서의 경우 책에서는 DHT11을 사용하는데 DHT22를 사용할 때 프로그램 코드의 일부를 변경하면 똑같이 사용할 수 있습니다.

② 모터는 사양이 다양하므로 책에서 사용한 모터를 사용할 것을 권장합니다. 다른 사양의 모터를 사용할 경우 실습 결과가 달라질 수 있습니다.

③ 납땜이 필요한 재료가 있습니다. 납땜 방법 및 도구는 책에서 별도로 안내하지 않았습니다.

④ 9V 건전지를 추가로 사용하는 실습(17장)에서는 6V(1.5V×4개) 건전지를 사용해도 됩니다. 6V를 사용할 경우에는 배터리 홀더도 6V용을 사용합니다.

외관 제작 관련

① 소지한 재료가 책에서 사용한 재료와 다른 경우에는 가진 재료의 실제 치수를 외관 제작 시 반영해야 합니다. 책의 치수는 책에서 사용한 재료의 치수를 바탕으로 한 것입니다.

② 외관 제작 시 점퍼 케이블 길이를 연장할 때는 실제 필요한 길이만큼 점퍼 케이블을 추가해 연장하면 됩니다.

③ 재료를 견고하게 고정하기 위해서는 순간 접착제 또는 글루건을 사용하면 됩니다.

④ 재료 목록에 나타난 절단부 위치와 비율은 실제와 차이가 있을 수 있습니다. 실제 외관을 설계하고 절단할 때는 재료 목록에 표시된 치수를 기초로 수행합니다.

목차

0장

아두이노 시작하기

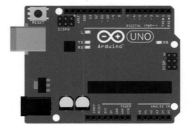

아두이노로 프로젝트를 진행하기 위해서는 두 가지 과정이 필요합니다. 첫 번째는 하드웨어를 구현하는 과정이고, 두 번째는 소프트웨어를 구현하는 과정입니다.

하드웨어 구현은 아두이노, 브레드보드, 점퍼 케이블, 전자 소자, 센서 등을 이용해 회로가 정상적으로 작동할 수 있도록 만드는 과정입니다. 소프트웨어 구현은 사용자가 원하는 대로 하드웨어가 동작하도록 프로그램을 작성하는 과정입니다. 프로그램을 작성하기 위해서는 IDE(통합 개발 환경) 프로그램을 설치해야 합니다. 프로그램은 다음 단계를 따라 설치합니다.

1 익스플로러나 크롬 주소창에 https://www.arduino.cc를 입력합니다.

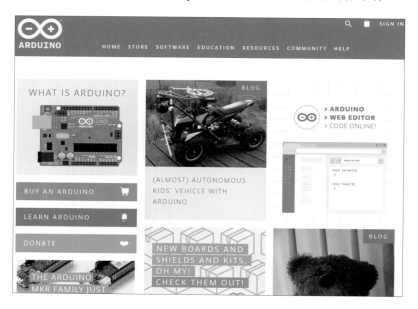

2 [SOFTWARE]-[DOWNLOADS] 메뉴를 클릭해 본인의 운영 체제에 맞는 아두이노 IDE를 내려받습니다. 만약 운영 체제로 Windows를 사용한다면 **Windows installer, for Windows 7 and up**을 클릭합니다. 아두이노 IDE의 버전은 주기적으로 업데이트되기 때문에 최신 버전을 내려받으면 됩니다.

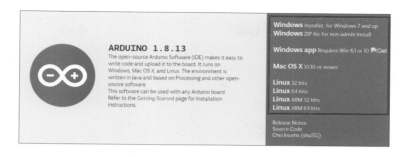

3 JUST DOWNLOAD를 클릭해 내려받습니다.

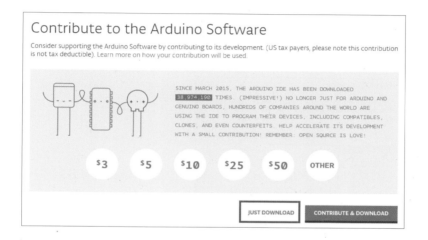

4 내려받은 아두이노 IDE를 더블클릭해 실행한 후 Setup 창이 뜨면 **I Agree**를 클릭합니다.

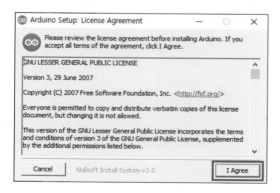

5 Next를 클릭해 계속 설치합니다.

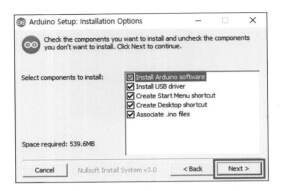

6 설치 경로를 확인하고 Install을 클릭합니다.

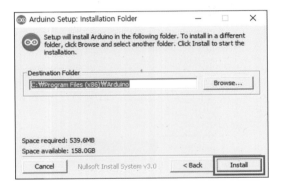

7 아두이노 보드가 CH340일 경우에는 드라이버를 추가로 설치해야 합니다(부록의 부품 리스트 참조). 설치가 완료되면 바탕화면에 생성된 Arduino 아이콘을 더블클릭해 실행 시킵니다.

8 아두이노 전용 USB 케이블을 사용해 아두이노 보드와 컴퓨터를 연결해줍니다.

9 아두이노 IDE [툴]-[보드]에서 컴퓨터와 연결한 아두이노 보드를 선택합니다. 이 책에서는 아두이노 우노(Uno) 보드를 사용합니다.

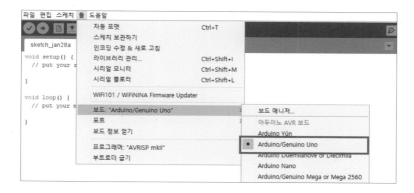

10 [툴]-[포트]에서 COMx(Arduino/Genuino Uno)를 선택합니다. 포트는 컴퓨터와 아두이노 간에 데이터를 주고받을 때 통로 역할을 합니다. 컴퓨터마다 COM 다음 숫자는 다를 수 있습니다. 'Arduino/Genuino Uno'라고 표시된 포트를 선택하면 됩니다. 해당 메시지가 표시되지 않는 경우에는 COM 1, 2를 제외한 포트를 선택합니다.

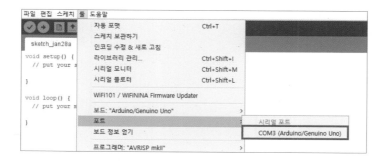

11 아두이노 IDE의 메인 화면을 살펴볼까요? 스케치 편집 화면은 프로그램 코드를 입력하는 부분입니다. 프로그램 작성이 완료되면 업로드 버튼을 클릭해 프로그램을 아두이노 보드로 업로드시켜 줍니다. 정상적으로 업로드가 완료되면 구현된 하드웨어가 프로그램 순서에 맞게 동작합니다.

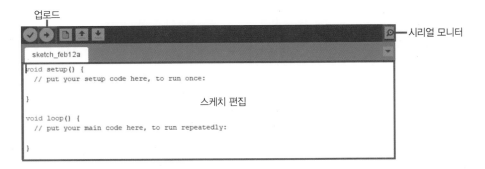

12 시리얼 모니터는 전자 소자의 상태나 센서가 읽어오는 데이터 등을 확인할 때 사용하며, 클릭하면 다음과 같은 창이 열립니다.

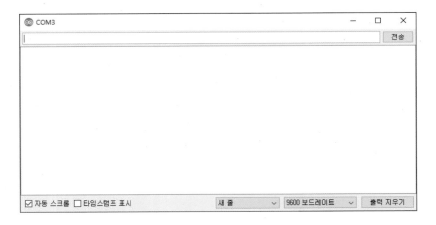

지금까지 프로그램 작성에 필요한 아두이노 IDE를 설치하고, 환경 설정하는 방법을 알아봤습니다. 다음 장부터는 프로젝트에 사용되는 전자 소자와 센서에 대해 개념, 사용법 등을 알아보겠습니다.

터치 센서

터치 센서 소개

터치 센서는 어떤 기능을 수행하는 센서일까요? 센서 이름에서 알 수 있듯이 터치 여부를 감지하는 센서입니다. 센서를 터치했을 때 발생하는 신호로 다양하게 제어할 수 있습니다. 터치 센서는 터치 여부를 인식하는 방식에 따라 감압식, 정전식, 적외선식 등으로 나눕니다.

표 1-1 터치 센서 종류와 특징[1]

	감압식	정전식	적외선식
터치 인식	물리적인 압력	전기 신호의 변화	차단되는 적외선 감지
장점	• 저비용 • 높은 정밀도	• 높은 해상도 • 멀티 터치 가능	큰 화면
단점	• 느린 반응속도 • 멀티 터치 불가능 • 낮은 해상도	• 고비용 • 정밀 조작의 어려움 • 전도성 있는 물체로만 터치 가능	• 고비용 • 큰 부피 • 고스트 터치 현상
활용	PDA, 닌텐도 게임기	스마트폰, 태블릿	ATM, 키오스크

정전식 터치 방식은 센서의 일정 부분을 눌렀을 때 변하는 전기 신호로 터치 여부를 판별합니다. 이 장에서는 정전식 터치 센서를 사용해 터치 이벤트 확인, LED 제어 등을 수행하겠습니다.

그림 1-1 정전식 터치 센서

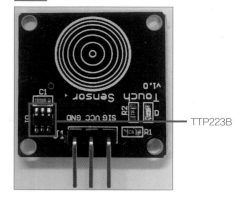

TTP223B

---

1 [출처] https://namu.wiki/w/%ED%84%B0%EC%B9%98%20%EC%8A%A4%ED%81%AC%EB%A6%B0

먼저 터치 센서의 동작을 이해하기 위해 데이터시트를 살펴보겠습니다.

그림 1-2 터치 센서 회로 구조[2]

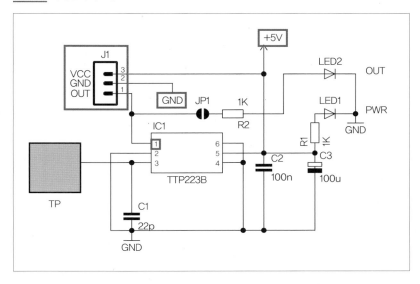

그림 1-3 TTP223B 패키지 패드 배치와 설명[3]

Pad No.	Pad Name	I/O Type	Pad Description
1	Q	O	CMOS output pin
2	VSS	P	Negative power supply, ground
3	I	I/O	Input sensor port
4	AHLB	I-PL	Output active high or low selection, 1=>Active low; 0(Default)=>Active high
5	VDD	P	Positive power supply
6	TOG	I-PL	Output type option pin, 1=>Toggle mode; 0(Default)=>Direct mode

터치 센서는 3개의 핀(GND, VCC, SIG)으로 구성됩니다. 터치 센서 3개의 핀은 그림 1-2
의 J1에 해당합니다. J1에서 VCC 핀은 5V, GND 핀은 GND와 연결된 것을 확인할 수 있
습니다. OUT(SIG) 핀은 터치 여부를 감지하는 IC 소자인 TTP223B의 1번과 연결되고,
1번 핀의 용도를 그림 1-3에서 살펴보면 CMOS output pin이라고 적혀 있습니다. 즉, 1번
핀을 통해 디지털 신호가 출력된다는 의미로, 1번 핀과 연결된 OUT(SIG) 핀을 통해 출력되

---

2   [출처] https://www.electroschematics.com/ttp223-capacitive-touch-switch-circuit/

3   [출처] https://www.electroschematics.com/wp-content/uploads/2015/04/ttp223-datasheet.pdf

는 디지털 신호를 파악할 수 있습니다. 터치 센서를 누르면 HIGH(1) 신호가 발생하고 누르지 않으면 LOW(0) 신호가 발생합니다.

데이터시트 내용 중 Operating voltage 2.0V~5.5V는 터치 센서의 작동 전압을 말합니다. 즉, 터치 센서는 2.0~5.5V에서 동작하므로 VCC 핀은 아두이노 5V 핀에 연결하고, GND 핀은 접지(Ground) 처리를 위해 아두이노의 GND 핀과 연결합니다. OUT(SIG) 핀은 아두이노의 디지털 핀(2~13번) 중 하나에 연결하면 됩니다.

> **TIP 데이터시트**
>
> 가전제품을 사면 설명서를 보면서 기능을 하나씩 동작시켜 보죠? 마찬가지로 전자 소자와 센서 등을 동작시키기 위해서는 제품 설명서인 데이터시트를 살펴봐야 합니다. 데이터시트는 제품 특징, 회로 구조, 핀 기능 등 상세한 정보를 알려줍니다. 전자 소자나 센서 등을 사용하기 전에 데이터시트를 참고하는 습관은 매우 중요합니다. 만약 제품이 허용하는 전압, 전류를 초과하거나 그 미만으로 제공할 경우 제품이 고장나거나 제대로 동작하지 않을 수 있습니다. 따라서 데이터시트로 제품을 정확하게 이해한 후 올바르게 사용하는 것이 중요합니다.

② 터치 이벤트 확인하기

터치 센서를 사용해 터치 이벤트를 확인하겠습니다. 하드웨어 구현하기에서는 터치 센서가 정상 동작할 수 있도록 회로를 구현합니다. 회로 구현이 완료되면 소프트웨어 구현하기에서 희망하는 제어 동작을 프로그래밍해 프로그램을 구현합니다. 프로그램 구현이 완료된 후 업로드 버튼을 클릭하면 프로그램 코드를 검사하고 이상이 없으면 프로그램이 아두이노로 업로드됩니다. 업로드가 완료되면 프로그램 코드에 맞게 회로가 동작하고 동작 결과를 확인하면 됩니다.

표 1-2 재료 목록

아두이노 보드 우노(Uno)	브레드보드 (400핀)	터치 센서 (TTP223B)	점퍼 케이블 수(Male)-수(Male)
1개	1개	1개	3개

이 절에서는 손가락으로 터치 센서를 눌렀을 때 발생하는 이벤트를 감지해 시리얼 모니터에 'Touched'라는 메시지가 나타나도록 구현하겠습니다.

2.1 하드웨어 구현하기

이 절의 실습 내용을 동영상으로 볼 수 있습니다.
QR 코드를 스캔하거나 http://bitly.kr/YlFU3HiER 페이지로 접속하세요.

하드웨어 구현하기에서 전자 소자나 센서 등을 브레드보드에 장착할 때는 브레드보드의 양옆 전원부를 제외하고 가운데 부분 빈 공간에 장착하면 됩니다. 장착 위치는 크게 중요하지 않습니다. 즉, 그림 1-4와 동일한 위치에 장착하지 않아도 괜찮습니다. 장착 위치보다 중요한 것은 점퍼 케이블을 사용해 회로가 정상 동작할 수 있도록 제대로 연결하는 것입니다. 예를 들어 터치 센서의 GND 핀은 반드시 아두이노 GND 핀과 연결돼야 합니다. 만약 아두이노 5V 핀과 연결됐다면 회로는 제대로 동작하지 않습니다. 이 점을 참고해 실습해봅시다.

1 터치 센서를 브레드보드에 꽂습니다.

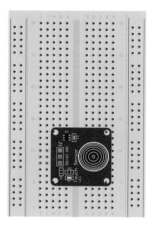

2 아두이노의 GND 핀과 터치 센서의 GND 핀을 점퍼 케이블로 연결합니다.

3 아두이노의 5V 핀과 터치 센서의 VCC 핀을 점퍼 케이블로 연결합니다.

4 아두이노의 7번 핀과 터치 센서의 SIG 핀을 점퍼 케이블로 연결합니다.

2.2 소프트웨어 구현하기(practice_1.ino)

 이 절의 실습 내용을 동영상으로 볼 수 있습니다.
QR 코드를 스캔하거나 http://bitly.kr/Fon45LIKI 페이지로 접속하세요.

터치 이벤트는 어떻게 확인할 수 있을까요? 터치 이벤트가 발생하면 SIG(7) 핀에서 디지털 신호가 출력됩니다. 출력되는 신호가 디지털이기 때문에 digitalRead( ) 함수로 읽어주면 됩니다. 신호를 읽었다면 해당 신호를 확인해야겠죠? 가장 쉽게 신호를 확인하는 방법은 시리얼 통신을 이용하는 것입니다. 시리얼 통신이 동작할 수 있도록 초기화한 뒤 시리얼 모니터를 통해 출력 결과를 확인하겠습니다.

● **코드 1–1** 터치 이벤트 확인하기

```
#define TOUCH_STATE 7 ❶

void setup() {
  //put your setup code here, to run once:
  pinMode(TOUCH_STATE, INPUT); //7번 핀을 입력용으로 설정
  Serial.begin(9600); //시리얼 통신을 위한 초기화
}

void loop() {
  //put your main code here, to run repeatedly:
  //터치 이벤트 신호를 읽어 touchValue 변수에 저장
  int touchValue = digitalRead(TOUCH_STATE);

  if(touchValue == HIGH) //손가락으로 터치 센서를 눌렀을 때
  {
    Serial.println("Touched"); //시리얼 모니터에 Touched 출력
    delay(200); ❷
  }
}
```

❶ define이 정의한다는 의미이죠? 핀 번호 7을 TOUCH_STATE로 정의하면 프로그램을 작성할 때 7 대신 TOUCH_STATE로 표기할 수 있습니다. 핀 번호 7을 바로 사용해도 되는데 왜 정의를 할까요?

첫째, 정의된 이름을 통해 해당 핀의 기능을 파악할 수 있습니다. TOUCH_STATE를 사용할 경우 해당 핀이 터치 이벤트와 관련한 기능을 수행한다는 것을 대략 파악할 수 있습니다. 핀 번호를 그대로 사용할 경우 해당 핀 번호를 사용하는 코드를 직접 찾아 어떤 기능인지 이해해야 하므로 불편하지요. 즉, 프로그램 가독성이 떨어지게 됩니다.

둘째, 프로그램 코드를 편하게 수정할 수 있습니다. 만약 위 코드에서 7번 핀을 9번 핀으로 수정해야 한다면 #define TOUCH_STATE 7 문장에서 7을 9로 수정하면 됩니다. 그러나 핀 번호를 사용했다면 해당 핀 번호를 사용하는 코드를 직접 찾아 수정해야 해서 번거롭습니다. 프로그램 코드가 길다면 해당 코드를 찾는 데 시간이 오래 걸릴 수도 있습니다.

❷ delay( ) 함수는 매개변수로 지정된 시간만큼 프로그램을 정지시키는 기능을 수행합니다. 매개변수로는 정지할 시간을 작성하고 단위는 밀리초(ms: milliseconds)입니다. 매개변수가 200이면 200ms=0.2s 동안 프로그램을 정지시킨다는 의미입니다.

2.3 결과 확인하기

이 절의 실습 내용을 동영상으로 볼 수 있습니다.
QR 코드를 스캔하거나 http://bitly.kr/GcoUE8EN 페이지로 접속하세요.

업로드 후 스케치 화면에서 오른쪽 상단 시리얼 모니터를 클릭하면 창이 열리고 결과를 확인할 수 있습니다.

그림 1-4 시리얼 모니터 열기

손가락으로 터치 센서를 누르면 시리얼 모니터 창에 Touched라는 메시지가 출력됩니다.

그림 1-5 터치 이벤트 결과 확인하기

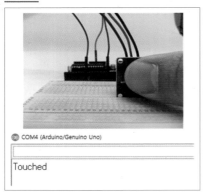

3 | 응용 과제 | 컨베이어 벨트 LED 안전등 시스템 - 터치 센서로 LED 제어하기

이 절에서는 컨베이어 벨트의 LED 안전등 시스템을 구현하려고 합니다. 조금씩 차이는 있겠지만 일반적으로 LED 안전등 시스템이란 정상 동작하는 경우에는 초록색 LED가 점등되다가 비상 상황이 발생해 누군가가 비상 스위치를 누르면 빨간색 LED가 점등, 소등을 반복하면서 비상 상황인 것을 주변에 알려주는 시스템입니다.

컨베이어 벨트의 LED 안전등 시스템을 구현하기 위해서 미리 고려해야 할 사항은 무엇이 있을까요?

■ 컨베이어 벨트 시스템이 정상 동작하는 경우에는 초록색 LED가 점등되고 빨간색 LED는 소등돼야 합니다.

■ 비상 상황일 때 스위치를 누르면 초록색 LED는 소등되고 빨간색 LED가 점등돼야 합니다. 이때 빨간색 LED는 비상 상황인 것을 시각적으로 강조하기 위해 빠르게 점등, 소등을 반복합니다.

- 정상 상황에서 스위치를 누르면 비상 상황으로 전환되고, 상황이 종료된 후 다시 스위치를 누르면 정상 상황으로 되돌아간다고 생각해봅시다. 즉, 스위치가 0, 2, 4번과 같이 짝수로 눌러졌을 때는 정상 상황이고, 스위치가 1, 3, 5번과 같이 홀수로 눌러졌을 때는 비상 상황임을 의미합니다.

표 1-3 재료 목록

아두이노 보드 우노(Uno)	브레드보드 (400핀)	터치 센서 (TTP223B)
1개	1개	1개
LED (5mm 빨간색, 초록색)	저항 (220Ω)	점퍼 케이블 수(Male)-수(Male)
각 1개	2개	8개

3.1 하드웨어 구현하기

이 절의 실습 내용을 동영상으로 볼 수 있습니다.
QR 코드를 스캔하거나 http://bitly.kr/qelGTQmf2 페이지로 접속하세요.

1.2절 터치 이벤트 확인하기에서 구현한 하드웨어의 전원부를 수정한 후 빨간색, 초록색 LED를 추가해 하드웨어를 구현하겠습니다.

1 아두이노 GND 핀과 브레드보드의 파란색 라인을 점퍼 케이블로 연결하고 터치 센서의 GND 핀을 브레드보드의 파란색 라인에 연결합니다.

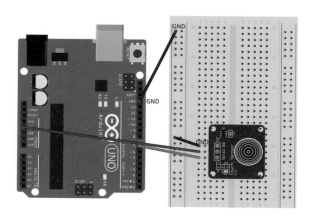

2 빨간색, 초록색 LED의 긴 다리(+)가 아래, 짧은 다리(−)가 위로 향하게 브레드보드에 꽂습니다.

3 220Ω 저항 2개를 빨간색, 초록색 LED −극의 일직선상에 꽂습니다.

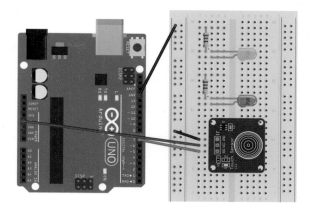

4 220Ω 저항의 나머지 다리를 브레드보드의 파란색 라인에 점퍼 케이블로 연결합니다.

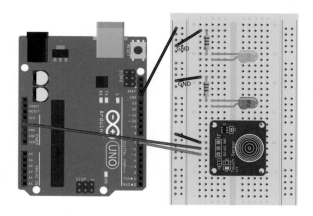

5 아두이노 9번 핀과 빨간색 LED의 +극을 점퍼 케이블로 연결합니다.

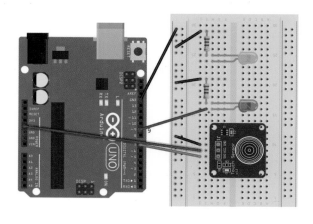

6 아두이노 8번 핀과 초록색 LED의 +극을 점퍼 케이블로 연결합니다.

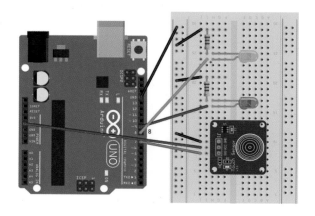

3.2 소프트웨어 구현하기(application_1.ino)

 이 절의 실습 내용을 동영상으로 볼 수 있습니다.
QR 코드를 스캔하거나 http://bitly.kr/fmfJ0GFkm 페이지로 접속하세요.

터치 이벤트가 발생하면 정상 상황과 비상 상황을 구분해 LED를 제어해야 합니다. 어떻게 두 상황을 구분할 수 있을까요? 고려 사항에서 살펴봤듯이 눌러진 횟수를 짝수, 홀수로 구분해 LED를 제어하면 됩니다.

터치 이벤트가 발생할 때마다 터치 횟수를 저장하는 count 변수를 1씩 증가시킵니다. count 변수를 2로 나눌 때 나머지가 1이면 count 변수의 값이 홀수이고, 나머지가 0이면 짝수입니다. count 변수의 값이 홀수이면 비상 상황이므로 빨간색 LED가 점등, 소등을 반복하고, 짝수이면 정상 상황이므로 초록색 LED가 점등되도록 합니다.

```
#define RED 9 //9번 핀으로 빨간색 LED 제어
#define GREEN 8 //8번 핀으로 초록색 LED 제어
#define TOUCH_STATE 7 //7번 핀으로 터치 이벤트 처리

int count = 0; //터치 횟수를 저장하는 변수

void setup() {
  //put your setup code here, to run once:
  pinMode(RED, OUTPUT); //9번 핀을 출력용으로 설정
  pinMode(GREEN, OUTPUT); //8번 핀을 출력용으로 설정
  pinMode(TOUCH_STATE, INPUT); //7번 핀을 입력용으로 설정
}

void loop() {
  //put your main code here, to run repeatedly:
  //터치 이벤트 신호를 읽어 touch_value 변수에 저장
  int touchValue = digitalRead(TOUCH_STATE);

  if(touchValue == HIGH) //터치 이벤트가 발생했을 경우
  {
    count++; //count 변수 1 증가
  }

  if(count%2==1) //터치 횟수가 홀수(비상 상황) ❶
  {
    digitalWrite(GREEN, LOW); //초록색 LED 소등
    delay(200); //자연스럽게 LED가 소등되고 점등되도록 지연 시간 부여
    digitalWrite(RED, HIGH); //빨간색 LED 점등
    delay(200); //점등, 소등 효과를 내기 위해 0.2초 지연
    digitalWrite(RED, LOW); //빨간색 LED 소등
    delay(200);
  }
  else //터치 횟수가 짝수(정상 상황)
```

```
    {
        digitalWrite(RED, LOW);
        delay(200);
        digitalWrite(GREEN, HIGH);
    }
}
```

❶ % 연산자는 나머지 연산자입니다. count%2는 count 값을 2로 나눈 나머지가 결과로 나
옵니다. 짝수는 2로 나눌 때 나머지가 0이고, 홀수는 2로 나눌 때 나머지가 1입니다. 따
라서 if의 조건 count%2==1은 count 값을 2로 나눈 나머지가 1(홀수)일 경우 if 문 안
의 문장이 실행되고 나머지가 0(짝수)일 경우 else 문 안의 문장이 실행됩니다.

3.3 결과 확인하기

 이 절의 실습 내용을 동영상으로 볼 수 있습니다.
QR 코드를 스캔하거나 http://bitly.kr/X3hhbeH7Q 페이지로 접속하세요.

아두이노를 동작시키면 초기 상태는 정상 상황을 의미하므로 초록색 LED가 점등됩니다. 터
치 센서를 한 번 누르면 초록색 LED는 소등되고 빨간색 LED가 점등, 소등을 반복합니다.
다시 한 번 누르면 빨간색 LED는 소등되고 초록색 LED가 점등됩니다.

그림 1-6 정상 상황과 비상 상황 결과 확인하기

정상 상황   비상 상황

터치 센서로 LED 밝기 제어하기

터치 센서를 사용해 LED 스탠드의 일부 기능을 구현하려고 합니다. 일반적인 LED 스탠드를 생각하면 터치 센서는 LED를 점등 또는 소등시키는 버튼 역할을 수행합니다. 버튼을 누를 때마다 LED의 광량이 증가하다가 마지막에는 LED가 소등됩니다.

Semi 프로젝트에서는 터치 센서를 사용해 1~3단계까지는 LED의 광량이 증가하고, 4단계에서는 LED가 소등되도록 제어하겠습니다.

표 1-4 재료 목록

아두이노 보드 우노(Uno)	브레드보드 (400핀)	터치 센서 (TTP223B)
1개	1개	1개
LED (5mm 흰색)	저항 (220Ω)	점퍼 케이블 수(Male)–수(Male)
1개	1개	6개

일반적인 LED 스탠드의 단점에는 무엇이 있을까요? 가장 큰 단점은 LED를 소등(4단계)하려면 1~3단계를 반드시 거쳐야 한다는 것입니다. 이를 보완한 기능도 추가하겠습니다.

1~3단계 내에서도 2초 정도 터치하고 있으면 LED를 소등할 수 있는 기능을 추가로 구현하면 이와 같은 불편함을 해소할 수 있습니다.

4.1 하드웨어 구현하기

 이 절의 실습 내용을 동영상으로 볼 수 있습니다.
QR 코드를 스캔하거나 http://bitly.kr/gBunrmvCi 페이지로 접속하세요.

응용 과제 하드웨어에서 초록색 LED, 그리고 함께 연결된 220Ω 저항을 제거한 후 빨간색 LED를 흰색 LED로 교체해 하드웨어를 구현하겠습니다.

빨간색 LED를 흰색 LED로 교체해 브레드보드에 꽂습니다.

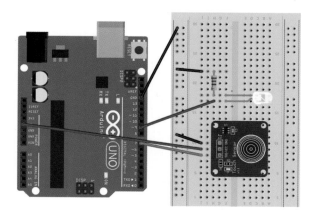

4.2 소프트웨어 구현하기(semiProject_1.ino)

 이 절의 실습 내용을 동영상으로 볼 수 있습니다.
QR 코드를 스캔하거나 http://bitly.kr/gBunrmvCi 페이지로 접속하세요.

소프트웨어를 구현하기 전에 다음 세 가지 사항을 정리해봅시다.

첫째, 터치 센서를 계속 누르고 있는 시간을 파악해야 합니다. millis() 함수는 프로그램이 시작되고 흐른 시간을 반환합니다. 터치 센서를 누르다가 뗀 시간에서 누르기 전 시간을 빼면 터치 센서를 계속 누르고 있는 시간을 알 수 있습니다.

둘째, 터치 센서를 계속 누르고 있을 때 처리하는 프로그램을 작성해야 합니다. 터치 센서를 계속 누르고 있으면 HIGH 신호가 지속해서 발생합니다. HIGH 신호가 지속해서 발생할 때 while() 문을 사용해 무한 루프를 돌려주면 터치 센서를 계속 누르고 있는 상황을 구현할 수 있습니다.

셋째, LED 광량을 제어해야 합니다. count 변수가 1~3의 값을 가질 때는 광량이 순차적으로 증가합니다. LED 광량을 순차적으로 증가시키기 위해서는 PWM 신호를 사용해야 합니다. analogWrite() 함수 내에서 PWM 신호를 사용해 광량을 제어할 수 있습니다.

● **코드 1-3** 터치 센서로 LED 밝기 제어하기

```
#define TOUCH 7 //7번 핀으로 터치 이벤트 처리
#define LED 9 //9번 핀으로 LED 제어

//프로그램이 실행된 후 터치 이벤트가 발생하기까지의 시간을 저장
unsigned long startTime;
unsigned long touchTime; //터치 이벤트가 지속적으로 발생하는 시간을 저장
int count = 0; //터치 횟수를 저장하는 count 변수 초기화

void setup() {
  //put your setup code here, to run once:
  pinMode(LED, OUTPUT); //9번 핀을 출력용으로 설정
  pinMode(TOUCH, INPUT); //7번 핀을 입력용으로 설정
}

void loop() {
  //put your main code here, to run repeatedly:

  if(digitalRead(TOUCH) == HIGH) //손가락으로 터치 센서를 눌렀을 때
```

```
    {
      count++; //터치 횟수 1 증가
      startTime = millis(); ❶
      while(digitalRead(TOUCH) == HIGH); ❷
      touchTime = millis() - startTime; ❸
      if(touchTime >= 2000) //손가락을 2초 이상 누르고 있을 때
      {
        analogWrite(LED, 0); //LED 소등
        count = 0; //count 값 0으로 초기화
      }
    }

    //1~3단계에서는 광량이 순차적으로 증가하고 4단계에서는 LED 소등
    switch(count)
    {
      case 1:
        analogWrite(LED, 85); //1/3 광량으로 LED 점등
        break;
      case 2:
        analogWrite(LED, 170); //2/3 광량으로 LED 점등
        break;
      case 3:
        analogWrite(LED, 255); //최대 광량으로 LED 점등
        break;
      case 4:
        analogWrite(LED, 0); //LED 소등
        count = 0;
        break;
    }
}
```

❶ millis() 함수는 프로그램이 실행된 후 흐른 시간을 밀리초(ms)로 반환하는 함수입니다. 반환되는 자료형이 unsigned long형이기 때문에 startTime, touchTime 변수를 자

료형에 맞게 선언해줍니다. 프로그램이 실행된 후 흐른 시간을 startTime 변수에 저장합니다.

❷ 터치 센서를 계속 누르고 있으면 HIGH 신호가 발생합니다. HIGH 신호가 지속해서 발생할 때 루프를 계속 돌려주면 되므로 while(조건문); 형식의 문장을 사용합니다. digitalRead(TOUCH) 결과가 LOW가 되면 루프를 빠져나옵니다.

❸ millis() 함수는 프로그램이 실행된 후 터치 센서에 손가락을 계속 누르고 있는 시간을 포함한 시간을 리턴합니다. 해당 시간에서 손가락을 계속 누르기 전 시간(startTime)과 차이를 구하면 터치 센서에 손가락을 계속 누른 시간을 구할 수 있습니다. 반환되는 시간 단위가 밀리초(ms)이기 때문에 값이 2000일 경우 2초를 의미합니다.

4.3 결과 확인하기

 이 절의 실습 내용을 동영상으로 볼 수 있습니다.
QR 코드를 스캔하거나 http://bitly.kr/vJif2PjvD 페이지로 접속하세요.

터치 센서를 순차적으로 누르면 LED의 광량이 증가합니다. 4번째 누르면 LED가 소등됩니다. 도중에 LED를 소등하고 싶다면 2초 이상 누르고 있다가 손가락을 떼면 됩니다.

그림 1-7 터치 이벤트에 따른 LED 광량 결과 확인하기

1번째 터치

2번째 터치

3번째 터치   4번째 터치

TIP

아두이노 레퍼런스(Arduino Reference)

아두이노에서 사용하는 함수, 변수, 조건문, 반복문 등을 자세히 알고 싶을 때 참고할 수 있는 사이트가 있습니다.

1 아두이노 홈페이지(https://www.arduino.cc/)에 접속한 후 [RESOURCES]–[REFERENCE]를 클릭합니다.

2 원하는 레퍼런스를 선택합니다.

Time

delay()

delayMicroseconds()

micros()

millis()

3 레퍼런스를 선택하면 설명문, 문법, 매개변수, 리턴 값, 샘플 코드 등을 확인할 수 있습니다.

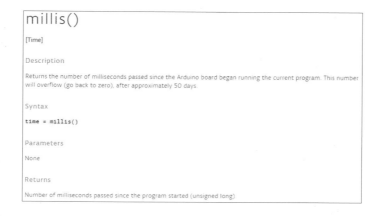

millis()

[Time]

Description

Returns the number of milliseconds passed since the Arduino board began running the current program. This number will overflow (go back to zero), after approximately 50 days.

Syntax

```
time = millis()
```

Parameters

None

Returns

Number of milliseconds passed since the program started (unsigned long)

PWM

PWM(Pulse Width Modulation, 펄스 폭 변조)은 일정한 주기로 HIGH, LOW 신호 펄스의 폭을 변화시키는 변조 방식입니다. 펄스의 폭이 변화된 HIGH, LOW 신호가 짧은 주기로 반복되면 0~5V 사이의 아날로그 값을 출력하는 효과를 가져올 수 있습니다.

그림 1-8 펄스 폭 변조[4]

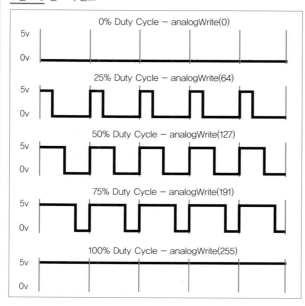

---

4 [출처] https://www.arduino.cc/en/Tutorial/PWM

아두이노의 대부분 핀에서 PWM 신호의 주파수는 약 490Hz입니다. 주파수는 1초 동안 같은 패턴의 신호가 반복되는 횟수를 말하며, 490Hz는 1초 동안 같은 패턴의 신호가 490회 출력된다는 것을 의미합니다. 주파수가 500Hz라고 가정하면 역수인 주기는 $\frac{1}{500}$=0.002s=2ms가 됩니다. 주기는 같은 패턴의 신호가 1회 출력되는 데 걸리는 시간을 의미합니다.

위 그림에서 같은 패턴의 파형이 초록색 선을 기준으로 출력됩니다. 즉, 초록색 선의 간격이 한 주기가 됩니다. analogWrite( ) 함수는 매개변수로 0~255 사이의 값을 사용합니다. analogWrite(255)는 HIGH 신호가 연속적으로 나타나는 경우로 5V 전압이 출력됩니다. analogWrite(127)은 2ms 주기 중에서 HIGH 신호가 1ms, LOW 신호가 1ms 동안 출력되는 패턴이 나타나기 때문에 평균값인 2.5V 전압이 출력되는 효과를 가져옵니다.

아두이노 보드를 살펴보면 PWM ~ 표기를 찾을 수 있습니다. 핀 번호 앞에 ~가 붙은 핀(3, 5, 6, 9, 10, 11)은 PWM을 사용할 수 있다는 뜻입니다.

그림 1-9 PWM 사용 가능한 핀

네오픽셀 LED

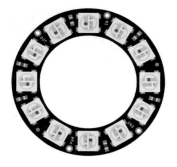

1 네오픽셀 LED 소개

네오픽셀 LED는 어떤 기능을 가진 전자 소자일까요? 마지막에 LED가 붙었죠? 바로 발광 다이오드 종류 중 하나입니다. 일정 전압을 걸어주면 다양한 빛을 발광하는 전자 소자입니다. 네오픽셀 LED는 종류에 따라 원형, 스트립형, 매트릭스형 등이 있습니다.

그림 2-1 네오픽셀 LED 종류

원형   스트립형   매트릭스형

네오픽셀 LED의 특징을 살펴봅시다. 우선 다른 LED에 비해 원하는 픽셀의 색깔을 제어할 수 있고, 색깔을 혼합해 다양한 색깔을 출력할 수 있습니다. 또한, 종류가 다양하므로 프로젝트 성격에 따라 적합한 LED를 선택해 사용할 수 있습니다.

본격적으로 네오픽셀 LED를 사용하기 위해서 핀의 구조와 기능을 알아봐야겠죠? 네오픽셀 LED(WS2812B)의 데이터시트를 살펴보면 4개의 핀 구조로 이루어진 것을 알 수 있습니다. 각 핀의 기능은 표 2-1과 같습니다.

표 2-1 WS2812B 핀 기능

데이터시트 핀 기호	네오픽셀 LED 핀 기호	기능
VDD	5V	5V 전원
DOUT	DO	데이터 출력
VSS	GND	접지(Ground)
DIN	Din	데이터 입력

그림 2-2 WS2812B 핀 구조와 실제 네오픽셀 LED 핀 구조[1]

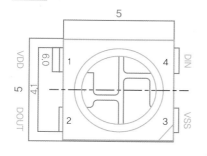

네오픽셀 LED의 5V 핀은 아두이노의 5V 핀과 연결해 전압을 인가하고, GND 핀은 아두이노의 GND 핀과 연결해 접지 처리합니다. Din은 데이터가 입력되는 핀으로 아두이노의 디지털 핀에 연결합니다. DO는 데이터가 출력되는 핀으로 네오픽셀이 연속적으로 연결될 때 사용하며 다음 픽셀의 Din과 연결됩니다.

그림 2-3 연속적으로 연결된 네오픽셀 LED

2 라이브러리 설치하기

라이브러리(Library)를 설치한다는 것은 어떤 의미일까요? 라이브러리를 번역하면 도서관을 뜻하죠. 도서관에서 필요한 자료를 찾아 사용하듯 프로그램에 필요한 자료를 찾아 사용하는 것입니다. 예를 들어 네오픽셀 LED를 동작시키고 싶다면 동작과 관련한 자료를 라이브러리에서 찾아 사용하면 됩니다. 라이브러리에는 네오픽셀 LED 동작과 관련한 자료(전처리문, 변수, 함수 등)가 포함돼 있습니다. 필요한 자료를 찾아 사용하면 네오픽셀 LED는 자료에 맞는 동작을 하게 됩니다. 네오픽셀의 색깔을 설정하고 싶다면 라이브러리에서 색깔을 설정

---

1 [출처] https://cdn-shop.adafruit.com/datasheets/WS2812B.pdf

하는 함수를 찾아 프로그램을 작성할 때 사용하면 됩니다. 이처럼 라이브러리는 프로그램을 개발할 때 사용하는 자료들의 모임을 뜻합니다.

그림 2-4 네오픽셀 라이브러리

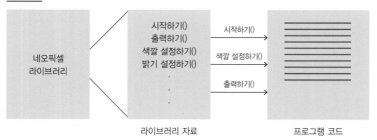

아두이노도 기본 라이브러리를 제공합니다. 기본 라이브러리 외에 다른 라이브러리를 사용하고 싶다면 어떻게 해야 할까요? 직접 라이브러리를 개발하는 방법, 다른 프로그램 개발자가 개발한 라이브러리를 사용하는 방법이 있습니다. 이 책에서는 이미 개발된 라이브러리를 사용해 프로그램을 구현하겠습니다.

네오픽셀 LED 라이브러리는 아두이노에서 기본적으로 제공되지 않으므로 개발된 라이브러리를 사용하면 됩니다. 네오픽셀 LED를 동작시키기 위해 라이브러리를 설치하겠습니다.

1 길벗 홈페이지(https://www.gilbut.co.kr/)에서 도서명 〈모두의 아두이노 DIY〉로 검색하면 실습에 필요한 자료를 내려받을 수 있습니다. 아두이노 라이브러리 파일도 포함돼 있습니다.

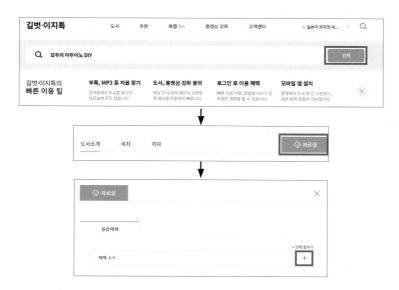

2 내려받은 파일의 압축을 풀면 라이브러리 폴더가 있습니다.

3 Adafruit_NeoPixel–master 폴더를 [문서]–[Arduino]–[libraries] 폴더 안으로 이동시킵니다.

4 아두이노 IDE를 실행시켜 [스케치]–[라이브러리 포함하기]를 보면 라이브러리가 정상적으로 추가된 것을 확인할 수 있습니다.

라이브러리 설치하기

자신이 원하는 라이브러리를 검색하고 설치하려면 어떻게 해야 할까요? 여러 방법이 있지만 아두이노 IDE를 통해 손쉽게 설치하는 방법을 알아보겠습니다.

1 아두이노 IDE를 실행해 [스케치]–[라이브러리 포함하기]–[라이브러리 관리]를 클릭합니다.

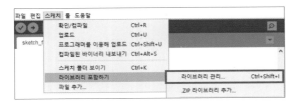

2 검색란에 필요한 라이브러리를 입력하면 관련 라이브러리 목록이 나타납니다. neopixel을 입력합니다.

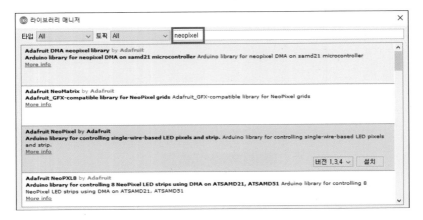

3 원하는 라이브러리를 찾아 설치합니다.

4 [스케치]–[라이브러리 포함하기]에서 라이브러리 목록을 보면 라이브러리가 정상적으로 설치된 것을 확인할 수 있습니다.

5 라이브러리는 [문서]–[Arduino]–[libraries] 폴더 안에 설치됩니다.

우선 네오픽셀 LED를 작동시키겠습니다.

표 2-1 재료 목록

아두이노 보드 우노(Uno)	원형 네오픽셀 LED 12비트(WS2812B)	점퍼 케이블 수(Male)–수(Male)
1개	1개	3개

3.1 하드웨어 구현하기

이 절의 실습 내용을 동영상으로 볼 수 있습니다.
QR 코드를 스캔하거나 http://bitly.kr/nuZxjKPtF 페이지로 접속하세요.

1 원형 네오픽셀 LED를 아두이노 보드에 손쉽게 연결하기 위해 점퍼 케이블을 각 핀에 납 땜합니다. 네오픽셀 LED의 DI, 5V, GND 핀에 점퍼 케이블을 연결합니다.

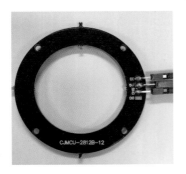

2 아두이노의 5V 핀과 네오픽셀 LED의 5V 핀을 점퍼 케이블로 연결합니다.

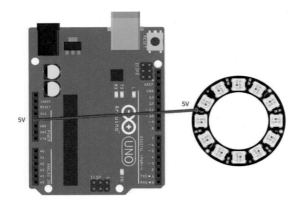

3 아두이노의 GND 핀과 네오픽셀 LED의 GND 핀을 점퍼 케이블로 연결합니다.

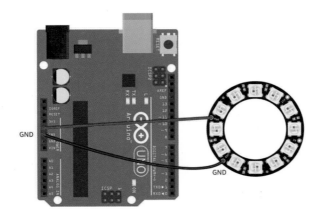

4 아두이노의 6번 핀과 네오픽셀 LED의 DI 핀을 점퍼 케이블로 연결합니다.

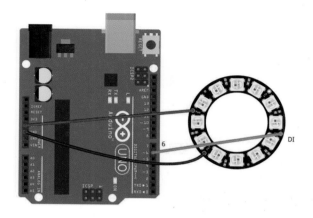

3.2 소프트웨어 구현하기(practice_2.ino)

이 절의 실습 내용을 동영상으로 볼 수 있습니다.
QR 코드를 스캔하거나 http://bitly.kr/2oMyvAjPb 페이지로 접속하세요.

라이브러리에는 사용자가 쉽게 코드를 작성할 수 있도록 예제 코드가 포함돼 있습니다. 그 중 simple 예제 코드를 이용해 네오픽셀 LED를 작동시켜 보겠습니다.

아두이노 IDE에서 [파일]-[예제]-[Adafruit NeoPixel]-[simple]을 클릭합니다.

그림 2-5 예제 파일 열기

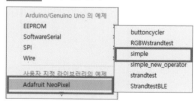

새 창에 simple 예제 코드가 출력되는데, 이를 수정해 사용하겠습니다.

그림 2-6 simple 예제 프로그램 코드

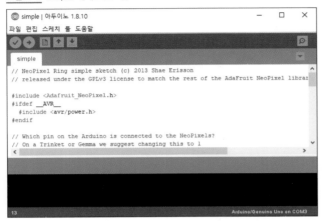

네오픽셀 LED를 사용하기 위해 먼저 초기화를 실시하고(아래 코드에서 '네오픽셀 LED 초기 설정' 부분 참고) pixels.setPixelColor() 함수로 각 픽셀에 초록색을 설정한 후 pixels.show() 함수로 설정한 초록색을 출력합니다. 각 픽셀은 0.5초마다 순차적으로 색깔을 출력합니다.

● **코드 2-1** 네오픽셀 LED 점등하기

```
#include <Adafruit_NeoPixel.h> //네오픽셀 LED 라이브러리 추가
#define PIN 6
#define NUMPIXELS 12 ❶

//네오픽셀 LED 초기 설정
Adafruit_NeoPixel pixels = Adafruit_NeoPixel(NUMPIXELS, PIN, NEO_GRB + NEO_
KHZ800);

int delayval = 500; ❷

void setup()
{
  pixels.begin(); //핀 모드 설정
```

```
  }

void loop()
{
  for(int i=0;i<NUMPIXELS;i++) //네오픽셀 수만큼 반복 실행
  {
    pixels.setPixelColor(i, pixels.Color(0,150,0)); ❸
    pixels.show(); //해당 픽셀에 색깔을 출력
    delay(delayval); //0.5초 대기
  }
}
```

❶ 네오픽셀 LED의 개수를 작성하는 코드로 이 책에서는 네오픽셀 LED를 12개 픽셀을 사용했기 때문에 12를 입력했습니다. 네오픽셀 LED의 픽셀이 8개면 8을 입력하면 됩니다.

❷ delayval은 대기 시간 값을 저장하는 변수로 delay() 함수의 매개변수로 사용됩니다. delay() 함수의 매개변수 단위는 ms를 사용합니다. delayval 변수에 500이 저장됐기 때문에 delay(delayval);은 500ms=0.5초 대기한다는 의미입니다. 코드를 실행하면 0.5초마다 순차적으로 LED가 점등합니다.

❸ setPixelColor() 함수는 LED 색깔을 설정하는 함수입니다. 첫 번째 매개변수에는 색깔을 적용할 픽셀의 순번을 입력하고 두 번째 매개변수에는 색깔의 RGB 값을 pixels.Color() 함수의 매개변수로 작성하면 됩니다.

3.3 결과 확인하기

이 절의 실습 내용을 동영상으로 볼 수 있습니다.
QR 코드를 스캔하거나 http://bitly.kr/bAp3qjS5P 페이지로 접속하세요.

업로드가 완료되면 0.5초 간격으로 각 픽셀에 초록색이 순차적으로 점등합니다.

그림 2-7 네오픽셀 LED 점등 확인하기

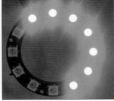

4 | 응용 과제 네오픽셀 LED 출력 제어하기

네오픽셀 LED는 출력을 다양하게 제어할 수 있습니다. 이 절에서는 아두이노 IDE의 [파일]-[예제]-[Adafruit NeoPixel]에 있는 예제 코드를 수정해 다음과 같은 순서로 출력을 제어하겠습니다.

1 | 하나의 색깔로 모든 픽셀을 순차적으로 출력하고 다른 색깔로 전환

2 | 3개 간격으로 픽셀에 같은 색깔이 동시에 출력되고 한 칸씩 이동

3 | 전체 픽셀이 순차적으로 무지개 색깔을 출력

하드웨어는 따로 구현할 필요 없이 네오픽셀 LED 점등하기에서 구현한 하드웨어를 그대로 사용합니다.

4.1 소프트웨어 구현하기(application_2.ino)

 이 절의 실습 내용을 동영상으로 볼 수 있습니다.
QR 코드를 스캔하거나 http://bitly.kr/cyGmHV5Ly 페이지로 접속하세요.

세 가지 형태의 출력은 함수로 구현해 loop() 함수 내에서 호출합니다.

첫 번째 colorWipe() 함수는 2.3절과 동일한 출력 결과가 나타납니다. 하나의 컬러가 순차적으로 픽셀에 출력되는 형태이며 빨간색, 초록색, 파란색 순서로 색깔이 전환됩니다.

두 번째 theaterChase() 함수는 세 개의 픽셀 간격으로 동일한 색깔을 동시에 출력하고, 다음 픽셀로 이동해 동일하게 색깔을 동시에 출력하는 형태입니다. 3회를 반복하면 12개 픽셀에서 한 번씩 색깔을 출력하게 됩니다. 이와 같은 출력을 10회 반복하면 하나의 색깔이 회전하는 형태로 보입니다. 색깔은 흰색, 빨간색, 파란색 순서로 전환됩니다.

세 번째 rainbow() 함수는 무지개 색깔을 순차적으로 출력합니다. setPixelColor() 함수에서 Wheel() 함수를 호출하면 Wheel() 함수에서는 픽셀의 컬러 값을 반환합니다. setPixelColor() 함수는 반환되는 값으로 픽셀의 컬러를 설정하고 출력합니다.

● **코드 2-2** 네오픽셀 LED 출력 제어하기

```
#include <Adafruit_NeoPixel.h> //네오픽셀 LED 라이브러리 추가

#define PIN          6  //6번 핀으로 네오픽셀 LED 제어
#define NUMPIXELS    12 //LED 픽셀 개수 설정

//네오픽셀 LED 초기 설정
Adafruit_NeoPixel pixels = Adafruit_NeoPixel(NUMPIXELS, PIN, NEO_GRB + NEO_
KHZ800);

//두 개의 매개변수를 가진 colorWipe 함수 선언
void colorWipe(uint32_t color, uint8_t wait);
//두 개의 매개변수를 가진 theaterChase 함수 선언
void theaterChase(uint32_t color, uint8_t wait);
//한 개의 매개변수와 int형을 반환하는 Wheel 함수 선언
uint32_t Wheel(byte WheelPos);
//한 개의 매개변수를 가진 rainbow 함수 선언
void rainbow(uint8_t wait);

void setup()
```

```
{
    pixels.begin(); //핀 모드 설정
}

void loop()
{
    //하나의 색깔로 픽셀을 순차적으로 채우고 다른 색깔로 전환
    colorWipe(pixels.Color(255,0,0),50); //빨간색
    colorWipe(pixels.Color(0,255,0),50); //초록색
    colorWipe(pixels.Color(0,0,255),50); //파란색
    //3개 간격으로 픽셀에 색깔이 동시에 출력되고 한 칸씩 이동
    theaterChase(pixels.Color(255, 255, 255), 50); //흰색
    theaterChase(pixels.Color(255, 0, 0), 50);  //빨간색
    theaterChase(pixels.Color(0, 0, 255), 50);  //파란색
    //전체 픽셀이 무지개 색깔을 순차적으로 출력
    rainbow(20);
}

//RGB 값과 대기 시간을 매개변수로 받음
void colorWipe(uint32_t color, uint8_t wait)
{
  for(int i=0; i<pixels.numPixels(); i++) //전체 픽셀 수만큼 반복
  {
    pixels.setPixelColor(i, color); //해당 픽셀에 색깔 설정
    pixels.show(); //해당 픽셀에 색깔을 출력
    delay(wait); //0.05초 대기
  }
}

//RGB 값과 대기 시간을 매개변수로 받음
void theaterChase(uint32_t color, uint8_t wait)
{
  for (int j=0; j<10; j++) //전체 동작 10회 반복
  {
```

```
      for (int q=0; q < 3; q++) //아래 색깔 설정을 3회 반복
      {
        for (int i=0; i < pixels.numPixels(); i=i+3) ❶
        {
          pixels.setPixelColor(i+q, color);   //3개 간격으로 픽셀 색깔 설정
        }
        pixels.show();
        delay(wait);

        for (int i=0; i < pixels.numPixels(); i=i+3)
        {
          pixels.setPixelColor(i+q, 0);   //3개 간격으로 픽셀 색깔 off
        }
      }
    }
}

//RGB 값을 반환
uint32_t Wheel(byte WheelPos)
{
  WheelPos = 255 - WheelPos;
  if(WheelPos < 85)
  {
    //파란색 ~ 빨간색 사이의 RGB 값 반환
    return pixels.Color(255 - WheelPos * 3, 0, WheelPos * 3);
  }
  if(WheelPos < 170)
  {
    WheelPos -= 85;
    //초록색 ~ 파란색 사이의 RGB 값 반환
    return pixels.Color(0, WheelPos * 3, 255 - WheelPos * 3);
  }
  WheelPos -= 170;
  //빨간색 ~ 초록색 사이의 RGB 값 반환
```

```
    return pixels.Color(WheelPos * 3, 255 - WheelPos * 3, 0);
}


void rainbow(uint8_t wait)
{
  int i, j;

  for(j=0; j<256; j++)
  {
    for(i=0; i<pixels.numPixels(); i++)
    {
      pixels.setPixelColor(i, Wheel((i+j) & 255)); ❷
    }
    pixels.show();
    delay(wait);
  }
}
```

❶ 3개 간격으로 픽셀에 같은 색깔을 설정하기 위한 반복문입니다. 12비트 네오픽셀을 사
   용했기 때문에 pixels.numPixels() 함수의 반환 값은 12가 됩니다. 즉, 변수 i는 0부
   터 11까지 반복하는데 i=i+3이므로 i 값은 3씩 증가합니다. 따라서 총 3회를 반복하는
   데 1회 때 0, 3, 6, 9번, 2회 때 1, 4, 7, 10번, 3회 때 2, 5, 8, 11번 픽셀에 같은 색깔이
   설정됩니다.

❷ & 기호는 비트 연산자 중 AND 연산자로 A & B 형태로 사용합니다. AND 연산은 A와
   B의 각 자리를 비교해 하나라도 0이 있으면 결과가 0이고 둘 다 1이면 결과가 1이 됩니
   다. 예를 들어 10 & 255인 경우 2진수로 변환하면 10은 00001010, 255는 11111111
   이 됩니다. 각 자리를 AND 연산하면 결과는 00001010(10)입니다. 즉, A 숫자와 255를
   AND 연산하면 결과는 A가 나옵니다. 다시 정리하면 Wheel() 함수는 (i+j) 값을 매개변
   수로 사용합니다.

4.2 결과 확인하기

이 절의 실습 내용을 동영상으로 볼 수 있습니다.
QR 코드를 스캔하거나 http://bitly.kr/rvXUyrc6M 페이지로 접속하세요.

업로드가 완료되면 colorWipe(), theaterChase(), rainbow() 함수 순으로 실행됩니다.

colorWipe() 함수는 각 픽셀이 순차적으로 같은 색깔을 출력합니다. 색깔이 출력되는 순서는 빨간색, 초록색, 파란색입니다.

그림 2-8 colorWipe() 함수 출력

theaterChase() 함수는 3개 간격으로 픽셀이 이동하면서 같은 색깔이 동시에 출력되는 형태입니다. 색깔이 출력되는 순서는 흰색, 빨간색, 파란색입니다.

그림 2-9 theaterChase() 함수 출력

rainbow() 함수는 픽셀 전체가 동시에 같은 색깔을 출력합니다. 색깔은 무지개색 순으로 출력됩니다.

그림 2-10 rainbow() 함수 출력

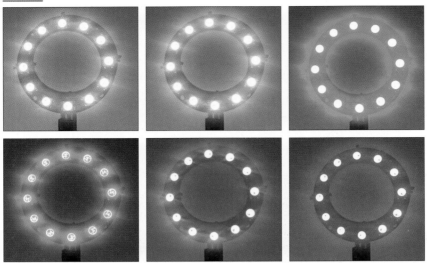

데이터 타입

아두이노에서 사용되는 라이브러리에서 int8_t, int16_t, int32_t 등의 데이터 타입을 볼 수 있습니다. 데이터 타입은 어떤 의미를 가지고 있을까요? 하나씩 살펴보겠습니다.

C:\Program Files (x86)\Arduino\hardware\tools\avr\avr\include 폴더 안 stdint.h 파일을 메모장이나 Visual Studio 프로그램으로 열어보면 다음과 같이 데이터 타입이 정의돼 있습니다.

그림 2-11 stdint.h 파일 내 데이터 타입 정의

```
/** \ingroup avr_stdint
    8-bit signed type. */

typedef signed char int8_t;

/** \ingroup avr_stdint
    8-bit unsigned type. */

typedef unsigned char uint8_t;

/** \ingroup avr_stdint
    16-bit signed type. */

typedef signed int int16_t;

/** \ingroup avr_stdint
    16-bit unsigned type. */

typedef unsigned int uint16_t;
```

int 앞에 아무런 문자가 없으면 signed로 부호(−)가 있다는 것을 의미합니다. 즉, 음수와 양수를 모두 포함한 범위를 사용합니다. u 문자가 있으면 unsigned로 부호가 없다는 것을 의미합니다. 즉, 음수는 고려하지 않고 양수 범위만 사용합니다. int는 정수형임을 나타내고 뒤 숫자는 자료형의 크기를 나타냅니다. uint8_t는 부호가 없는 8비트 정수형 데이터 타입을 의미합니다.

변수의 사용 목적에 따라 데이터 타입을 선언하는 것이 중요합니다. 예를 들어 나이의 최댓값을 150살이라고 가정하고 나이를 저장하는 변수를 선언해봅시다. 8비트 크기는 2^8=256개의 정수를 처리할 수 있는 범위를 가지기 때문에 최댓값 150을 처리할 수 있습니다. 16비트 크기로 선언해도 되지만 메모리 낭비를 최소화한다면 8비트로 선언하는 것이 맞습니다. 나이는 음수(−) 값을 사용하지 않기 때문에 unsigned로 선언하는 것이 맞습니다. 만약 signed로 선언하면 어떻게 될까요? signed는 음의 정수를 고려하기 때문에 범위는 −128 ~ 127이고, 나이의 최댓값이 150이기 때문에 signed로 선언하면 범위를 벗어나 유효하지 않은 데이터가 변수에 저장될 수 있습니다. 반면 unsigned는 양의 정수만 고려하기 때문에 범위는 0~255이고, 최댓값 150을 정상적으로 처리할 수 있습니다. 따라서 변수 선언은 uint8_t age; 형태로 선언하면 됩니다.

5 | Semi 프로젝트   네오픽셀 LED 광량 제어하기

네오픽셀 LED를 사용해 LED 스탠드의 일부 기능을 구현하려고 합니다. 일반적인 LED 스탠드의 기능을 생각해볼까요? 3단계 정도로 광량이 설정돼 있어 버튼을 누르면 단계별로 광량이 증가합니다. 또한, 3단계 이후 버튼을 누르면 불이 꺼집니다.

광량을 어떻게 단계적으로 조절할 수 있을까요? 불이 켜지는 네오픽셀 LED의 픽셀 수를 점차 증가시키는 방법은 어떤가요? 단계별로 4개, 8개, 12개 픽셀에 불이 켜지도록 하고 4단계에서는 전체 픽셀의 불이 꺼지도록 하면 원하는 기능을 구현할 수 있습니다.

이 절에서는 count 변수를 1씩 증가시킬 때마다 광량이 증가하고 count 변수가 4가 됐을 때 전체 LED 픽셀의 불이 꺼지는 기능을 구현하겠습니다. 하드웨어 구현은 응용 과제에서 구현한 하드웨어를 그대로 사용합니다

5.1 소프트웨어 구현하기(semiProject_2.ino)

이 절의 실습 내용을 동영상으로 볼 수 있습니다.
QR 코드를 스캔하거나 http://bitly.kr/OhtHu1opc 페이지로 접속하세요.

count 변수의 값이 1~3의 값을 가질 때는 광량이 점차 증가해야 하므로 네오픽셀 LED의 픽셀은 4, 8, 12개가 점등돼야 합니다. 응용 과제에서 theaterChase() 함수 코드를 활용하면 해당 기능을 구현하는 데 도움이 많이 됩니다.

count 변수가 1일 때는 4개의 픽셀이 점등돼야 합니다. setPixelColor() 함수를 사용해 0, 3, 6, 9번째 픽셀의 출력 색깔을 흰색으로 설정한 후 pixels.show() 함수로 해당 픽셀에 설정된 색깔을 출력합니다.

count 변수가 2일 때는 8개의 픽셀이 점등돼야 하죠? 기존 0, 3, 6, 9번째 픽셀과 각 픽셀의 다음 픽셀인 1, 4, 7, 10번째 픽셀을 포함한 총 8개의 픽셀을 흰색으로 설정한 후 동시에 출력하면 8개의 픽셀이 동시에 흰색으로 점등됩니다. count 변수가 3일 때도 동일한 방법으로 12개의 픽셀이 흰색으로 점등됩니다. 마지막으로 count 변수가 4일 때는 전체 픽셀을 검은색(소등)으로 설정해 동시에 출력합니다.

count 변수는 1씩 증가시키고 4가 되면 ledoff() 함수 호출 후 1로 초기화시켜 줍니다.

◉ **코드 2-3** 네오픽셀 LED 광량 제어하기

```
#include <Adafruit_NeoPixel.h> //네오픽셀 LED 라이브러리 추가

#define PIN            6  //6번 핀으로 네오픽셀 LED 제어
#define NUMPIXELS     12 //12개 픽셀 사용

//네오픽셀 LED 초기 설정
Adafruit_NeoPixel pixels = Adafruit_NeoPixel(NUMPIXELS, PIN, NEO_GRB + NEO_
KHZ800);

void ledOn(byte repeat); //ledOn 함수 선언
void ledOff(); //ledOff 함수 선언

int count = 1; //count 변수를 1로 초기화

void setup()
{
  pixels.begin(); //핀 모드 설정
```

```
}

void loop()
{
    //count 변수가 1~3일 때 네오픽셀 LED의 불이 켜지고 4일 때 불이 꺼짐
    switch(count)
    {
      case 1:
      case 2:
      case 3:
        ledOn(count); //count를 매개변수로 해 ledOn() 함수 호출
        delay(2000); //네오픽셀 LED 불빛의 변화를 확인하기 위해 2초간 대기
        count++; //count 변수 1 증가
        break;
      case 4:
        ledOff(); //count 변수가 4일 때 호출
        delay(2000);
        count=1; //count 변수를 1로 초기화
        break;
    }
}


void ledOn(byte repeat) //네오픽셀 LED 소등 기능을 구현한 ledOn() 함수 정의
{
  for (int q=0; q < repeat; q++) //repeat 값만큼 반복
  {
    for (int i=0; i < pixels.numPixels(); i=i+3) //3 간격으로 반복
    {
      //3개 간격으로 픽셀 색깔 설정
      pixels.setPixelColor(i+q, pixels.Color(255,255,255));
    }
  }
  pixels.show(); //픽셀에 설정된 색깔 출력
}
```

```
void ledOff() //네오픽셀 LED 소등 기능을 구현한 ledOff() 함수 정의
{
  for (int i=0; i < pixels.numPixels(); i++) //픽셀 수만큼 반복
  {
    pixels.setPixelColor(i, pixels.Color(0,0,0)); //전 픽셀 색깔 off
  }
  pixels.show();
}
```

5.2 결과 확인하기

 이 절의 실습 내용을 동영상으로 볼 수 있습니다.
QR 코드를 스캔하거나 http://bitly.kr/wM6N7lfee 페이지로 접속하세요.

count 변수의 값이 1일 경우 네오픽셀 LED는 4개를 점등합니다. 2일 경우에는 8개, 3일 경우에는 12개를 점등해 광량이 순차적으로 증가하는 것을 확인할 수 있습니다. count 변수의 값이 4일 경우에는 전체 LED를 소등합니다.

그림 2-12 LED 광량 증가와 소등 확인하기

3장

[종합 프로젝트]
LED 스탠드 만들기

네오픽셀 LED

터치 센서

아두이노 보드

종합 프로젝트에서는 터치 센서와 네오픽셀 LED를 학습한 내용을 바탕으로 LED 스탠드를 제작해보려고 합니다.

1 준비하기

표 3-1 재료 목록

아두이노 보드 우노(Uno)	원형 네오픽셀 LED 12비트(WS2812B)	터치 센서 (TTP223B)
1개	1개	1개
점퍼 케이블 수(Male)-수(Male)	점퍼 케이블 암(Female)-수(Male)	
3개	9개	

LED 스탠드 제작은 하드웨어 구현하기, 소프트웨어 구현하기, 외관 구현하기 총 3단계로 구성됩니다. 각 단계를 구현할 때 고려해야 할 사항은 다음과 같습니다.

하드웨어 구현하기 단계

첫째, 브레드보드를 사용하지 않습니다. 브레드보드를 사용하지 않고 아두이노에 직접 연결하는 방법을 생각해야 합니다.

둘째, 터치 센서와 네오픽셀 LED의 전원 인가 방법입니다. 아두이노의 5V 핀은 하나이기 때문에 전원 인가를 어떻게 할지 계획해야 합니다.

셋째, 네오픽셀 LED 배치에 따라 아두이노와 연결하기 위해 케이블을 연장해야 합니다(그림 3-5 참조). LED 스탠드에서 아두이노는 아래, 네오픽셀 LED는 위에 배치되기 때문에 둘을 연결하기 위해서는 케이블 길이를 연장해야 합니다. 케이블 연장에는 암-수 점퍼 케이블, 커넥터, 단선 케이블 등을 사용할 수 있습니다.

그림 3-1 암-수 커넥터

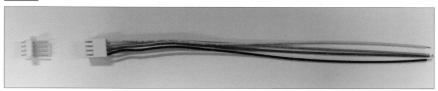

그림 3-2 단선 케이블

넷째, LED 스탠드 전원을 선택해야 합니다. 전원으로는 USB 케이블, DC 어댑터, 건전지 등을 사용할 수 있습니다.

그림 3-3 DC 어댑터

그림 3-4 건전지 소켓

소프트웨어 구현하기 단계

첫째, 터치 센서로 네오픽셀 LED를 제어해야 합니다. 터치 이벤트가 발생할 때 3단계까지는 광량이 증가하고 4단계에서는 LED를 소등합니다.

둘째, 추가 기능으로 일정 시간(2초 정도) 동안 터치 이벤트가 발생할 경우 1~3단계 내에서도 LED를 소등하도록 구현합니다.

외관 구현하기 단계

첫째, 외관을 제작할 재료를 선정합니다. 폼보드, 아크릴, MDF, 3D 프린터 필라멘트 등 다양한 재료로 구현할 수 있습니다. 폼보드와 아크릴은 특별한 장비가 없어도 커터칼과 접착제를 이용해 외관을 구현할 수 있습니다. MDF와 3D 프린터 필라멘트는 특수 장비(레이저 커터기, 3D 프린터 등)와 디자인 설계 기술이 필요합니다.

둘째, 전체 외관 디자인을 설계합니다. 제품의 전체 외관 디자인을 설계한 후 제품에 필요한 부품을 선정하고 배치합니다. 부품 배치까지 완료하면 세부적인 외관 재료에 대한 디자인과 치수를 결정합니다.

그림 3-5 LED 스탠드 구조

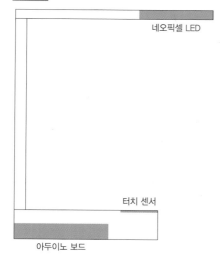

2 하드웨어 구현하기

이 절의 실습 내용을 동영상으로 볼 수 있습니다.
QR 코드를 스캔하거나 http://bitly.kr/4MA4uFU0Q 페이지로 접속하세요.

하드웨어를 구현하기 위해 준비하기에서 고려한 사항을 정리해보겠습니다.

첫째, 브레드보드를 사용하지 않고 터치 센서와 네오픽셀 LED를 아두이노와 직접 연결하기 위해 암-수 점퍼 케이블을 사용하겠습니다. 점퍼 케이블의 암(핀이 없는 부분)은 터치 센서의 핀에 연결하고, 점퍼 케이블의 수(핀이 있는 부분)는 아두이노 핀과 연결합니다.

둘째, 아두이노 5V 핀은 하나인데 어떻게 터치 센서와 네오픽셀 LED에 전원을 인가할 수 있을까요? 1장에서 학습한 내용을 다시 떠올려 보세요. 터치 센서의 동작 전원은 2.0~5.5V 이므로 3.3V 전원을 인가해도 정상 동작합니다. 따라서 터치 센서는 아두이노 3.3V 핀, 네오픽셀 LED는 5V 핀에 연결하면 됩니다.

셋째, 커넥터와 단선 케이블을 통해 전자 소자를 안정적으로 연결할 수 있지만 납땜 작업이 필요하고 각 케이블 간 접촉으로 인해 발생하는 오작동을 예방하기 위해 수축 튜브를 사용해야 합니다. 본 과제에서는 케이블을 가장 손쉽게 연결할 수 있고 길이를 연장할 수 있는 암-수 점퍼 케이블을 사용하겠습니다.

넷째, DC 어댑터는 가장 안정적으로 전원을 공급할 수 있는 장치입니다. 평소 LED 스탠드의 사용 빈도가 높다면 DC 어댑터를 사용하는 것이 좋습니다. 다만 아두이노 작동에 문제가 없는 DC 어댑터를 선택해 사용하는 것이 중요합니다. 건전지는 일반적으로 소켓을 사용해 전원을 공급하며, 가장 쉽고 편리하게 전원을 인가할 수 있는 방법입니다. 그러나 장시간 사용할 경우 인가되는 전원이 낮아져 전자 소자나 센서가 제대로 작동하지 않을 수 있습니다. 본 프로젝트에서는 외부 전원으로 USB 케이블을 이용해 컴퓨터에서 전원을 제공하는 방식을 사용하겠습니다.

1 터치 센서 3개의 핀에 암—수 점퍼 케이블의 암(핀이 없는) 부분을 연결합니다.

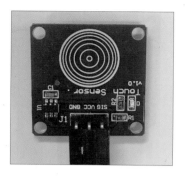

2 아두이노의 GND 핀과 터치 센서의 GND 핀을 점퍼 케이블로 연결합니다.

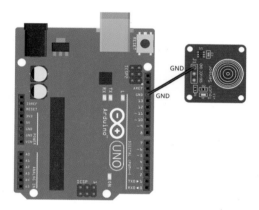

3 아두이노의 3.3V 핀과 터치 센서의 VCC 핀을 점퍼 케이블로 연결합니다.

4 아두이노의 7번 핀과 터치 센서의 SIG 핀을 점퍼 케이블로 연결합니다.

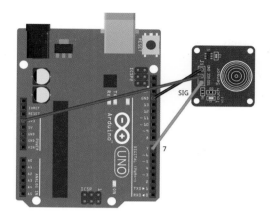

5 아두이노의 GND 핀과 네오픽셀 LED의 GND 핀을 점퍼 케이블로 연결합니다.

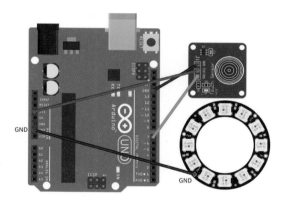

6 아두이노 5V 핀과 네오픽셀 LED의 5V 핀을 연결합니다.

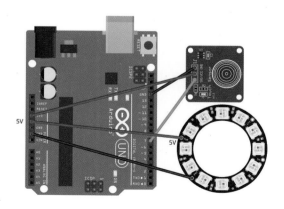

7 아두이노 9번 핀과 네오픽셀 LED의 DI 핀을 연결합니다.

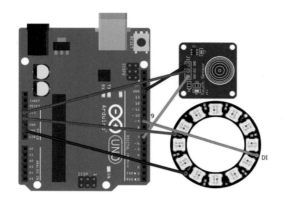

3 소프트웨어 구현하기(Project_1.ino)

 이 절의 실습 내용을 동영상으로 볼 수 있습니다.
QR 코드를 스캔하거나 http://bitly.kr/DczsE033Y 페이지로 접속하세요.

1, 2장 Semi 프로젝트에서 LED 스탠드의 부분 기능을 구현했습니다. 각 프로그램 코드를 결합해 소프트웨어를 구현하겠습니다.

터치 횟수를 저장하는 count 변수를 0으로 초기화한 뒤 터치 이벤트가 발생하면 1씩 증가시킵니다. count 변수가 1~3 사이의 값을 가질 때는 ledOn() 함수를 호출해 LED 광량을 점차 증가해 출력합니다. 만약 count 변수의 값이 4이거나 터치 이벤트가 2초 이상 연속 발생하면 ledOff() 함수를 호출해 LED를 소등시키고 count 값을 0으로 초기화시킵니다.

```
#include <Adafruit_NeoPixel.h> //네오픽셀 LED 라이브러리 추가

#define TOUCH 7 //터치 이벤트를 7번 핀으로 확인
#define LED_CONTROL 9 //9번 핀으로 네오픽셀 LED 제어
#define NUMPIXELS 12 //12픽셀 사용

//프로그램이 실행된 후 터치 이벤트가 발생하기까지의 시간을 저장
unsigned long startTime;
unsigned long touchTime; //터치 이벤트가 지속적으로 발생하는 시간을 저장
int count = 0; //count 변수 0으로 초기화

//네오픽셀 LED 초기 설정
Adafruit_NeoPixel pixels = Adafruit_NeoPixel(NUMPIXELS, LED_CONTROL, NEO_
GRB + NEO_KHZ800);

void ledOn(byte repeat); //ledOn 함수 선언
void ledOff(); //ledOff 함수 선언

void setup() {
  //put your setup code here, to run once:
  pinMode(LED_CONTROL, OUTPUT); //9번 핀을 출력용으로 설정
  pinMode(TOUCH, INPUT); //7번 핀을 입력용으로 설정
  pixels.begin(); //핀 모드 설정
}

void loop() {
  //put your main code here, to run repeatedly:
  if(digitalRead(TOUCH) == HIGH) //손가락으로 터치 센서를 눌렀을 때
  {
    count++; //터치 횟수 1 증가
    startTime = millis(); //터치 센서를 계속 누르기 전의 시간 저장

    //손가락을 계속 누르고 있는 시간을 측정하기 위한 루프
```

```
    while(digitalRead(TOUCH) == HIGH);
    touchTime = millis() - startTime; //터치 센서를 계속 누른 시간을 저장
    if(touchTime >= 2000) //손가락을 2초 이상 누르고 있을 때
    {
      ledOff(); //LED 소등
      count = 0; //count 값 0으로 초기화
    }
  }

  //1~3단계에서는 광량이 순차적으로 증가하고 4단계에서는 LED 소등
  switch(count)
  {
    case 1:
    case 2:
    case 3:
      ledOn(count); //count를 매개 변수로 해 lenOn() 함수 호출
      delay(200); //0.2초 대기
      break;
    case 4:
      ledOff(); //ledOff() 함수 호출
      delay(200);
      count = 0;
      break;
  }
}

void ledOn(byte repeat) //네오픽셀 LED 점등 기능을 구현한 ledOn() 함수 정의
{
  for (int q=0; q < repeat; q++) //repeat 값만큼 반복
  {
    for (int i=0; i < pixels.numPixels(); i=i+3) //3 간격으로 반복
    {
      //3개 간격으로 픽셀 컬러 설정
      pixels.setPixelColor(i+q, pixels.Color(255,255,255));
```

```
    }
  }
  pixels.show(); //설정된 컬러 출력
}

void ledOff() //네오픽셀 LED 소등 기능을 구현한 ledOff() 함수 정의
{
  for (int i=0; i < pixels.numPixels(); i++) //픽셀 수만큼 반복
  {
    pixels.setPixelColor(i, pixels.Color(0,0,0)); //전 픽셀 컬러 off
  }
  pixels.show();
}
```

④ 결과 확인하기

 이 절의 실습 내용을 동영상으로 볼 수 있습니다.
QR 코드를 스캔하거나 http://bitly.kr/cKDJZ9Kfl 페이지로 접속하세요.

터치 센서에 터치 이벤트가 발생할 때마다 네오픽셀 LED는 순차적으로 4, 8, 12개를 점등합니다. 12개 픽셀의 LED를 점등한 후 다시 터치 이벤트가 발생하면 LED를 소등합니다. 추가 기능으로 터치 이벤트가 2초 이상 지속할 경우에도 LED를 소등합니다.

그림 3-6 터치 이벤트에 따른 LED 결과 확인하기

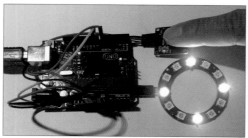
1번째 터치

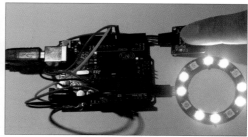
2번째 터치

3번째 터치

4번째 터치 또는 2초 이상 터치 이벤트 발생 시

5 외관 구현하기

외관은 누구나 쉽게 제작할 수 있는 폼보드를 이용해 구현하겠습니다. LED 스탠드 전체 외관 디자인은 그림 3-5와 같으며, 세부적인 폼보드 재료의 디자인과 치수는 다음 폼보드 재료 목록을 참고하세요.

> **TIP** 소지한 재료가 책에서 사용한 재료와 다를 경우 폼보드 치수도 달라질 수 있습니다. 예를 들어 소지한 네오픽셀이 8비트일 경우 종합 프로젝트에서 사용한 12비트 네오픽셀과 크기가 다릅니다. 책의 폼보드 재료 치수는 12비트 네오픽셀을 기준으로 작성했습니다. 따라서 네오픽셀을 부착할 폼보드 재료의 치수는 자신이 소지한 네오픽셀의 길이를 직접 측정해 수정해야 합니다.

표 9-2 재료 목록

부품명	개수	비고
폼보드	약 3장	30cm×30cm, 두께 0.5cm
폼보드 접착제	1개	
커터칼	1개	
자	1개	30cm
연필	1개	

〈LED 스탠드 바닥 재료〉 　　　　　　　　　　　　　　　　　(단위는 cm, ----은 절단선)

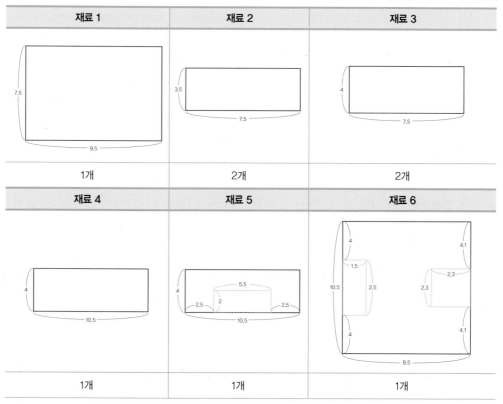

<LED 스탠드 기둥 재료>

재료 7	재료 8	재료 9
29.5 / 6	30 / 2	28 / 6
1개	2개	1개

<LED 스탠드 등 재료>

재료 10	재료 11	재료 12	재료 13
0.5 / 5 / 5 / 0.5 / 27 / 6	26.5 / 2	28.5 / 6	7 / 2
1개	2개	1개	1개

1 재료 1에 재료 2를 부착합니다. 재료 2 사이에는 아두이노가 들어갑니다. 아두이노의 가로 폭이 5.5cm 정도이므로 재료 2를 부착했을 때 간격이 5.5cm가 돼야 합니다. 따라서 폼보드 두께(0.5cm)를 고려했을 때 재료 1의 7.5cm 두 변에서 1.5cm씩 띄워 재료 2를 부착합니다.

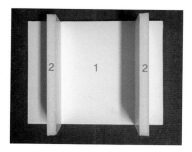

2 재료 1의 7.5cm 두 변의 옆 면에 재료 3을 부착합니다. 재료 3을 부착하고 나면 재료 2의 높이와 같아집니다.

3 재료 1의 9.5cm 한 변에 재료 4를 부착합니다.

4 재료 1의 다른 9.5cm 변에 재료 5를 부착합니다.

5 재료 2 사이에 아두이노 보드를 배치합니다.

6 네오픽셀 LED에 납땜으로 수-수 점퍼 케이블을 연결하고, 케이블 각 핀마다 2개씩 암-수 점퍼 케이블을 추가로 연결해 길이를 연장한 후 다시 아두이노 보드와 연결합니다. 이때 네오픽셀 LED의 GND와 5V 핀은 아두이노 보드의 GND와 5V 핀에 연결하고, 네오픽셀 LED의 DI 핀은 아두이노 보드의 9번 핀에 연결합니다.

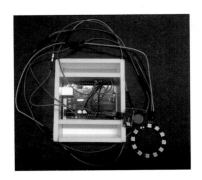

7 터치 센서를 재료 6의 2.3cm×2.3cm 사각 변에 고정시키고 재료 6을 재료 2~5에 부착합니다. 터치 센서에 폼보드 접착제를 사용하면 더욱 견고하게 고정할 수 있습니다.

8 재료 10의 5cm×5cm 사각 변에 네오픽셀 LED를 부착합니다.

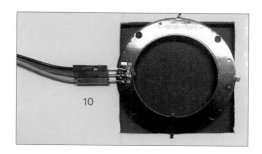

9 재료 11을 재료 12의 28.5cm 양쪽 변의 옆 면에 부착합니다.

10 재료 10을 재료 11 사이에 부착합니다.

11 재료 13을 재료 10, 11에 부착합니다.

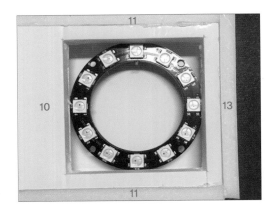

12 재료 8을 재료 7의 29.5cm 양쪽 변의 옆 면에 부착합니다.

13 재료 9를 재료 8 사이에 부착합니다. 단, 재료 9 부착 시 네오픽셀 LED와 연결된 점퍼 케이블이 내부로 들어가도록 합니다.

14 LED 스탠드 등 부분(재료 10~13)을 기둥 부분(재료 7~9)에 부착합니다.

15 재료 6과 LED 스탠드 기둥을 부착합니다.

 이 절의 실습 내용을 동영상으로 볼 수 있습니다.
QR 코드를 스캔하거나 http://bitly.kr/ZzHdElBTT 페이지로 접속하세요.

외관 구현하기에서 제시된 순서로 제작하면 다음과 같은 LED 스탠드가 만들어집니다.

그림 3-7 LED 스탠드 완성품

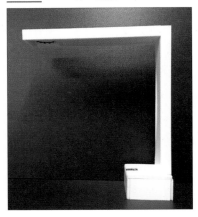

LED 스탠드가 정상적으로 동작하는지 성능 테스트를 해보겠습니다. 1~3번 터치 센서를 누르면 광량이 점차 증가하고 4번째 터치 시 LED를 소등합니다. 터치 센서를 누른 상태에서 2초 이상 계속 누르다가 떼면 LED를 소등합니다. 자세한 동작 결과는 동영상을 참고하세요.

그림 3-8 LED 스탠드 성능 확인하기

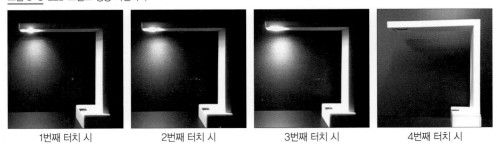

| 1번째 터치 시 | 2번째 터치 시 | 3번째 터치 시 | 4번째 터치 시 |

3색 LED

3색 LED 소개

3색 LED는 빛의 3원색(빨간색, 초록색, 파란색)을 혼합해 다양한 색깔을 출력하는 전자 소자입니다. 빨간색, 초록색 LED는 하나의 색깔만 출력하지만, 3색 LED는 다양한 색깔을 출력할 수 있습니다. 따라서 프로젝트 성격에 맞는 LED를 선택하는 것이 중요합니다.

백화점 또는 대형 마트의 주차장 시스템을 유심히 살펴본 적이 있나요? 주차공간에 자동차가 없을 때는 초록색으로, 자동차가 있을 때는 빨간색으로 점등돼 운전자가 쉽게 주차 장소를 찾을 수 있도록 도와줍니다. 이때 LED가 몇 개 사용될까요? LED 하나로 상황에 따라 빨간색 또는 초록색을 점등하면 됩니다. 빨간색, 초록색 LED를 각각 설치하면 어떨까요? 기능 면에서는 차이가 없지만 더 넓은 설치 면적이 필요하고, LED 수량과 연결 케이블 개수도 늘어나 더 많은 재료비가 들 것입니다.

주차장 입구 쪽에 설치된 출차 시스템의 LED는 어떤가요? 주차장에서 빠져나오는 차량이 있으면 LED가 점등, 소등을 반복해 주차장으로 들어오는 운전자에게 주의를 줍니다. 이때 LED는 다양한 색깔을 출력할 필요가 없기 때문에 하나의 색깔을 출력하는 LED를 사용하면 됩니다.

그림 4-1 3색 LED와 핀 구조[1]

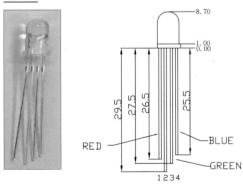

---

1 [출처] https://www.sparkfun.com/datasheets/Components/YSL-R596CR3G4B5C-C10.pdf

핀 구조를 살펴보면 1, 3, 4번 핀이 2번 핀에 공통으로 연결되는 타입에 따라 애노드(Anode) 공통과 캐소드(Cathode) 공통으로 나뉩니다. 다이오드의 애노드 부분이 2번 핀에 연결돼 있으면 애노드 공통이라고 하며, 캐소드 부분이 2번 핀에 연결돼 있으면 캐소드 공통이라고 합니다. 서로 비교했을 때 장단점 차이는 없고, 전원에 연결하는 방식만 다를 뿐입니다.

애노드 공통 타입은 2번 핀이 + 전원과 연결되고, 캐소드 공통 타입은 2번 핀이 접지 처리됩니다. 2번 핀은 4개 다리 중 가장 길어 쉽게 구분할 수 있습니다. 1번 핀은 RED 핀으로 빨간색, 3번 핀은 GREEN 핀으로 초록색, 4번 핀은 BLUE 핀으로 파란색을 출력합니다. 이 장에서는 캐소드 공통 타입의 3색 LED를 사용하겠습니다.

그림 4-2 애노드 공통과 캐소드 공통 3색 LED[2]

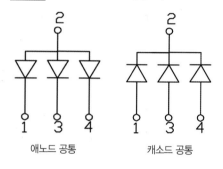

애노드 공통   캐소드 공통

3색 LED 동작과 관련된 전기 특성을 데이터시트에서 살펴보겠습니다. 3색 LED에 걸리는 순방향 전압이 1, 3, 4번 핀마다 다른 것을 확인할 수 있습니다. 20mA 전류가 흐를 때 일반적으로 1번 RED 핀에는 2V, 3번 GREEN 핀과 4번 BLUE 핀에는 3.2V 전압이 걸립니다.

그림 4-3 3색 LED의 전기적 특성[3]

ITEMS	Color	Symbol	Condition	Min.	Typ.	Max.	Unit
Forward Voltage	Red	V_F	I_F=20mA	1.8	2.0	2.2	V
	Green			3.0	3.2	3.4	
	Blue			3.0	3.2	3.4	

아두이노에서 5V 전원을 각 핀에 직접 인가한다면 3색 LED는 어떻게 될까요? 각 핀의 순방향 전압보다 높은 전압이 인가되므로 망가질 확률이 높습니다. 3색 LED가 망가지지 않고

---

2   [출처] https://cdn.sparkfun.com/datasheets/Components/LED/YSL-R596AR3G4B5C-C10.pdf, https://www.sparkfun.com/datasheets/Components/YSL-R596CR3G4B5C-C10.pdf

3   [출처] https://www.sparkfun.com/datasheets/Components/YSL-R596CR3G4B5C-C10.pdf

각 핀에 적절한 전압이 걸리게 하려면 어떻게 해야 할까요? 바로 적절한 크기의 저항을 연결하면 됩니다. 적절한 저항의 크기는 옴의 법칙을 사용해 구할 수 있습니다.

다음은 RED 핀의 전기적인 특성을 토대로 구성한 회로도입니다. 5V 전압이 인가될 때 RED 핀의 순방향 전압이 2V이므로 키르히호프 전압 법칙에 의해 저항에는 3V 전압이 걸리게 됩니다. 연결된 저항의 크기를 구하기 위해 옴의 법칙을 적용하면 저항 $R=\frac{V}{I}=\frac{3}{20\times10^{-3}}$ $=0.15\times10^{3}=150\Omega$이 됩니다.

그림 4-4 RED 핀 회로도

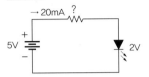

GREEN, BLUE 핀에 연결된 저항을 구하면 저항 $R=\frac{V}{I}=\frac{1.8}{20\times10^{-3}}=0.09\times10^{3}=90\Omega$이 됩니다.

그림 4-5 GREEN, BLUE 핀 회로도

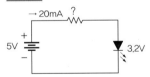

LED 제조사마다 전기 특성이 조금씩 다르므로 저항을 직접 연결할 때는 계산 결과와 같거나 조금 높은 저항을 선택해 연결하면 됩니다. 이 장에서는 RED 핀과 연결되는 저항은 160Ω을 사용하고 GREEN, BLUE 핀과 연결되는 저항은 100Ω을 사용하겠습니다.

옴의 법칙

전압(V), 전류(I), 저항(R)의 관계를 나타낸 법칙입니다. 전압 단위는 볼트(V), 전류 단위는 암페어(A), 저항 단위는 옴(Ω)을 사용합니다.

$$V=IR, \quad I=\frac{V}{R}, \quad R=\frac{V}{I}$$

예를 들어 100Ω 저항에 걸리는 전압이 5V라고 가정했을 때 저항에 흐르는 전류 I를 구하면 $I=\frac{V}{R}=\frac{5}{100}=0.05A$ 가 됩니다.

키르히호프 법칙

제1 법칙(전류 법칙): 회로의 접점에 유입되는 전류의 합과 유출되는 전류의 합은 같다.

$$I_1 = I_2 + I_3$$

세 선이 만나는 점을 접점이라고 하고, 접점을 기준으로 전류 I_1은 유입되고 전류 I_2, I_3은 유출됩니다. 이처럼 키르히호프 제1 법칙은 접점에 유입되는 전류와 유출되는 전류의 관계를 나타냅니다.

그림 4-6 키르히호프 전류 법칙

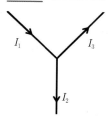

제2 법칙(전압 법칙): 회로에 인가되는 전압의 합은 각 소자의 전압 강하의 합과 같다.

$$V = V_1 + V_2$$

회로에 인가되는 전압이 V일 때 회로에는 전류가 흐릅니다. 전류가 저항으로 흐르면 옴의 법칙에 의해 저항에도 전압(V_1, V_2)이 생깁니다. 이처럼 키르히호프 제2 법칙은 인가되는 전압과 각 소자에 걸리는 전압의 관계를 나타냅니다.

그림 4-7 키르히호프 전압 법칙

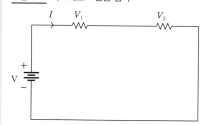

---

2 3색 LED 점등하기

4.1절 3색 LED 소개에서 설명한 주차장 시스템의 일부를 구현하겠습니다. 주차장 시스템에서 3색 LED는 상황에 따라 빨간색 또는 초록색을 점등합니다. 이 절에서는 1초 간격으로 빨간색, 초록색이 순차적으로 점등하도록 구현하겠습니다.

표 4-1 재료 목록

아두이노 보드 우노(Uno)	브레드보드 (400핀)	3색 LED (캐소드 공통)
1개	1개	1개

저항 (160Ω)	저항 (100Ω)	점퍼 케이블 수(Male)–수(Male)
1개	2개	4개

TIP

저항 160Ω

이 책에서는 실습에 따라 100Ω, 150Ω, 160Ω, 220Ω, 330Ω 저항을 사용했습니다. 어떤 저항을 사용할지는 실습에 사용하는 소자들의 데이터시트를 참고로 결정했으며, 실습에 따라 가장 적합한 저항을 사용합니다. 하지만 120~200Ω 저항은 호환해 사용할 수 있습니다. 150Ω과 160Ω 저항도 호환 가능하니 실습 시 참고 바랍니다.

2.1 하드웨어 구현하기

이 절의 실습 내용을 동영상으로 볼 수 있습니다.
QR 코드를 스캔하거나 http://bitly.kr/qhl3Hj9se 페이지로 접속하세요.

1 3색 LED를 브레드보드에 꽂습니다.

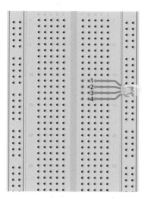

2 160Ω 저항 1개를 1번(RED) 핀과 같은 라인에 연결하고 100Ω 저항 2개를 3번 (GREEN), 4번(BLUE) 핀과 같은 라인에 연결합니다.

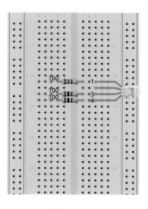

3 아두이노의 GND 핀과 3색 LED의 2번 핀을 점퍼 케이블로 연결합니다.

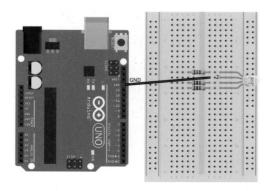

4 아두이노의 11번 핀과 3색 LED의 1번 핀에 연결된 160Ω 저항의 나머지 다리를 점퍼 케이블로 연결합니다.

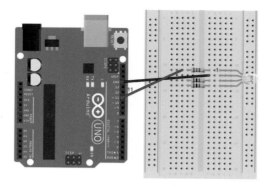

5 아두이노의 10번 핀과 3색 LED의 3번 핀에 연결된 100Ω 저항의 나머지 다리를 점퍼 케이블로 연결합니다.

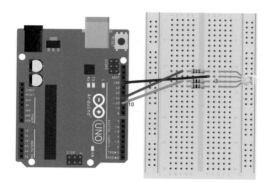

6 아두이노의 9번 핀과 3색 LED의 4번 핀에 연결된 100Ω 저항의 나머지 다리를 점퍼 케이블로 연결합니다.

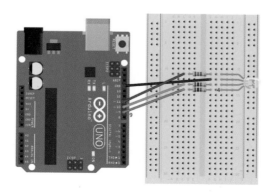

2.2 소프트웨어 구현하기(practice_4.ino)

 이 절의 실습 내용을 동영상으로 볼 수 있습니다.
QR 코드를 스캔하거나 http://bitly.kr/x2MrYTLSq 페이지로 접속하세요.

이제 3색 LED에서 빨간색과 초록색을 출력시켜 보겠습니다. 어떻게 해야 할까요? 빨간색을 점등하려면 1번(RED) 핀에 5V 신호를 인가하면 됩니다. 1번 핀은 아두이노 11번 핀에서 제어하므로 아두이노 11번 핀으로 5V 신호를 인가하면 됩니다.

5V 신호를 인가하는 방법은 두 가지가 있죠? digitalWrite() 또는 analogWrite() 함수를 사용하는 것입니다. 두 함수의 차이는 무엇일까요? digitalWrite() 함수는 0V, 5V를 인가해 LED를 소등 또는 점등만 시킬 수 있습니다. analogWrite() 함수는 PWM을 사용해 0~5V 사이 전압을 인가하는 효과가 있어 LED의 소등, 점등뿐만 아니라 밝기 제어도 가능합니다(1장 Semi 프로젝트에서 PWM 내용 참조). 3색 LED의 경우에는 PWM을 사용해 다양한 색깔을 출력할 수 있습니다.

이 절에서는 analogWrite() 함수를 사용해 색깔을 출력하겠습니다. 1초마다 빨간색과 초록색을 차례대로 점등하므로 delay() 함수를 사용해 시간을 제어하겠습니다.

◉ 코드 4-1 3색 LED 점등하기

```
#define RED_PIN 11 //11번 핀으로 RED 핀 제어
#define GREEN_PIN 10 //10번 핀으로 GREEN 핀 제어
#define BLUE_PIN 9 //9번 핀으로 BLUE 핀 제어

void setup() {
  //put your setup code here, to run once:
  pinMode(RED_PIN, OUTPUT); //11번 핀을 출력으로 설정
  pinMode(GREEN_PIN, OUTPUT); //10번 핀을 출력으로 설정
  pinMode(BLUE_PIN, OUTPUT); //9번 핀을 출력으로 설정
}
```

```
void loop() {
  //put your main code here, to run repeatedly:
  //빨간색 출력
  analogWrite(RED_PIN, 255);
  analogWrite(GREEN_PIN, 0);
  analogWrite(BLUE_PIN, 0);
  delay(1000);
  //초록색 출력
  analogWrite(RED_PIN, 0);
  analogWrite(GREEN_PIN, 255);
  analogWrite(BLUE_PIN, 0);
  delay(1000);
}
```

2.3 결과 확인하기

이 절의 실습 내용을 동영상으로 볼 수 있습니다.
QR 코드를 스캔하거나 http://bitly.kr/LPYU5Y39J 페이지로 접속하세요.

업로드를 완료하면 3색 LED가 1초 간격으로 빨간색, 초록색을 순차적으로 점등합니다.

그림 4-8 3색 LED 결과 확인하기

RGB

RGB는 빛의 3원색(빨간색, 초록색, 파란색)을 의미하고 세 가지 색깔을 혼합해 다양한 색깔을 나타낼 수 있습니다. RGB의 각 색깔은 0과 255 사이의 값을 가집니다. 예를 들어 빨간색과 초록색을 섞으면 노란색이 되고, 노란색을 RGB 값으로 표현하면 RGB(255,228,0)이 됩니다. 노란색의 진하기에 따라 RGB 값은 조금씩 바뀝니다.

3색 LED를 사용해 색깔을 출력할 때 analogWrite( ) 함수를 호출해 빨간색, 초록색, 파란색 핀에 0~255 값을 부여합니다. 각 핀에 부여하는 값의 범위가 RGB 값의 범위(0~255)와 동일하기 때문에 출력하려는 색깔이 있다면 각 핀에 RGB 값을 입력하면 됩니다. 색깔의 RGB 값은 다음과 같이 검색해 확인할 수 있습니다.

1 네이버에서 rgb 색상표를 검색합니다.[4]

2 색상 팔레트에서 원하는 색깔의 RGB 값을 확인합니다.

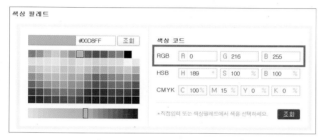

3 analogWrite( ) 함수 호출 시 빨간색 핀에는 0, 초록색 핀에는 216, 파란색 핀에는 255를 입력하고 업로드 후 결과를 확인합니다.

4　[출처] www.naver.com

3색 LED로 무드등 시스템 구현하기

터치 센서와 3색 LED를 이용해 터치할 때마다 색깔이 바뀌는 무드등 시스템을 구현하겠습니다. 터치 이벤트가 발생할 때마다 3색 LED의 색깔을 다양하게 변경합니다. 무드등 시스템을 구현하기 전 고려할 사항은 무엇이 있을까요? 다양한 색깔을 출력하기 위해 analogWrite() 함수를 빈번하게 사용해 loop() 함수 안 코드가 길어지고, 그 결과로 프로그램 가독성이 떨어질 수 있습니다. 이 문제를 해결하기 위한 가장 기본적인 방법은 함수를 구현하는 것입니다. 이 절에서는 색깔 출력을 담당하는 colorPrint() 함수를 정의한 뒤 loop() 함수 안에서 호출해 사용하겠습니다.

표 4-2 재료 목록

아두이노 보드 우노(Uno)	브레드보드 (400핀)	3색 LED (캐소드 공통)	터치 센서 (TTP223B)
1개	1개	1개	1개
저항 (160Ω)	저항 (100Ω)	점퍼 케이블 수(Male)−수(Male)	
1개	2개	7개	

3.1 하드웨어 구현하기

이 절의 실습 내용을 동영상으로 볼 수 있습니다.
QR 코드를 스캔하거나 http://bitly.kr/lZu5c3rOa 페이지로 접속하세요.

3색 LED 점등하기에서 구현한 하드웨어에 터치 센서를 추가하겠습니다.

1 터치 센서를 브레드보드에 꽂습니다.

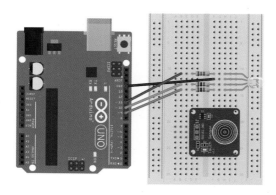

2 아두이노의 GND 핀과 터치 센서의 GND 핀을 점퍼 케이블로 연결합니다.

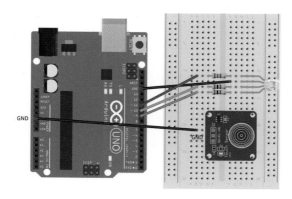

3 아두이노의 5V 핀과 터치 센서의 VCC 핀을 점퍼 케이블로 연결합니다.

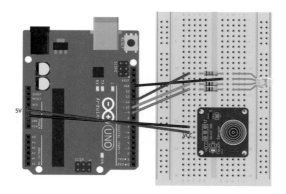

4 아두이노의 7번 핀과 터치 센서의 SIG 핀을 점퍼 케이블로 연결합니다.

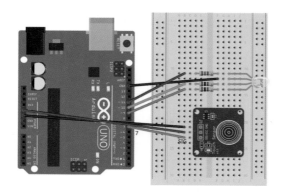

3.2 소프트웨어 구현하기(application_4.ino)

 이 절의 실습 내용을 동영상으로 볼 수 있습니다.
QR 코드를 스캔하거나 http://bitly.kr/hpvyilXCW 페이지로 접속하세요.

터치 이벤트가 발생하면 이벤트 횟수를 저장하는 count 변수를 1 증가시키고 count 변수
값에 따라 switch-case 문에서 colorPrint() 함수를 호출해 다양한 색깔을 출력합니다.
colorPrint() 함수를 호출할 때는 출력하려는 색깔의 RGB 값을 매개변수로 사용합니다.

마지막 색깔이 출력된 후 터치 이벤트가 발생하면 LED가 off 되고 count 변수는 0으로 초기화합니다.

● **코드 4-2** 무드등 시스템 구현하기

```
#define RED_PIN 11 //11번 핀으로 RED 핀 제어
#define GREEN_PIN 10 //10번 핀으로 GREEN 핀 제어
#define BLUE_PIN 9 //9번 핀으로 BLUE 핀 제어
#define TOUCH_STATE 7 //터치 이벤트를 7번 핀으로 확인

//색깔 출력 함수 선언
void colorPrint(int redValue, int greenValue, int blueValue);

int count = 0; //터치 이벤트 횟수 저장

void setup() {
  //put your setup code here, to run once:
  pinMode(RED_PIN, OUTPUT); //11번 핀을 출력으로 설정
  pinMode(GREEN_PIN, OUTPUT); //10번 핀을 출력으로 설정
  pinMode(BLUE_PIN, OUTPUT); //9번 핀을 출력으로 설정
  pinMode(TOUCH_STATE, INPUT); //7번 핀을 입력으로 설정
}

void loop() {
  //put your main code here, to run repeatedly:
  //터치 이벤트 신호를 읽어 touchValue 변수에 저장
  int touchValue = digitalRead(TOUCH_STATE);

  if(touchValue == HIGH) //손가락으로 터치 센서를 눌렀을 때
  {
    count++; //count 변수 1 증가
    delay(300); //색깔이 전환되기 전 지연 시간 부여
    switch(count) //count 값에 따라 해당 case 문 실행
    {
      case 1:
```

```
          colorPrint(255,255,255); //흰색 출력
          break;
      case 2:
          colorPrint(255,0,0); //빨간색 출력
          break;
      case 3:
          colorPrint(0,255,0); //초록색 출력
          break;
      case 4:
          colorPrint(0,216,255); //하늘색 출력
          break;
      case 5:
          colorPrint(95,0,255); //보라색 출력
          break;
      default :
          colorPrint(0,0,0); //LED off
          count = 0; //count 변수 0으로 초기화
    }
  }
}
void colorPrint(int redValue, int greenValue, int blueValue) ❶
{
  analogWrite(RED_PIN, redValue);
  analogWrite(GREEN_PIN, greenValue);
  analogWrite(BLUE_PIN, blueValue);
}
```

❶ loop() 함수에서 colorPrint(0,216,255); 형태로 호출하면 0은 redValue, 216은 greenValue, 255는 blueValue에 저장됩니다. 매개변수에 저장된 값은 analogWrite() 함수에서 색깔을 변경하는 데 사용합니다.

이 절의 실습 내용을 동영상으로 볼 수 있습니다.
QR 코드를 스캔하거나 http://bitly.kr/ePgB8ktN 페이지로 접속하세요.

터치 이벤트가 발생하면 흰색, 빨간색, 초록색, 하늘색, 보라색 순서로 색깔을 출력합니다.
보라색 이후 터치 이벤트가 발생하면 LED가 off 됩니다.

그림 4-9 터치 이벤트에 따른 LED 색깔 변화 확인하기

흰색

빨간색

초록색

하늘색

보라색

종합 프로젝트인 10장 스마트 선풍기 만들기에서 3색 LED를 불쾌지수 표시에 사용합니다. 불쾌지수(DI: Discomfort Index)는 날씨에 따라 사람들이 느끼는 불쾌감의 정도를 수치로 표현한 것입니다. 스마트 선풍기에서 3색 LED로 불쾌지수 단계에 적합한 색깔을 출력함으로써 사용자는 불쾌지수 단계를 시각적으로 쉽게 파악할 수 있습니다. 3색 LED는 매우 높음 단계일 때 빨간색, 높음 단계일 때 주황색, 보통 단계일 때 초록색, 낮음 단계일 때 파란색을 출력합니다.

불쾌지수를 계산하는 것은 다음 장에서 살펴보고, 이 절에서는 임의의 데이터를 불쾌지수 데이터로 가정해 수치가 바뀔 때 LED 색깔도 바뀌도록 제어하겠습니다. 하드웨어 구현하기는 3색 LED 점등하기에서 구현한 하드웨어를 사용합니다.

4.1 소프트웨어 구현하기(semiProject_4.ino)

 이 절의 실습 내용을 동영상으로 볼 수 있습니다.
QR 코드를 스캔하거나 http://bitly.kr/GnquXcl46 페이지로 접속하세요.

4단계는 불쾌지수 수치에 따라 낮음(68 미만), 보통(68 이상 75 미만), 높음(75 이상 80 미만), 매우 높음(80 이상)으로 구성됩니다. 단계별로 3색 LED 출력을 확인하기 위해서는 불쾌지수 데이터를 어떻게 처리해야 할까요? 낮음 단계가 68 미만이기 때문에 불쾌지수 변수 di를 60으로 초기화하고 2씩 증가시켰습니다. di 변수 값이 증가하면서 순차적으로 낮음, 보통, 높음, 매우 높음 단계로 접어들게 되고 단계별로 파란색, 초록색, 주황색, 빨간색이 점등되도록 합니다.

```
#define RED_PIN 11 //11번 핀으로 RED 핀 제어
#define GREEN_PIN 10 //10번 핀으로 GREEN 핀 제어
#define BLUE_PIN 9 //9번 핀으로 BLUE 핀 제어

void setup() {
  //put your setup code here, to run once:
  pinMode(RED_PIN, OUTPUT); //11번 핀을 출력으로 설정
  pinMode(GREEN_PIN, OUTPUT); //10번 핀을 출력으로 설정
  pinMode(BLUE_PIN, OUTPUT); //9번 핀을 출력으로 설정
}

void loop() {
  //put your main code here, to run repeatedly:
  for(int di=60;di<90;di+=2)
  {
    if(di >= 80) //불쾌지수 데이터가 80 이상일 때(매우 높음)
    {
      colorPrint(255,0,0);  //빨간색 점등
    }
    else if(di >= 75) //불쾌지수 데이터가 75 이상 80 미만일 때(높음)
    {
      colorPrint(255,128,0); //주황색 점등
    }
    else if(di >= 68) //불쾌지수 데이터가 68 이상 75 미만일 때(보통)
    {
      colorPrint(0,255,0); //초록색 점등
    }
    else //불쾌지수 데이터가 68 미만일 때(낮음)
    {
      colorPrint(0,0,255); //파란색 점등
    }
    delay(500); //색깔 전환을 확인하기 위한 지연 시간
  }
}
```

```
//색깔 출력 함수 정의
void colorPrint(int redValue, int greenValue, int blueValue)
{
    analogWrite(RED_PIN, redValue);
    analogWrite(GREEN_PIN, greenValue);
    analogWrite(BLUE_PIN, blueValue);
}
```

4.2 결과 확인하기

 이 절의 실습 내용을 동영상으로 볼 수 있습니다.
QR 코드를 스캔하거나 http://bitly.kr/OosRQuNy1 페이지로 접속하세요.

불쾌지수가 낮음(68 미만)일 때 파란색, 보통(68 이상 75 미만)일 때 초록색, 높음(75 이상 80 미만)일 때 주황색, 매우 높음(80 이상)일 때 빨간색을 출력합니다.

그림 4-10 불쾌지수 단계에 따른 LED 색깔 출력

낮음

보통

높음

매우 높음

5장

온 · 습도 센서

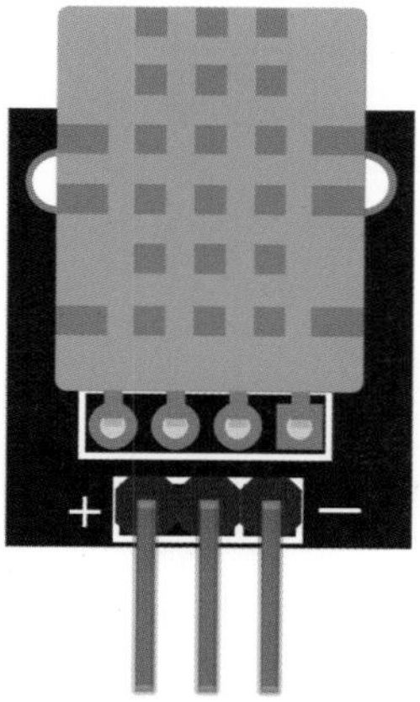

1 온 · 습도 센서 소개

2 라이브러리 설치하기

3 온도, 습도 데이터 출력하기

4 응용 과제 불쾌지수 데이터 출력하기

5 Semi 프로젝트 불쾌지수 데이터로 3색 LED 제어하기

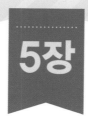

1 온·습도 센서 소개

이 장에서는 온 · 습도 센서를 알아보겠습니다. 센서 이름에서도 확인할 수 있듯이 온도와 습도를 측정하는 센서입니다. 온도와 습도 데이터는 난방 · 환기 · 냉방 통합 시스템(HVAC: Heating, Ventilation, Air Conditioning), 제습기, 자동제어장치, 기상 관측소, 습도 조절기, 데이터 로거(data logger) 등 생활 속에서 다방면으로 사용되고 있습니다.

온 · 습도 센서의 특징을 살펴보면 첫째, 저렴하고 안정성이 뛰어납니다. 오래 사용해도 측정 오차가 낮습니다. 둘째, 신호 간섭에 강합니다. 이 덕분에 신호를 장거리 전송할 수 있습니다. 셋째, 온 · 습도 변화에 빠르게 응답해 측정합니다.

그림 5-1 온 · 습도 센서 종류

DTH11　　　　AM2303

일반적으로 많이 사용하는 온 · 습도 센서는 DHT11과 AM2303(DHT22)입니다. 두 센서를 비교하면 다음과 같습니다.

두 온 · 습도 센서의 동작 전압은 대체로 비슷합니다. 온 · 습도 측정 범위는 AM2303 센서가 더 넓고, 정확도도 AM2303 센서가 더 높습니다. AM2303 센서가 DHT11 센서보다 성능이 뛰어난 만큼 가격이 비쌉니다. 프로젝트 성격에 맞게 적절한 센서를 선택하면 됩니다. 이 장에서는 DHT11 센서를 사용하겠습니다.

표 5-1 DHT11, AM2303 특성 비교[1] (RH: 상대습도)

	DHT11	AM2303(DHT22)
동작 전압	3.0 ~ 5.5V	3.3 ~ 5.5V
온도 측정 범위	0 ~ 50℃	−40 ~ 80℃
온도 측정 정확도	±2℃	±0.5℃
습도 측정 범위	20 ~ 90% RH	0 ~ 99.9% RH
습도 측정 정확도	±5% RH	±2% RH

DHT11 핀을 살펴보겠습니다. DHT11 센서는 4개 핀이 있습니다. 그중 3번 핀은 empty pin으로 실질적으로 1, 2, 4번 핀을 사용합니다. 1번 VDD는 전원을 인가하는 핀입니다. 센서가 3.0~5.5V 전압에서 동작하므로 아두이노 5V 핀과 연결합니다. 2번 데이터 신호 핀은 아두이노 디지털 핀에 연결하고, 4번 GND 핀은 아두이노 GND 핀과 연결합니다.

그림 5-2 DHT11 핀 연결[2]

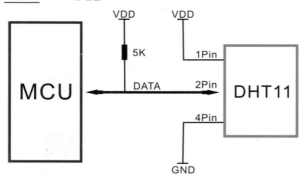

---

1 [출처] https://www.mouser.com/ds/2/758/DHT11-Technical-Data-Sheet-Translated-Version-1143054.pdf, https://akizukidenshi.com/download/ds/aosong/AM2302.pdf

2 [출처] https://www.mouser.com/ds/2/758/DHT11-Technical-Data-Sheet-Translated-Version-1143054.pdf

2 라이브러리 설치하기

온·습도 센서를 사용하려면 Adafruit_Unified_Sensor, DHT_sensor_library라는 두 라이브러리를 설치해야 합니다. 이 절에서는 길벗 홈페이지에 내려받은 라이브러리 파일을 사용해설치하겠습니다.

1 길벗 홈페이지에서 내려받아 압축을 푼 라이브러리 폴더에서 Adafruit_Unified_Sensor, DHT_sensor_library 폴더를 [문서]-[Arduino]-[libraries] 폴더 안으로 이동시킵니다.

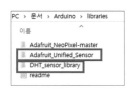

2 아두이노 IDE를 실행시켜 [스케치]-[라이브러리 포함하기]를 보면 라이브러리가 추가된것을 확인할 수 있습니다.

3 온도, 습도 데이터 출력하기

온·습도 센서에서 측정하는 데이터는 눈으로 직접 확인할 수 없습니다. 측정 데이터를 확인하는 방법은 두 가지가 있습니다. 첫째, LCD, OLED와 같이 디스플레이 도구를 이용합니다. 둘째, 아두이노 IDE에서 제공하는 시리얼 모니터를 이용합니다. 시리얼 모니터의 경우 디스플레이 도구 없이도 측정 데이터를 쉽게 확인할 수 있기 때문에 프로그램 개발 과정에서 많이 활용합니다. 이 절에서도 시리얼 모니터를 사용해 온·습도 데이터를 확인하겠습니다.

표 5-2 재료 목록

아두이노 보드 우노(Uno)	브레드보드 (400핀)	온·습도 센서 (DHT11)	점퍼 케이블 수(Male)-수(Male)
1개	1개	1개	3개

3.1 하드웨어 구현하기

 이 절의 실습 내용을 동영상으로 볼 수 있습니다.
QR 코드를 스캔하거나 http://bitly.kr/yMnLsXPee 페이지로 접속하세요.

1 DHT11을 브레드보드에 꽂습니다.

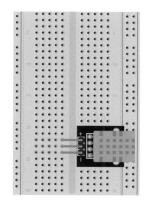

2 아두이노의 GND 핀과 DHT11의 − 핀을 점퍼 케이블로 연결합니다.

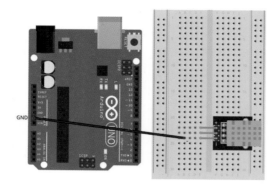

3 아두이노 5V 핀과 DHT11의 + 핀을 점퍼 케이블로 연결합니다.

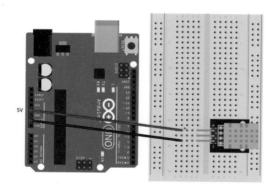

4 아두이노의 2번 핀과 DHT11의 out 핀을 점퍼 케이블로 연결합니다.

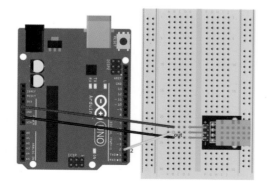

3.2 소프트웨어 구현하기(practice_5.ino)

이 절의 실습 내용을 동영상으로 볼 수 있습니다.
QR 코드를 스캔하거나 http://bitly.kr/zzYofjKF4 페이지로 접속하세요.

[파일]-[예제]-[DHT sensor library]-[DHTtester] 예제 파일을 클릭합니다. 예제 파일 프로그램 코드를 수정해 사용하겠습니다.

그림 5-3 예제 파일 열기

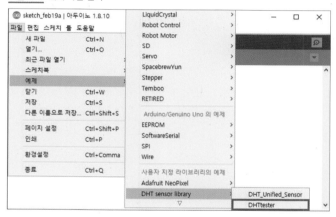

디지털 핀과 타입을 선택한 후 DHT 센서를 초기화합니다. 온·습도 데이터는 시리얼 통신을 사용해 확인하기 때문에 setup() 함수에서 시리얼 통신을 동기화합니다. 라이브러리에 정의된 readHumidity(), readTemperature() 함수를 사용해 온·습도 데이터를 읽어 변수에 저장합니다. 데이터를 제대로 읽어왔는지 확인한 후 정상적으로 읽어왔을 때 변수에 저장된 데이터를 시리얼 모니터로 출력합니다.

● 코드 5-1 온·습도 데이터 출력하기

```
#include "DHT.h" //DHT 센서 라이브러리 추가

#define DHTPIN 2 //데이터 신호 핀 설정
#define DHTTYPE DHT11 //온·습도 센서 타입 선택
```

```
DHT dht(DHTPIN, DHTTYPE); //DHT 센서 초기화

void setup() {
  Serial.begin(9600); //시리얼 통신 동기화
  dht.begin(); //핀 설정
}

void loop() {
  delay(2000); //측정 사이 2초간 대기

  float humidity = dht.readHumidity(); //습도 데이터를 읽어와 변수에 저장
  //온도 데이터를 읽어와 변수에 저장
  float temperature = dht.readTemperature();

  //데이터를 읽어오지 못했을 경우 loop() 함수 종료
  if (isnan(humidity) || isnan(temperature)) {
return;
  }
  Serial.print("Humidity: ");
  Serial.print(humidity,1); //소수점 첫째 자리까지 습도 데이터 출력
  Serial.print("%  Temperature: ");
  Serial.print(temperature,1); //소수점 첫째 자리까지 온도 데이터 출력
  Serial.println("C");
}
```

3.3 결과 확인하기

이 절의 실습 내용을 동영상으로 볼 수 있습니다.
QR 코드를 스캔하거나 http://bitly.kr/ClHYEGkx1 페이지로 접속하세요.

업로드를 완료한 후 시리얼 모니터 창을 열면 2초 간격으로 습도(Humidity), 온도(Temperature) 데이터가 출력되는 것을 확인할 수 있습니다.

그림 5-4 습도, 온도 데이터 확인하기

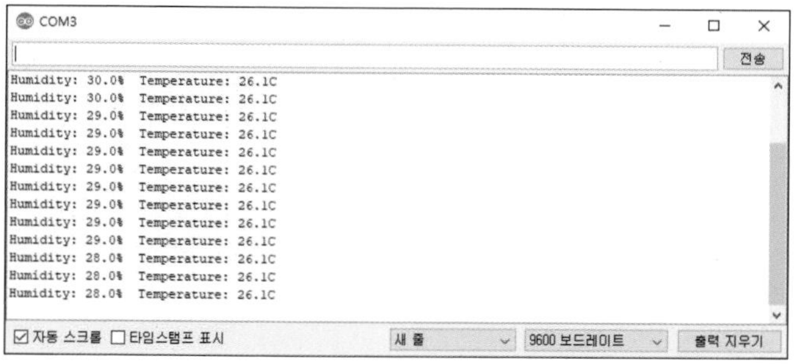

4 | 응용 과제 | 불쾌지수 데이터 출력하기

10장 종합 프로젝트 스마트 선풍기에서는 DC 모터를 구동하는 데 불쾌지수 데이터를 사용할 것입니다. 불쾌지수에는 온도와 습도가 영향을 미칩니다. 예를 들어 흐린 날은 맑은 날에 비해 온도가 낮을 수 있지만, 습도가 높다면 아마도 덥다고 느낄 수 있습니다. 반대로 온도는 높지만, 습도가 낮은 화창한 날에 숲이나 그늘에 있으면 선풍기가 없어도 시원하다고 느낄 수 있습니다. 이처럼 온도와 습도는 일상생활에 많은 영향을 미치는 요소입니다.

불쾌지수를 구하는 공식은 다음과 같으며, 다음 절에서 소프트웨어를 구현할 때 사용합니다.[3]

$$\text{DI} = \frac{9}{5}T - 0.55(1-\text{RH})(\frac{9}{5}T - 26) + 32$$

T : 온도(℃) RH : 상대습도(%)

---

3 [출처] https://www.kma.go.kr/HELP/basic/help_01_05.jsp

표 5-3 불쾌지수 단계별 범위

단계	지수 범위	설명
매우 높음	80 이상	전원 불쾌감을 느낌
높음	75 이상 80 미만	50% 정도 불쾌감을 느낌
보통	68 이상 75 미만	불쾌감을 나타내기 시작함
낮음	68 미만	전원 쾌적함을 느낌

이 절에서는 온도와 습도 데이터를 사용해 불쾌지수를 구한 뒤, 시리얼 모니터로 불쾌지수 데이터를 출력하겠습니다. 하드웨어는 온도, 습도 데이터 출력하기에서 구현한 하드웨어를 그대로 사용합니다.

4.1 소프트웨어 구현하기(application_5.ino)

이 절의 실습 내용을 동영상으로 볼 수 있습니다.
QR 코드를 스캔하거나 http://bitly.kr/MgKG9ibns 페이지로 접속하세요.

불쾌지수 공식을 살펴보면 온도와 습도가 영향을 미치는 것을 확인할 수 있습니다. 따라서 불쾌지수를 구하기 위해서는 온도와 습도 데이터를 읽어와야 합니다. 읽어온 데이터를 온도와 습도 변수에 저장한 뒤 불쾌지수 공식에 적용합니다.

여기서 한 가지 고려할 사항이 있습니다. 온도와 습도 데이터가 실수형(float)이기 때문에 불쾌지수도 실수형으로 처리돼야 한다는 것입니다. 따라서 불쾌지수 공식에 (float)를 사용해 강제로 형을 변환시켜주는 과정이 필요합니다.

◉ 코드 5-2 불쾌지수 데이터 출력하기

```
#include "DHT.h" //DHT 센서 라이브러리 추가

#define DHTPIN 2 //데이터 신호 핀 설정
```

```
#define DHTTYPE DHT11 // 온·습도 센서 타입 선택

DHT dht(DHTPIN, DHTTYPE); //DHT 센서 초기화

void setup() {
  Serial.begin(9600); //시리얼 통신 동기화
  dht.begin(); //핀 설정
}

void loop() {
  delay(2000); //측정 사이 2초 대기
  //습도 데이터를 읽어와 변수에 저장
  float humidity = dht.readHumidity();
  //온도 데이터를 읽어와 변수에 저장
  float temperature = dht.readTemperature();
  //불쾌지수를 계산해 변수에 저장 ❶
  float di = (float)9/5*temperature-0.55*((float)1-humidity/100)*((float)9/
5*temperature-26)+32;

  //데이터를 읽어오지 못했을 경우 loop() 함수 종료
  if (isnan(humidity) || isnan(temperature)) {
    return;
  }
  Serial.print("Discomfort Index:");
  Serial.println(di,1); //소수점 첫째 자리까지 불쾌지수 출력
}
```

❶ di 변수가 float형이기 때문에 불쾌지수 계산 결과도 float형이 돼야 합니다. (float)는
강제 형변환으로 연산 결과의 값을 float형으로 변환하는 것을 의미합니다. 예를 들어
(float)9/5*temperature 식에서 temperature 값이 20.0이라고 가정한다면 결과는 36
이 됩니다. (float)를 삭제했을 경우 9/5의 결과는 정수형으로 인식돼 1.8이 아닌 1이 되
고, 연산의 결과는 20이 됩니다. 결론적으로 di 변수에 부정확한 데이터가 저장됩니다.

4.2 결과 확인하기

이 절의 실습 내용을 동영상으로 볼 수 있습니다.
QR 코드를 스캔하거나 http://bitly.kr/Njw982u2B 페이지로 접속하세요.

업로드를 완료한 후 시리얼 모니터 창을 열면 불쾌지수 데이터가 출력되는 것을 확인할 수 있습니다.

그림 5-5 불쾌지수 출력 확인하기

---

5 | Semi 프로젝트 불쾌지수 데이터로 3색 LED 제어하기

사용자가 불쾌지수 단계를 쉽게 알아보게 하려면 어떤 방법이 있을까요? 많은 가전제품에서 LED 색깔로 여러 단계를 표현합니다. 4.4절에서는 임의의 데이터를 불쾌지수 데이터로 가정해 LED 색깔을 바뀌게 제어했습니다. 이 절에서는 온도와 습도로 계산한 불쾌지수 데이터로 단계에 따라 3색 LED 색깔을 제어하겠습니다. 불쾌지수가 매우 높음일 때 빨간색, 높음일 때 주황색, 보통일 때 초록색, 낮음일 때 파란색을 출력하도록 구현하겠습니다.

표 5-4 재료 목록

아두이노 보드 우노(Uno)	브레드보드 (400핀)	온 · 습도 센서 (DHT11)	3색 LED (캐소드 공통)
1개	1개	1개	1개

저항 (160Ω)	저항 (100Ω)	점퍼 케이블 수(Male)-수(Male)	
1개	2개	7개	

5.1 하드웨어 구현하기

이 절의 실습 내용을 동영상으로 볼 수 있습니다.
QR 코드를 스캔하거나 http://bitly.kr/KtPq1EFXY 페이지로 접속하세요.

응용 과제에서 구현한 하드웨어에서 3색 LED를 추가로 연결해 하드웨어를 구현합니다.

1 3색 LED를 브레드보드에 꽂습니다.

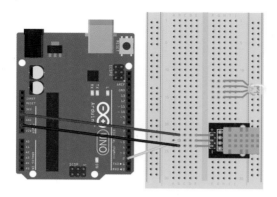

2 160Ω 저항 1개를 1번 핀과 같은 라인에 연결하고, 100Ω 저항 2개를 3, 4번 핀과 같은 라인에 연결합니다.

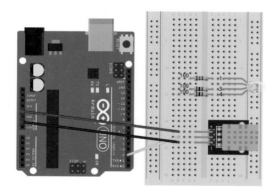

3 아두이노의 GND 핀과 3색 LED의 2번 핀을 점퍼 케이블로 연결합니다.

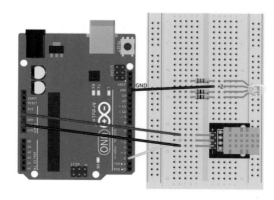

4 아두이노의 11번 핀과 3색 LED의 1번 핀과 연결된 160Ω 저항의 나머지 다리를 점퍼 케이블로 연결합니다.

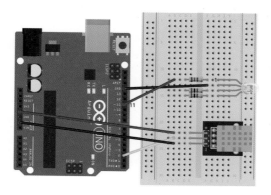

5 아두이노의 10번 핀과 3색 LED의 3번 핀과 연결된 100Ω 저항의 나머지 다리를 점퍼 케이블로 연결합니다.

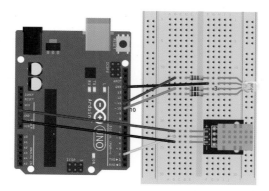

6 아두이노의 9번 핀과 3색 LED의 4번 핀과 연결된 100Ω 저항의 나머지 다리를 점퍼 케이블로 연결합니다.

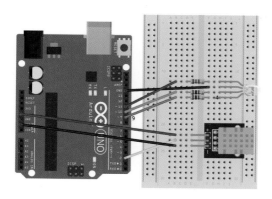

5.2 소프트웨어 구현하기(semiProject_5.ino)

이 절의 실습 내용을 동영상으로 볼 수 있습니다.
QR 코드를 스캔하거나 http://bitly.kr/k5iuBj31j 페이지로 접속하세요.

습도와 온도 데이터를 읽고 두 데이터를 사용해 불쾌지수를 계산합니다. 시리얼 모니터로는 습도, 온도, 불쾌지수 데이터를 출력합니다. 불쾌지수 단계에 따라 3색 LED 색깔을 다르게 출력해야 하므로 if-else 문을 사용해 불쾌지수 단계마다 조건식을 작성하고, colorPrint( ) 함수를 호출해 3색 LED에 색깔을 출력합니다.

● **코드 5-3** 불쾌지수 데이터로 3색 LED 제어하기

```
#include "DHT.h" //DHT 센서 라이브러리 추가

#define DHTPIN 2 //데이터 신호 핀 설정
#define DHTTYPE DHT11 //온·습도 센서 타입 선택
#define RED 11    //11번 핀으로 RED 핀 제어
#define GREEN 10 //10번 핀으로 GREEN 핀 제어
#define BLUE 9  //9번 핀으로 BLUE 핀 제어

DHT dht(DHTPIN, DHTTYPE); //DHT 센서 초기화

//색깔 출력 함수 선언
void colorPrint(int redValue, int greenValue, int blueValue);

void setup() {
  pinMode(RED, OUTPUT); //11번 핀 출력용으로 설정
  pinMode(GREEN, OUTPUT); //10번 핀 출력용으로 설정
  pinMode(BLUE, OUTPUT); //9번 핀 출력용으로 설정
  Serial.begin(9600); //시리얼 통신 동기화
  dht.begin(); //핀 설정
}
```

```
void loop() {
  delay(2000); //측정 사이 2초 대기

  //습도 데이터를 읽어와 변수에 저장
  float humidity = dht.readHumidity();
  //온도 데이터를 읽어와 변수에 저장
  float temperature = dht.readTemperature();
  //불쾌지수를 계산해 변수에 저장
  float di = (float)9/5*temperature-0.55*((float)1-humidity/100)*((float)9/
5*temperature-26)+32;

  //데이터를 읽어오지 못했을 경우 loop() 함수 종료
  if (isnan(humidity) || isnan(temperature)) {
    return;
  }

  if(di >= 80) //불쾌지수 데이터가 80 이상일 때(매우 높음)
  {
    colorPrint(255,0,0);  //빨간색 점등
  }
  else if(di >= 75) //불쾌지수 데이터가 75 이상 80 미만일 때(높음)
  {
    colorPrint(255,128,0); //주황색 점등
  }
  else if(di >= 68) //불쾌지수 데이터가 68 이상 75 미만일 때(보통)
  {
    colorPrint(0,255,0); //초록색 점등
  }
  else //불쾌지수 데이터가 68 미만일 때(낮음)
  {
    colorPrint(0,0,255); //파란색 점등
  }
  Serial.print("Humidity:");
  Serial.print(humidity,1); //소수점 첫째 자리까지 습도 출력
```

```
    Serial.print("%\t");
    Serial.print("Temperature:");
    Serial.print(temperature,1); //소수점 첫째 자리까지 온도 출력
    Serial.print("C\t");
    Serial.print("Discomfort Index:");
    Serial.println(di,1); //소수점 첫째 자리까지 불쾌지수 출력
}

//색깔 출력 함수 정의
void colorPrint(int redValue, int greenValue, int blueValue)
{
    analogWrite(RED, redValue);
    analogWrite(GREEN, greenValue);
    analogWrite(BLUE, blueValue);
}
```

5.3 결과 확인하기

이 절의 실습 내용을 동영상으로 볼 수 있습니다.
QR 코드를 스캔하거나 http://bitly.kr/hhfCkBaKJ 페이지로 접속하세요.

시리얼 모니터에는 습도, 온도, 불쾌지수 데이터가 2초마다 출력되고 불쾌지수 수치에 따라 3색 LED 색깔이 바뀝니다. 80 이상일 때 빨간색, 75 이상 80 미만일 때 주황색, 68 이상 75 미만일 때 초록색, 68 미만일 때 파란색을 출력합니다.

<u>그림 5-6</u> 습도, 온도, 불쾌지수 데이터

```
◎ COM8                                                    —   □   ×
                                                                  [ 전송 ]
Humidity:51.0%    Temperature:21.4C    ❶ Discomfort Index:67.1
Humidity:51.0%    Temperature:21.4C      Discomfort Index:67.1
Humidity:57.0%    Temperature:26.3C    ❷ Discomfort Index:74.3
Humidity:53.0%    Temperature:26.1C      Discomfort Index:73.6
Humidity:52.0%    Temperature:26.2C      Discomfort Index:73.6
Humidity:88.0%    Temperature:26.1C    ❸ Discomfort Index:77.6
Humidity:95.0%    Temperature:27.0C      Discomfort Index:80.0
Humidity:95.0%    Temperature:27.6C    ❹ Discomfort Index:81.0
Humidity:95.0%    Temperature:27.7C      Discomfort Index:81.2
Humidity:95.0%    Temperature:27.8C      Discomfort Index:81.4
```

<u>그림 5-7</u> 불쾌지수에 따른 색깔 출력

❶ 낮음 단계일 때

❷ 보통 단계일 때

❸ 높음 단계일 때

❹ 매우 높음 단계일 때

OLED

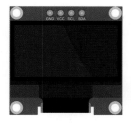

OLED(Organic Light Emitting Diodes)는 유기 발광 다이오드로 유기화합물을 기반으로 자체적으로 빛을 발산하는 발광 소자의 일종입니다. OLED는 TV, 스마트폰 등 디스플레이로 주로 사용합니다.

OLED의 특징을 LCD(Liquid Crystal Display)와 비교해 살펴보면 첫째, 화면에서 가장 밝은 부분과 가장 어두운 부분을 구분하는 비율인 명암비가 높습니다. 명암비가 높을수록 사물을 더 명확하게 표현할 수 있습니다. 둘째, 화면 응답 속도가 빠릅니다. 이는 움직임이 빠른 화면에서 잔상이 생기지 않고 자연스러운 화면을 출력할 수 있다는 것을 의미합니다.

SSD1306 OLED는 인터페이스 종류에 따라 핀 배치가 조금씩 다릅니다. 그중 흔히 사용하는 I^2C(Inter Integrated Circuit) 인터페이스는 VCC, GND, SCL, SDA로 구성돼 있습니다.

그림 6-1 SSD1306 OLED(I^2C)

OLED의 동작 전압은 1.65~3.3V이므로 VCC 핀은 아두이노의 3.3V 핀과 연결합니다. SCL은 클록(Clock) 신호를 발생시키는 핀으로 아두이노의 A5 핀과 연결합니다. 그림 6-2를 살펴보면 아두이노의 아날로그 입력 5번이 SCL 핀임을 알 수 있습니다. SDA는 데이터를 송수신하는 핀으로 아두이노의 A4 핀과 연결합니다.

그림 6-2 아두이노 우노(Atmega168) 핀 매핑[1]

Atmega168 Pin Mapping

Arduino function				Arduino function
reset	(PCINT14/RESET) PC6	1 28	PC5 (ADC5/SCL/PCINT13)	analog input 5
digital pin 0 (RX)	(PCINT16/RXD) PD0	2 27	PC4 (ADC4/SDA/PCINT12)	analog input 4
digital pin 1 (TX)	(PCINT17/TXD) PD1	3 26	PC3 (ADC3/PCINT11)	analog input 3
digital pin 2	(PCINT18/INT0) PD2	4 25	PC2 (ADC2/PCINT10)	analog input 2
digital pin 3 (PWM)	(PCINT19/OC2B/INT1) PD3	5 24	PC1 (ADC1/PCINT9)	analog input 1
digital pin 4	(PCINT20/XCK/T0) PD4	6 23	PC0 (ADC0/PCINT8)	analog input 0
VCC	VCC	7 22	GND	GND
GND	GND	8 21	AREF	analog reference
crystal	(PCINT6/XTAL1/TOSC1) PB6	9 20	AVCC	VCC
crystal	(PCINT7/XTAL2/TOSC2) PB7	10 19	PB5 (SCK/PCINT5)	digital pin 13
digital pin 5 (PWM)	(PCINT21/OC0B/T1) PD5	11 18	PB4 (MISO/PCINT4)	digital pin 12
digital pin 6 (PWM)	(PCINT22/OC0A/AIN0) PD6	12 17	PB3 (MOSI/OC2A/PCINT3)	digital pin 11(PWM)
digital pin 7	(PCINT23/AIN1) PD7	13 16	PB2 (SS/OC1B/PCINT2)	digital pin 10 (PWM)
digital pin 8	(PCINT0/CLKO/ICP1) PB0	14 15	PB1 (OC1A/PCINT1)	digital pin 9 (PWM)

2 라이브러리 설치하기

OLED를 사용하기 위해서는 Adafruit_SSD1306, Adafruit_GFX_Library를 설치해야 합니다. 라이브러리는 길벗 홈페이지에서 라이브러리 파일을 다운받아 사용하거나 아두이노 IDE의 라이브러리 매니저를 통해 설치할 수 있습니다. 라이브러리 매니저로 설치하는 방법은 2장의 라이브러리 설치하기 Tip을 참고하세요. 이 절에서는 길벗 홈페이지에서 라이브러리 파일을 다운받아 설치하겠습니다.

1 길벗 홈페이지에서 다운받아 압축을 푼 라이브러리 폴더에서 Adafruit_SSD1306, Adafruit_GFX_Library 폴더를 [문서]-[Arduino]-[libraries] 폴더 안으로 이동시킵니다.

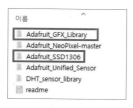

---

1 [출처] https://www.arduino.cc/en/Hacking/PinMapping168

2 아두이노 IDE를 실행시켜 [스케치]–[라이브러리 포함하기]를 보면 라이브러리가 추가된 것을 확인할 수 있습니다.

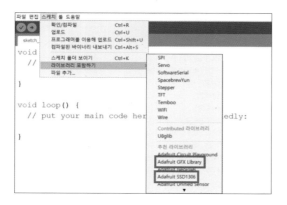

③ 텍스트 출력하기

이 절에서는 OLED와 관련한 예제 파일을 열어 프로그램 코드를 수정해 Hello Arduino 문장을 출력시켜 보겠습니다.

표 6-1 재료 목록

아두이노 보드 우노(Uno)	브레드보드 (400핀)	OLED (128X64 I²C)	점퍼 케이블 수(Male)–수(Male)
1개	1개	1개	4개

3.1 하드웨어 구현하기

이 절의 실습 내용을 동영상으로 볼 수 있습니다.
QR 코드를 스캔하거나 http://bitly.kr/xHlh3aGCr 페이지로 접속하세요.

OLED는 제조사마다 핀 위치가 다를 수 있기 때문에 다음 그림과 동일하지 않을 수 있습니다. 소지한 OLED 핀 위치에 맞게 아두이노와 연결해 하드웨어를 구현해주세요.

1 OLED를 브레드보드에 꽂습니다.

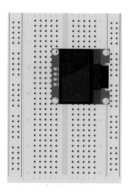

2 아두이노 GND 핀과 OLED의 GND 핀을 점퍼 케이블로 연결합니다.

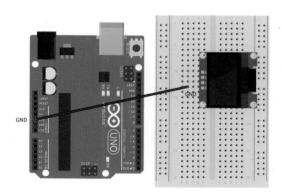

3 아두이노의 3.3V 핀과 OLED의 VCC 핀을 점퍼 케이블로 연결합니다.

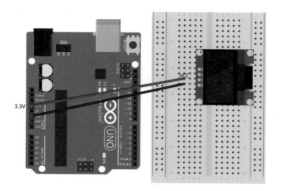

4 아두이노의 A5 핀과 OLED의 SCL 핀을 점퍼 케이블로 연결합니다.

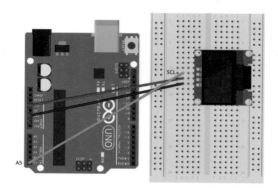

5 아두이노의 A4 핀과 OLED의 SDA 핀을 점퍼 케이블로 연결합니다.

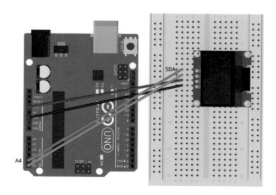

3.2 소프트웨어 구현하기(practice_6.ino)

이 절의 실습 내용을 동영상으로 볼 수 있습니다.
QR 코드를 스캔하거나 http://bitly.kr/tNnPGnkGP 페이지로 접속하세요.

이 책에서는 OLED 종류 중 128X64 I^2C를 사용하기 때문에 [파일]-[예제]-[Adafruit SSD1306]-[SSD1306_128X64_i2c]를 선택합니다. 기본 텍스트 출력에 필요한 내용을 수정해 결과를 확인하겠습니다.

그림 6-3 예제 파일 열기

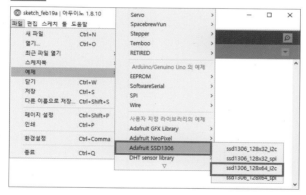

예제 파일을 업로드하면 다음과 같은 에러 메시지가 나타납니다.

그림 6-4 디스플레이 크기 설정에 대한 에러 메시지

기본 설정된 디스플레이 크기가 실제 OLED 크기와 맞지 않아 나타난 에러 메시지입니다. 이를 해결하려면 Adafruit_SSD1306.h 파일을 열어 실제 OLED 크기에 맞게 변경하면 됩니다.

1 [문서]-[Arduino]-[libraries]-[Adafruit_SSD1306] 폴더를 열고 Adafruit_SSD1306.h 파일을 비주얼 스튜디오(Visual Studio) 프로그램 또는 메모장으로 열어줍니다.

2 74번째 줄의 코드(#define SSD1306_128_32)를 주석(//) 처리하고, 73번째 줄의 코드 (#define SSD1306_128_64)를 주석 해제(// 삭제)합니다. 메모장으로 파일을 열었을 경우에는 Ctrl+F를 눌러 #define SSD1306_128_32를 검색하면 해당 부분을 빨리 찾을 수 있습니다.

3 [파일]-[Adafruit_SSD1306.h 저장]을 클릭합니다. 메모장에서는 [파일]-[저장]을 클릭합니다. 예제 파일을 다시 업로드하면 에러가 발생하지는 않습니다. 하지만 OLED에 아무 내용도 출력되지 않습니다. 이는 OLED를 초기화할 때 사용하는 주소 때문에 생기는 문제입니다. Adafruit_SSD1306.h 파일을 열어 초기화 주소를 확인합시다. Ctrl+F를 눌러 begin을 검색하면 함수의 두 번째 매개 변수(초기화 주소)가 SSD1306_I2C_ADDRESS인 것을 확인할 수 있고, 다시 Ctrl+F를 눌러 SSD1306_I2C_ADDRESS를 검색하면 초기화 주소가 0x3C인 것을 확인할 수 있습니다.

```
void begin(uint8_t switchvcc = SSD1306_SWITCHCAPVCC, uint8_t i2caddr = SSD1306_I2C_ADDRESS, bool reset=true);
void ssd1306_command(uint8_t c);
```

```
#define SSD1306_I2C_ADDRESS   0x3C  // 011110+SA0+RW - 0x3C or 0x3D
// Address for 128x32 is 0x3C
// Address for 128x64 is 0x3D (default) or 0x3C (if SA0 is grounded)
```

예제 파일의 61번째 줄에서 초기화 주소 0x3D를 0x3C로 수정하면 문제를 해결할 수 있습니다.

```
// by default, we'll generate the high voltage
display.begin(SSD1306_SWITCHCAPVCC, 0x3C);  //
// init done
```

기본 설정이 끝나면 Hello Arduino 문장을 출력하기 위한 코드로 전체 프로그램 코드를 수정합니다.

● **코드 6-1** 텍스트 출력하기

```
//OLED 라이브러리 추가
#include <Adafruit_GFX.h>
#include <Adafruit_SSD1306.h>

//4개 핀을 가진 OLED 모듈은 RESET 핀이 없으므로 -1로 처리
Adafruit_SSD1306 display(-1);

void setup()  {
  display.begin(SSD1306_SWITCHCAPVCC, 0x3C);  // 0x3C 주소로 OLED 초기화
  display.clearDisplay(); //화면 내용 지우기
  display.setTextColor(WHITE); ❶
  display.println("Hello Arduino"); ❷
  display.display(); //텍스트 출력
}
void loop() {
}
```

❶ setTextColor(color)는 텍스트 색깔을 설정하는 함수입니다. 매개변수 color는 흰색(WHITE), 검은색(BLACK)으로 설정할 수 있습니다.

❷ println(content)은 메시지를 출력하는 함수입니다. println() 함수로 출력하는 메시지는 display() 함수를 통해 OLED 화면에 출력됩니다. 함수는 print(), println() 두 종류가 있습니다. print() 함수는 줄 바꿈 없이 메시지를 출력하고, println() 함수는 메시지 출력 후 새로운 줄로 커서의 위치가 이동합니다. 매개변수 content에는 출력할 메시지를 작성하는데 메시지가 문자열인 경우에는 println("문자열"); 숫자인 경우에는 println(숫자);로 작성합니다.

3.3 결과 확인하기

 이 절의 실습 내용을 동영상으로 볼 수 있습니다.
QR 코드를 스캔하거나 http://bitly.kr/UyYPHaDoW 페이지로 접속하세요.

업로드를 완료하면 OLED 디스플레이 창에 Hello Arduino 문장이 출력됩니다.

그림 6-5 출력 문장 확인하기

4 | 응용 과제 텍스트 효과 적용하기

OLED 라이브러리에는 텍스트에 다양한 효과를 적용할 수 있는 자료가 포함돼 있습니다. 이 절에서는 텍스트 크기, 위치 등을 변경하고 스크롤 관련 함수를 사용해 텍스트가 이동하면서 출력되도록 구현하겠습니다. 하드웨어는 텍스트 출력하기에서 구현한 하드웨어를 그대로 사용합니다.

4.1 소프트웨어 구현하기(application_6.ino)

이 절의 실습 내용을 동영상으로 볼 수 있습니다.
QR 코드를 스캔하거나 http://bitly.kr/i2ffKKtQt 페이지로 접속하세요.

OLED 라이브러리에서 필요한 함수를 호출해 사용하면 텍스트에 다양한 효과를 적용할 수 있습니다. 이 절에서는 텍스트 크기, 색깔, 위치 등과 관련한 함수를 호출해 사용하겠습니다.

◉ **코드 6-2** 텍스트 효과 적용하기

```
//OLED 라이브러리 추가
#include <Adafruit_GFX.h>
#include <Adafruit_SSD1306.h>

//4개의 핀을 가진 OLED 모듈은 RESET 핀이 없으므로 -1로 처리
Adafruit_SSD1306 display(-1);

void setup()   {
```

```
display.begin(SSD1306_SWITCHCAPVCC, 0x3C);  //0x3C 주소로 OLED 초기화
display.clearDisplay(); //화면 내용 지우기
display.setTextColor(WHITE); //텍스트 색깔 설정
display.setCursor(0,0); ❶
display.println("Hello world!"); //출력 메시지 작성
display.setTextColor(BLACK, WHITE); ❷
display.println(123456789); //숫자 내용 작성
display.setTextSize(2); //텍스트 크기 설정
display.setCursor(0,32); //y가 32인 위치를 출력 위치로 설정
display.setTextColor(WHITE);
display.println("OLED");
display.display(); //텍스트 출력
delay(2000); //2초 동안 내용 출력 유지
display.clearDisplay();

display.setTextSize(2);
display.setTextColor(WHITE);
display.setCursor(10,0); //x가 10인 위치를 출력 위치로 설정
display.println("Hello");
display.println("Arduino");
display.display();
display.startscrollright(0x00, 0x07); ❸
delay(2000);
display.stopscroll(); //스크롤 정지
delay(1000);
display.startscrollleft(0x00, 0x07); //왼쪽으로 문자열이 이동하면서 출력
delay(2000);
display.stopscroll();
delay(1000);
//왼쪽 아래에서 오른쪽 중간 방향으로 문자열이 이동하면서 출력
display.startscrolldiagright(0x00, 0x07);
delay(2000);
//오른쪽 중간에서 왼쪽 위 방향으로 문자열이 이동하면서 출력
display.startscrolldiagleft(0x00, 0x07);
```

```
    delay(2000);
    display.stopscroll();
    delay(1000);
    display.clearDisplay();
    display.setCursor(0,0);
    display.setTextSize(1);
    display.println("Arduino World");
    display.display();
    //왼쪽에서 오른쪽으로 문자열이 계속적으로 지나가는 형태로 출력
    display.startscrollright(0x00, 0x00);
}

void loop() {

}
```

❶ setCursor(x,y)는 텍스트를 출력할 위치를 설정하는 함수입니다. 128X64 OLED의 경우 매개변수 x의 범위는 0~127이고 y의 범위는 0~63입니다. setCursor(0,0)은 디스플레이의 가장 좌측 상단 모서리를 의미합니다.

❷ setTextColor(textColor, backgroundColor)는 텍스트와 배경의 색깔을 바꿔 출력할 때 사용하는 함수입니다. OLED 디스플레이는 배경이 어두운 색이기 때문에 텍스트는 보통 흰색으로 출력합니다. setTextColor(BLACK, WHITE)는 텍스트를 검은색으로 설정하고 배경을 흰색으로 설정하는 것을 의미합니다.

❸ startscrollright(start page, stop page)는 문자열이 왼쪽에서 오른쪽으로 페이지 범위만큼 스크롤되는 함수입니다. OLED 페이지는 Page 0~Page 7로 총 8페이지입니다. startscrollright(0x00, 0x07)는 Page 0~Page 7 범위에서 문자열을 왼쪽에서 오른쪽으로 스크롤하는 것을 의미합니다.

4.2 결과 확인하기

이 절의 실습 내용을 동영상으로 볼 수 있습니다.
QR 코드를 스캔하거나 http://bitly.kr/3YY1ml85Y 페이지로 접속하세요.

업로드가 완료되면 다음과 같은 순서로 출력됩니다.

1 | x=0, y=0 위치에 텍스트 크기가 1인 Hello world! 메시지를 흰색으로 출력합니다. 다음 줄에는 배경과 텍스트의 색깔을 반전해 배경을 흰색, 숫자 123456789를 검은색으로 출력합니다. x=0, y=32 위치에는 텍스트 크기가 2인 OLED 메시지가 흰색으로 출력됩니다. 세 가지 형태의 출력은 화면에 동시에 출력되고 2초간 유지됩니다.

2 | x=10, y=0 위치에 텍스트 크기가 2인 Hello Arduino 메시지가 이동하면서 출력됩니다. 처음에는 왼쪽에서 오른쪽으로 메시지가 이동하고 1초간 정지 후 다시 오른쪽에서 왼쪽으로 메시지가 이동합니다.

3 | 왼쪽 아래에서 오른쪽 중간 방향으로 메시지가 이동하고 다시 오른쪽 중간 지점에서 왼쪽 위 방향으로 메시지가 이동합니다.

4 | x=0, y=0 위치에 텍스트 크기가 1인 Arduino World 메시지가 왼쪽에서 오른쪽으로 계속 이동하면서 출력됩니다.

그림 6-6 OLED 텍스트 출력 결과

1번 출력 결과   2번 출력 결과

3번 출력 결과   4번 출력 결과

온도, 습도, 불쾌지수 데이터 OLED 출력하기

이 절에서는 온·습도 센서를 사용해 온도, 습도, 불쾌지수 데이터를 OLED에 출력하겠습니다.

OLED에 데이터를 출력할 때 고려할 사항은 무엇일까요? 첫째, 온도, 습도, 불쾌지수 데이터의 출력 크기와 배치를 결정해야 합니다. 둘째, 온도를 섭씨로 출력할 때 특수문자(˚)를 처리해야 합니다.

표 6-2 재료 목록

아두이노 보드 우노(Uno)	브레드보드 (400핀)	OLED (128X64 I²C)
1개	1개	1개
온·습도 센서 (DHT11)	점퍼 케이블 수(Male)–수(Male)	
1개	8개	

5.1 라이브러리 설치하기

응용 과제에서는 Adafruit SSD1306 라이브러리를 설치해 다양하게 출력해봤습니다. 이번에는 섭씨로 출력할 때 사용되는 특수문자(°)를 처리하기 위해 U8glib 라이브러리를 설치하겠습니다. U8glib 라이브러리의 경우 Adafruit SSD1306 라이브러리보다 더 다양한 글꼴과 특수문자를 제공해 원하는 요소를 선택해 사용할 수 있습니다.

1 길벗 홈페이지에서 내려받아 압축을 푼 라이브러리 폴더에서 U8glib 폴더를 [문서]–[Arduino]–[libraries] 폴더 안으로 이동시킵니다.

2 아두이노 IDE를 실행시켜 [스케치]–[라이브러리 포함하기]를 보면 라이브러리가 추가된 것을 확인할 수 있습니다.

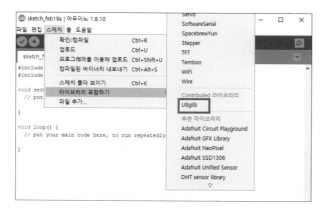

5.2 하드웨어 구현하기

이 절의 실습 내용을 동영상으로 볼 수 있습니다.
QR 코드를 스캔하거나 http://bitly.kr/LicUWrbzF 페이지로 접속하세요.

응용 과제에서 구현한 하드웨어에서 온·습도 센서를 추가하겠습니다.

1 온·습도 센서를 브레드보드에 꽂습니다.

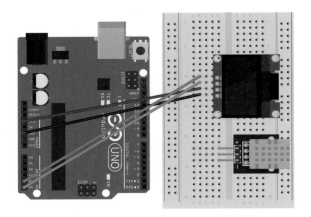

2 아두이노 GND 핀과 브레드보드 파란색 라인을 점퍼 케이블로 연결해주고 OLED와 온·습도 센서 GND 핀을 파란색 라인으로 연결합니다.

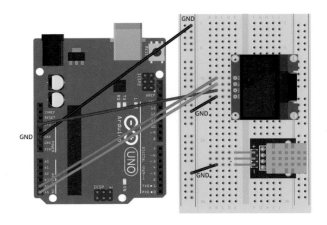

3 아두이노 5V 핀과 온 · 습도 센서 + 핀을 점퍼 케이블로 연결합니다.

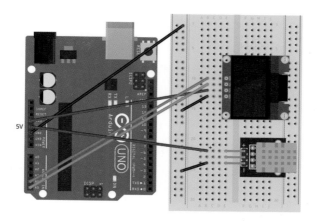

4 아두이노 2번 핀과 온 · 습도 센서 out 핀을 점퍼 케이블로 연결합니다.

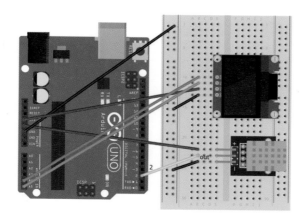

5.3 소프트웨어 구현하기(semiProject_6.ino)

이 절의 실습 내용을 동영상으로 볼 수 있습니다.
QR 코드를 스캔하거나 http://bitly.kr/c6Eqd71i 페이지로 접속하세요.

소프트웨어 구현에 앞서 데이터 출력과 관련한 고려 사항을 정리하면 다음과 같습니다.

- 10장 스마트 선풍기 만들기 종합 프로젝트에서는 불쾌지수 수치에 따라 DC 모터의 세기가 변합니다. 온도, 습도 데이터보다 불쾌지수 데이터가 더 중요한 역할을 하므로 불쾌지수 데이터는 OLED 가운데 위치시키고 온도, 습도 데이터는 상단에 배치하겠습니다. 텍스트의 크기도 온도, 습도 데이터보다 불쾌지수 데이터를 상대적으로 크게 출력하겠습니다.

- 온도를 섭씨로 출력할 때 특수문자(°)를 사용하는데 U8glib 라이브러리와 연동되는 폰트를 사용하겠습니다. 폰트 사용 과정은 다음과 같습니다.

1 https://github.com/olikraus/u8glib/wiki/fontsize에 접속합니다.

2 폰트의 크기와 형태를 확인하고 원하는 폰트를 선택합니다.

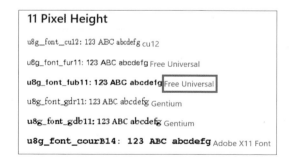

3 프로그램 코드 작성 시 u8g.setFont() 함수의 전달인자로 폰트명을 기입하고, 특수문자(°)를 출력하기 위해 u8g.print() 함수의 내용으로 "\xb0"를 입력합니다.

```
u8g_font_fub11, FreeUniversal-Bold
BBH Width 24, Height 21, Capital A 11
Font data size: 3948
  32/0x20        !  "     #  $  %  &  '  (  )  *  +  ,  -  .  /
  48/0x30     0  1  2  3  4  5  6  7  8  9  :  ;  <  =  >  ?
  64/0x40     @  A  B  C  D  E  F  G  H  I  J  K  L  M  N  O
  80/0x50     P  Q  R  S  T  U  V  W  X  Y  Z  [  \  ]  ^  _
  96/0x60     `  a  b  c  d  e  f  g  h  i  j  k  l  m  n  o
 112/0x70     p  q  r  s  t  u  v  w  x  y  z  {  |  }  ~
 128/0x80
 144/0x90
 160/0xa0        ¡  ¢  £  ¤  ¥  ¦  §  ¨  ©  ª  «  ¬
 176/0xb0     °  ±  ²  ³  ´  µ  ¶  ·  ¸  ¹  º  »  ¼  ½  ¾  ¿
 192/0xc0     À  Á  Â  Ã  Ä  Å  Æ  Ç  È  É  Ê  Ë  Ì  Í  Î  Ï
 208/0xd0     Ð  Ñ  Ò  Ó  Ô  Õ  Ö  ×  Ø  Ù  Ú  Û  Ü  Ý  Þ  ß
 224/0xe0     à  á  â  ã  ä  å  æ  ç  è  é  ê  ë  ì  í  î  ï
 240/0xf0     ð  ñ  ò  ó  ô  õ  ö  ÷  ø  ù  ú  û  ü  ý  þ  ÿ
```

OLED에 온도, 습도, 불쾌지수 데이터를 출력하려면 먼저 온도, 습도 데이터를 읽어와야겠죠? 읽어온 데이터를 각 변수에 저장한 후 불쾌지수 공식에 적용해 불쾌지수 데이터를 구합니다. 온도, 습도, 불쾌지수 데이터가 각 변수에 저장됐다면 다음 과정은 무엇일까요? 바로 각 데이터를 OLED에 출력하는 것입니다. u8glib 라이브러리에서 출력과 관련된 함수를 호출해 온도, 습도, 불쾌지수 데이터를 출력하겠습니다.

● **코드 6-3** 온도, 습도, 불쾌지수 데이터를 OLED에 출력하기

```
#include <U8glib.h> //U8glib 라이브러리 추가
#include <DHT.h> //DHT 라이브러리 추가

#define DHTPIN 2 //데이터 신호 핀 설정
#define DHTTYPE DHT11 //온·습도 센서 타입 설정

//SSD1306 128X64 I2C 규격 선택
U8GLIB_SSD1306_128X64 u8g(U8G_I2C_OPT_NONE);
DHT dht(DHTPIN, DHTTYPE); //온·습도 센서 초기화

void setup() {
  dht.begin(); //핀 설정
}

void loop() {
  float humidity, temperature, di; //습도, 온도, 불쾌지수 변수 선언
```

```
    humidity = dht.readHumidity(); //습도 데이터 읽기
    temperature = dht.readTemperature(); //온도 데이터 읽기
    //불쾌지수 계산
    di = (float)9/5*temperature-0.55*((float)1-humidity/100)*((float)9/5*temp
erature-26)+32;

    //데이터를 읽어오지 못했을 경우 loop() 함수 종료
    if (isnan(humidity) || isnan(temperature)) {
      return;
    }

    u8g.firstPage(); //picture loop의 시작 ❶
    do {
      u8g.setFont(u8g_font_fub14); //온도, 습도 폰트 지정
      u8g.setPrintPos(5, 20); //온도 데이터 출력 커서 설정
      u8g.print(temperature,1); //온도 데이터(소수점 첫째 자리) 출력
      u8g.print("\xb0""C"); //온도 기호(℃) 출력 ❷
      u8g.setPrintPos(70, 20); //습도 데이터 출력 커서 설정
      u8g.print(humidity,1); //습도 데이터(소수점 첫째 자리) 출력
      u8g.print("%"); //습도 기호(%) 출력
      u8g.setFont(u8g_font_fub20); //불쾌지수 폰트 지정
      u8g.setPrintPos(40, 55); //불쾌지수 데이터 출력 커서 설정
      u8g.print(di,1); //불쾌지수 데이터(소수점 첫째 자리) 출력
    } while(u8g.nextPage()); //picture loop의 끝 ❸
}
```

❶, ❸ 128X64 OLED의 경우 8페이지로 분할되고 첫 페이지부터 마지막 페이지까지 loop 안의 명령어가 실행되면서 전체 화면을 구성합니다. firstPage() 함수를 호출해 loop를 시작하는데 while() 문의 조건이 nextPage()입니다. 따라서 다음 페이지가 있다면 조건이 참이므로 do 안의 내용을 실행하고, 다음 페이지가 없다면 조건이 거짓이므로 loop를 종료합니다.

❷ 온도 기호(°)의 코드 값은 0xb0입니다. 0x는 16진수를 의미하며, 출력하고자 하는 16진 코드가 하나의 문자일 때 "\xb0"형식으로, 두 문자일 때 "\xb0" "C" 형식으로 작성합니다.

5.4 결과 확인하기

이 절의 실습 내용을 동영상으로 볼 수 있습니다.
QR 코드를 스캔하거나 http://bitly.kr/ml9AUw9C 페이지로 접속하세요.

온도와 습도 데이터는 OLED 상단에, 불쾌지수 데이터는 OLED 중앙에 출력됩니다.

그림 6-8 온도, 습도, 불쾌지수 데이터 출력

DC 모터

DC 모터는 전원이 가해지면 중심축이 회전하는 장치입니다. 중심축이 회전한다는 특징은 다양한 프로젝트에 활용할 수 있습니다. 중심축에 연결하는 재료에 따라 구현할 수 있는 기능이 다양하기 때문입니다. 제품 항목별로 살펴보면 드론, 선풍기, 공기청정기 등은 프로펠러, RC 카는 바퀴, 자동문이나 자동 블라인드는 기어를 중심축에 연결하는 재료로 사용합니다. DC 모터 종류는 프로젝트에 사용하는 용도에 따라 다양한데 이 장에서는 가장 일반적으로 사용하는 DC 모터를 소개하겠습니다.

DC 모터는 두 단자를 지니고 있습니다. 두 단자는 모터 내부 코일에 직접 연결되고 극성은 따로 구분되지 않습니다.

그림 7-1 DC 모터

두 단자에 전원을 인가하는 방법에 따라 중심축의 회전 방향만 바뀌게 됩니다. DC 모터를 동작시키기 위해 데이터시트를 살펴보겠습니다.

표 7-1 DC 모터 사양

구분	사양
동작 전압	1.5~12V
부하 전류	8~70mA

DC 모터의 동작 전압이 1.5~12V이기 때문에 아두이노의 5V 핀으로 전압을 인가하면 DC 모터가 정상 동작합니다. PWM을 사용하면 투입되는 전압을 제어할 수 있습니다. 5V보다 낮은 전압을 인가하면 DC 모터는 천천히 회전할 것이고, 높은 전압을 인가하면 DC 모터는 빨리 회전할 것입니다.

부하 전류를 살펴보면 DC 모터가 동작하기 위해서 8~70mA 정도의 전류가 흘러야 한다는 것을 알 수 있습니다. 아두이노의 입출력 핀에서는 20mA 정도 전류를 사용합니다. 20mA 전류보다 높은 전류는 어떻게 만들 수 있을까요? 신호를 스위칭 또는 증폭시킬 수 있는 전자 소자인 트랜지스터를 사용하면 20mA 전류를 증폭시켜 더 높은 전류를 만들 수 있습니다. 2N2222A, MPS2222A 트랜지스터의 경우 높은 전류로 증폭시킬 수 있어 다양한 DC 모터를 안정적으로 구동시킬 수 있습니다.

DC 모터 동작과 관련해 고려할 사항이 한 가지 더 있는데, DC 모터가 구동된 후 전원이 끊어지면 DC 모터에서 역전압이 발생해 아두이노 쪽으로 전류가 흐르게 된다는 것입니다. 역전류로 인해 아두이노가 고장이 날 수 있기 때문에 해당 전류를 차단해주는 전자 소자를 사용해 회로를 보호해야 합니다. 다이오드를 사용하면 역전류가 흐를 때 회로를 차단해 아두이노를 보호할 수 있습니다.

TIP
트랜지스터

트랜지스터는 작은 신호를 큰 신호로 증폭하는 전자 소자로 베이스(Base), 컬렉터(Collector), 이미터(Emitter), 세 극성으로 이루어져 있습니다.

종류로는 NPN, PNP형이 있습니다. 일반적으로 많이 사용하는 NPN형 트랜지스터를 살펴봅시다. 베이스에 과도한 전류가 흐르는 것을 방지하기 위해 아두이노 출력 핀과 베이스 사이에 저항을 연결합니다. 전원을 인가하면 베이스에 미세한 전류가 흐르고 증폭 작용으로 인해 생긴 큰 전류는 컬렉터에서 이미터 쪽으로 흐르게 됩니다.

이 책에서는 NPN형 트랜지스터를 사용하겠습니다. PNP형 트랜지스터는 NPN형 트랜지스터와 정반대로 동작한다는 정도만 숙지하겠습니다. PNP형 트랜지스터의 세부 사항을 더 알고 싶다면 전자 관련 서적이나 인터넷 검색으로 학습할 수 있습니다.

그림 7-2 NPN형 트랜지스터와 전류 흐름

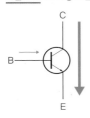

다이오드

다이오드는 전류를 한 방향으로만 흐르게 하는 성질을 가진 전자 소자로 애노드와 캐소드, 두 극성으로 이루어졌습니다.

그림 7-3 다이오드와 기호

애노드에 +, 캐소드에 – 전원을 인가(순방향 바이어스)하면 다이오드는 전류가 흐를 수 있는 도통 상태가 되고, 반대로 전원을 인가(역방향 바이어스)하면 전류를 차단하는 개방 상태가 됩니다.

그림 7-4 순방향 바이어스 시 다이오드 상태

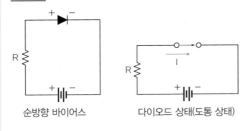

그림 7-5 역방향 바이어스 시 다이오드 상태

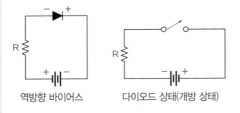

---

② DC 모터 구동하기

DC 모터의 동작 전압이 1.5~12V이기 때문에 아두이노의 5V 핀에서 전압을 인가하고, 2N2222A 트랜지스터로 작은 전류를 증폭해 DC 모터를 구동시키겠습니다.

표 7-1 재료 목록

아두이노 보드 우노(Uno)	브레드보드 (400핀)	DC 모터 (RF-310)	트랜지스터 (2N2222A)
1개	1개	1개	1개

다이오드 (1N4001)	저항 (330Ω)	점퍼 케이블 수(Male)-수(Male)	
1개	1개	6개	

TIP

DC 모터의 종류는 다양합니다. 이 책의 실습에 사용한 DC 모터는 PWM 신호에 정상적으로 동작하는 모터입니다.
PWM 신호로 제어되지 않는 DC 모터를 사용하면 책에서와 결과가 다를 수 있습니다. 책에서 사용한 DC 모터 구
매는 부록의 부품 리스트를 참고해주세요.

2.1 하드웨어 구현하기

이 절의 실습 내용을 동영상으로 볼 수 있습니다.
QR 코드를 스캔하거나 http://bitly.kr/9G75jKlwq 페이지로 접속하세요.

하드웨어를 구현하기 전 DC 모터의 두 단자에 점퍼 케이블을 연결해야 합니다. 연결 방법은 수-수 점퍼 케이블의 한쪽을 DC 모터 두 단자 구멍에 넣어 납땜하거나 점퍼 케이블의 한쪽을 잘라내고 피복을 벗겨낸 후 내부 선을 DC 모터의 두 단자에 감아서 연결하면 됩니다.

그림 7-6 DC 모터에 점퍼 케이블 연결 방법

수-수 점퍼 케이블 납땜　　　　　　　내부 선 감기

1　트랜지스터를 브레드보드에 꽂습니다.

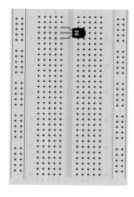

2　트랜지스터 베이스에 330Ω 저항을 연결합니다.

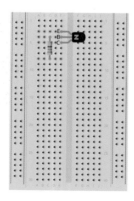

3 아두이노 6번 핀과 330Ω 저항을 점퍼 케이블로 연결합니다.

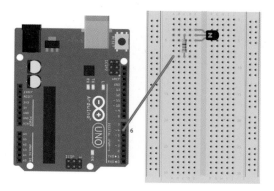

4 아두이노 5V 핀과 GND 핀을 브레드보드의 빨간색과 파란색 라인에 각각 점퍼 케이블로 연결합니다.

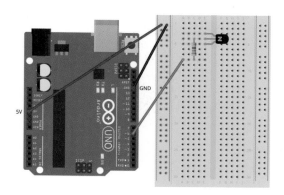

5 트랜지스터 이미터를 점퍼 케이블로 접지 처리합니다.

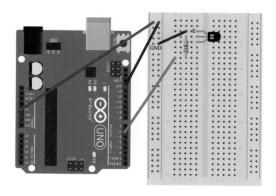

6 트랜지스터 컬렉터를 점퍼 케이블로 브레드보드의 빈 공간에 연결합니다.

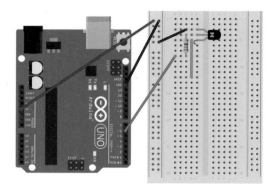

7 다이오드의 애노드를 트랜지스터 컬렉터와 연결된 점퍼 케이블에 연결합니다.

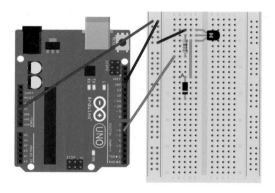

8 다이오드의 캐소드를 브레드보드의 빨간색 라인에 점퍼 케이블로 연결합니다.

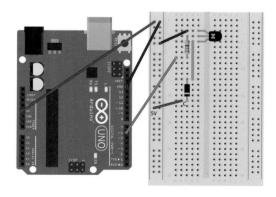

9 DC 모터의 두 케이블을 다이오드의 캐소드와 애노드에 연결합니다.

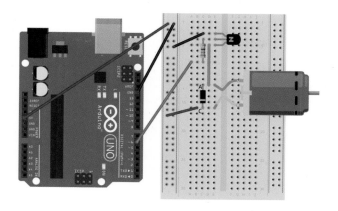

2.2 소프트웨어 구현하기(practice_7.ino)

 이 절의 실습 내용을 동영상으로 볼 수 있습니다.
QR 코드를 스캔하거나 http://bitly.kr/BshoWTwvH 페이지로 접속하세요.

DC 모터를 구동하기 위해서는 우선 트랜지스터 베이스로 전류가 흘러야겠죠? 따라서 트랜지스터 베이스와 연결된 아두이노 6번 핀을 통해 전압을 인가합니다.

전압을 인가하는 방식은 두 가지가 있습니다. 앞에서 배운 대로 digitalWrite() 함수와 analogWrite() 함수입니다. digitalWrite() 함수를 사용할 때는 5V 신호가 일정하게 인가되므로 DC 모터는 같은 속도로 회전합니다. analogWrite() 함수를 사용할 때는 PWM 값에 따라 DC 모터의 회전 속도가 달라집니다. 이 절에서는 digitalWrite() 함수를 사용해 DC 모터를 구동하겠습니다.

● **코드 7-1** DC 모터 구동하기

```
void setup() {
  //put your setup code here, to run once:
  pinMode(6, OUTPUT); //6번 핀 출력용으로 설정
```

```
  }

void loop() {
  //put your main code here, to run repeatedly:
  digitalWrite(6, HIGH); //HIGH 신호 인가
  delay(3000); //3초간 모터 동작
  digitalWrite(6, LOW); //LOW 신호 인가
  delay(1000); //1초간 모터 멈춤
}
```

2.3 결과 확인하기

 이 절의 실습 내용을 동영상으로 볼 수 있습니다.
QR 코드를 스캔하거나 http://bitly.kr/XtTKKKUje 페이지로 접속하세요.

업로드가 완료되면 DC 모터는 3초간 회전하고, 1초간 멈추기를 반복합니다.

그림 7-7 DC 모터 동작 확인

3초간 모터 동작　　　　　　　1초간 모터 멈춤

3 | 응용 과제 　터치 센서로 DC 모터 제어하기

선풍기에서 바람 세기를 나타내는 스위치를 누르면 팬의 속도가 달라지죠? 이 절에서는 터치 센서로 DC 모터의 속도를 제어하겠습니다. 1~3번째 터치 이벤트가 발생하면 DC 모터의 속도가 점차 증가하고, 4번째 터치 이벤트 발생 시 DC 모터가 멈춥니다.

표 7-2 재료 목록

아두이노 보드 우노(Uno)	브레드보드 (400핀)	터치 센서 (TTP223B)	DC 모터 (RF-310)
1개	1개	1개	1개
트랜지스터 (2N2222A)	다이오드 (1N4001)	저항 (330Ω)	점퍼 케이블 수(Male)-수(Male)
1개	1개	1개	9개

이 절의 실습 내용을 동영상으로 볼 수 있습니다.
QR 코드를 스캔하거나 http://bitly.kr/xxj6FXLIK 페이지로 접속하세요.

DC 모터 구동하기에서 구현한 하드웨어에서 터치 센서만 추가해 하드웨어를 구현하겠습니다.

1 터치 센서를 브레드보드에 꽂습니다.

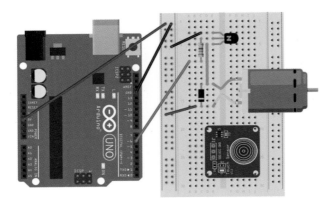

2 터치 센서의 GND 핀을 브레드보드의 파란색 라인에 점퍼 케이블로 연결합니다.

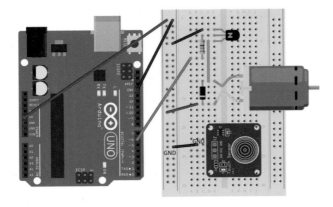

3 터치 센서의 VCC 핀을 브레드보드의 빨간색 라인에 점퍼 케이블로 연결합니다.

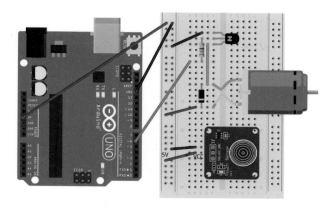

4 아두이노 2번 핀과 터치 센서의 SIG 핀을 점퍼 케이블로 연결합니다.

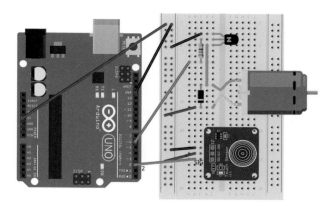

3.2 소프트웨어 구현하기(application_7.ino)

이 절의 실습 내용을 동영상으로 볼 수 있습니다.
QR 코드를 스캔하거나 http://bitly.kr/1ENSxAp6N 페이지로 접속하세요.

터치 이벤트가 발생하면 count 변수가 1씩 증가합니다. switch-case 문을 사용해 count 변수가 1~3 사이의 값을 가질 때 DC 모터의 속도도 점차 증가해야 하므로 analogWrite() 함수를 사용해 PWM으로 제어합니다. count 변수의 값이 4이면 DC 모터는 정지하고 count 변수는 0으로 초기화합니다.

◉ **코드 7-2** 터치 센서로 DC 모터 제어하기

```
#define MOTOR 6 //6번 핀으로 DC 모터 제어
#define TOUCH 2 //2번 핀으로 터치 이벤트 처리

int count = 0; //터치 이벤트 횟수 저장

void setup() {
  //put your setup code here, to run once:
  pinMode(MOTOR, OUTPUT); //6번 핀 출력용으로 설정
  pinMode(TOUCH, INPUT);  //2번 핀 입력용으로 설정
}

void loop() {
  //put your main code here, to run repeatedly:
  int value = digitalRead(TOUCH); //터치 이벤트 값을 value에 저장
  delay(200); //터치 이벤트 간 0.2초 대기

  if(value == HIGH) //터치 센서를 눌렀을 때
  {
    count++; //count 변수 1 증가
    switch(count)
    {
      case 1: //1번째 터치 시
        analogWrite(MOTOR, 85); //최대 속도의 1/3 속도 출력
        break;
      case 2: //2번째 터치 시
        analogWrite(MOTOR, 170); //최대 속도의 2/3 속도 출력
        break;
      case 3: //3번째 터치 시
```

```
        analogWrite(MOTOR, 255); //최대 속도 출력
        break;
      case 4:
        analogWrite(MOTOR, 0); //모터 멈춤
        count = 0; //count 변수 0으로 초기화
        break;
    }
  }
}
```

3.3 결과 확인하기

 이 절의 실습 내용을 동영상으로 볼 수 있습니다.
QR 코드를 스캔하거나 http://bitly.kr/Y7kQBN41n 페이지로 접속하세요.

터치 센서를 1번째 터치 시 DC 모터는 최대 속도의 1/3 속도, 2번째 터치 시 최대 속도의 2/3 속도, 3번째 터치 시 최대 속도로 회전하게 됩니다. 4번째 터치 시 DC 모터는 회전을 멈춥니다.

그림 7-8 DC 모터 속도 출력 결과

1번째 터치 시(최대 속도의 1/3 속도)

2번째 터치 시(최대 속도의 2/3 속도)

3번째 터치 시(최대 속도)

4번째 터치 시(모터 정지)

불쾌지수 데이터로 DC 모터 제어하기

10장의 종합 프로젝트 스마트 선풍기 만들기에서 불쾌지수 데이터를 이용해 DC 모터를 자동으로 동작시키는 기능을 구현하려고 합니다. 불쾌지수 데이터가 높음, 매우 높음 단계일 때 DC 모터가 회전하는 속도가 달라지도록 구현하겠습니다.

표 7-3 재료 목록

아두이노 보드 우노(Uno)	브레드보드 (400핀)	온·습도 센서 (DHT11)	DC 모터 (RF-310)
1개	1개	1개	1개

트랜지스터 (2N2222A)	다이오드 (1N4001)	저항 (330Ω)	점퍼 케이블 수(Male)—수(Male)
1개	1개	1개	9개

4.1 하드웨어 구현하기

 이 절의 실습 내용을 동영상으로 볼 수 있습니다.
QR 코드를 스캔하거나 http://bitly.kr/VvFWXgp3w 페이지로 접속하세요.

DC 모터 구동하기에서 구현한 하드웨어에서 온·습도 센서만 추가해 하드웨어를 구현하겠습니다.

1 온·습도 센서를 브레드보드에 꽂습니다.

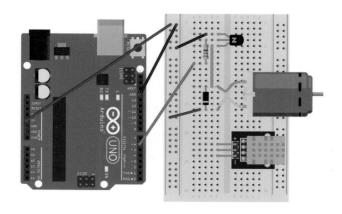

2 온·습도 센서의 − 핀을 브레드보드의 파란색 라인에 점퍼 케이블로 연결합니다.

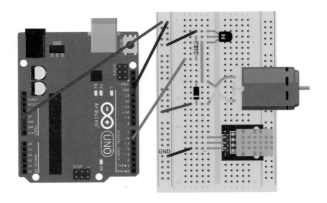

3 온·습도 센서의 + 핀을 브레드보드의 빨간색 라인에 점퍼 케이블로 연결합니다.

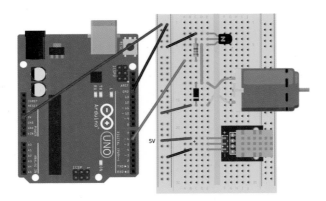

4 아두이노 2번 핀과 온·습도 센서 out 핀을 점퍼 케이블로 연결합니다.

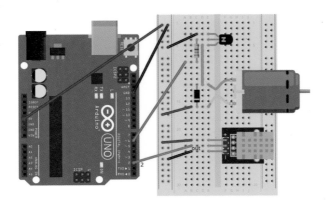

소프트웨어 구현하기(semiProject_7.ino)

이 절의 실습 내용을 동영상으로 볼 수 있습니다.
QR 코드를 스캔하거나 http://bitly.kr/fheU8CpYb 페이지로 접속하세요.

불쾌지수 데이터로 DC 모터를 제어하기 위해서는 먼저 불쾌지수 데이터가 있어야 합니다.
5장 온·습도 센서에서 불쾌지수 데이터는 어떻게 구했나요? 습도, 온도 데이터를 불쾌지수
공식에 대입해 불쾌지수 데이터를 구할 수 있습니다. 그렇다면 먼저 습도, 온도 데이터를 읽
어와 temperature, humidity 변수에 각각 저장합니다. temperature, humidity 변수를 사
용해 불쾌지수를 구한 뒤 di 변수에 데이터를 저장합니다. 시리얼 모니터로 출력되는 불쾌
지수 데이터에 맞게 DC 모터가 제어되는지 확인합니다.

◉ **코드 7-3** 불쾌지수 데이터로 DC 모터 제어하기

```
#include "DHT.h" //DHT 센서 라이브러리 추가

#define MOTOR 6 //6번 핀으로 DC 모터 제어
#define DHTPIN 2 //데이터 신호 핀 설정
#define DHTTYPE DHT11 //온·습도 센서 타입 선택

DHT dht(DHTPIN, DHTTYPE); //DHT 센서 초기화

void setup() {
  //put your setup code here, to run once:
  pinMode(MOTOR, OUTPUT); //6번 핀 출력용으로 설정
  Serial.begin(9600); //시리얼 통신 동기화
  dht.begin(); //핀 설정
}

void loop() {
  //put your main code here, to run repeatedly:
```

```
  delay(2000); //측정 간 2초 대기
  //습도 데이터를 읽어와 변수에 저장
  float humidity = dht.readHumidity();
  //온도 데이터를 읽어와 변수에 저장
  float temperature = dht.readTemperature();
  //불쾌지수를 계산해 변수에 저장
  float di = (float)9/5*temperature-0.55*((float)1-humidity/100)*((float)9/
5*temperature-26)+32;

  //데이터를 읽어오지 못했을 경우 아래 메시지 출력
  if (isnan(humidity) || isnan(temperature)) {
    Serial.println("Failed to read from DHT sensor!");
    return;
  }
  if(di >= 80) //불쾌지수 데이터가 80 이상일 때(매우 높음)
  {
    analogWrite(MOTOR, 255); //최대 속도 출력
  }
  else if(di >= 75) //불쾌지수 데이터가 75 이상 80 미만일 때(높음)
  {
    analogWrite(MOTOR, 170); //최대 속도의 2/3 속도 출력
  }
  else
  {
    analogWrite(MOTOR, 0); //모터 멈춤
  }
  Serial.print("Discomfort Index:");
  Serial.println(di,1); //소수점 첫째 자리까지 불쾌지수 출력
}
```

4.3 결과 확인하기

 이 절의 실습 내용을 동영상으로 볼 수 있습니다.
QR 코드를 스캔하거나 http://bitly.kr/v1aTYL9lJ 페이지로 접속하세요.

불쾌지수 데이터가 80 이상이면 매우 높음 단계로 DC 모터는 최대 속도로 회전합니다. 데이터가 75 이상 80 미만이면 높음 단계로 DC 모터는 최대 속도의 2/3 속도로 회전하고 75 미만일 경우에는 DC 모터는 동작하지 않습니다.

그림 7-9 불쾌지수 데이터

```
Discomfort Index:83.2
Discomfort Index:80.2
Discomfort Index:78.4
Discomfort Index:79.9
Discomfort Index:78.6
```

그림 7-10 불쾌지수에 따른 DC 모터의 동작

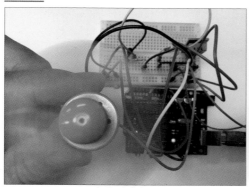

높음 단계일 때   매우 높음 단계일 때

초음파 센서

초음파 센서는 어떤 기능을 수행하는 센서일까요? 이름에서 확인할 수 있듯이 초음파를 사용하는 센서입니다. 초음파를 사용하는 동물을 떠올려보면 대표적으로 박쥐와 돌고래가 있습니다. 이 동물들은 언어 소통, 먹이 위치 파악, 장애물 회피 등 다양한 용도로 초음파를 사용합니다. 이처럼 다양한 용도로 초음파를 사용할 수 있는 이유는 거리 측정이 가능하기 때문입니다. 이것이 초음파의 가장 큰 특징입니다. 초음파 센서 역시 초음파를 이용해 거리를 측정할 때 사용합니다.

그림 8-1 초음파 센서

초음파 센서가 어떻게 동작하는지 살펴보겠습니다. Trig가 $10\mu s$ 짧은 펄스를 수신하면 초음파 센서는 40kHz의 초음파 펄스를 8번 발생시킵니다. 센서 수신기에서 초음파를 감지하면 Echo 핀이 HIGH로 설정되고 거리에 비례한 시간 동안 지연이 일어납니다.

그림 8-2 초음파 센서 동작 원리[1]

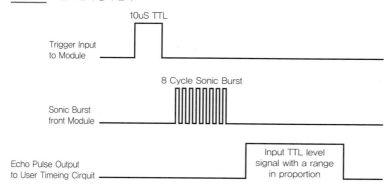

---

1 [출처] https://cdn.sparkfun.com/datasheets/Sensors/Proximity/HCSR04.pdf

Echo 핀에 발생한 펄스 너비는 마이크로초(μs) 단위의 시간을 의미합니다. 해당 시간을 58로 나누면 cm 단위로, 148로 나누면 inch 단위로 거리를 구할 수 있습니다. 초음파 센서는 2~400cm 범위를 측정할 수 있습니다.

그림 8-3 Echo 펄스의 의미와 거리 공식[2]

> Time = Width of Echo pulse, in uS (micro second)
> - Distance in centimeters = Time / 58
> - Distance in inches = Time / 148

초음파 센서의 작동 전압은 4.5~5.5V이므로 VCC에 아두이노의 5V 전압을 인가하고 gnd는 접지 처리합니다. Trig 핀은 $10\mu s$ 짧은 펄스를 발생시키고 Echo 핀은 초음파 감지 후 펄스를 발생시키므로 두 핀 모두 아두이노의 디지털 핀과 연결합니다.

2 거리 데이터 확인하기

초음파 센서를 사용해 거리를 계산한 후 시리얼 모니터로 확인하겠습니다.

표 8-1 재료 목록

아두이노 보드 우노(Uno)	브레드보드 (400핀)	초음파 센서 (HC-SR04)	점퍼 케이블 수(Male)-수(Male)
1개	1개	1개	4개

---

2 [출처] http://web.eece.maine.edu/~zhu/book/lab/HC-SR04%20User%20Manual.pdf

2.1 하드웨어 구현하기

이 절의 실습 내용을 동영상으로 볼 수 있습니다.
QR 코드를 스캔하거나 http://bitly.kr/4i4ddPWeE 페이지로 접속하세요.

정확한 거리 데이터를 확인하기 위해 하드웨어를 구현하기 단계에서는 초음파 센서와 아두이노 간 연결만 참고하고, 초음파 센서의 방향과 초음파 센서 핀에 점퍼 케이블을 연결하는 위치는 그림 8-4를 참고하세요.

1 초음파 센서를 브레드보드에 꽂습니다.

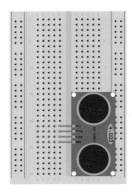

2 아두이노 5V 핀과 초음파 센서 VCC 핀을 점퍼 케이블로 연결합니다.

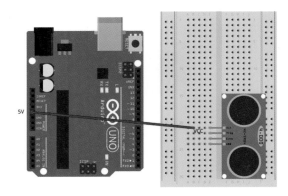

3 아두이노 GND 핀과 초음파 센서 GND 핀을 점퍼 케이블로 연결합니다.

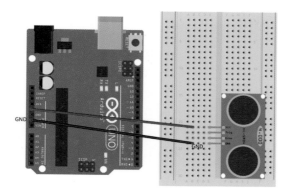

4 아두이노 3번 핀과 초음파 센서 Trig 핀을 점퍼 케이블로 연결합니다.

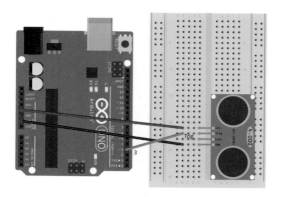

5 아두이노 2번 핀과 초음파 센서 Echo 핀을 점퍼 케이블로 연결합니다.

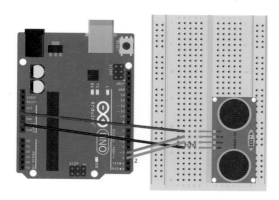

2.2 소프트웨어 구현하기(practice_8.ino)

이 절의 실습 내용을 동영상으로 볼 수 있습니다.
QR 코드를 스캔하거나 http://bitly.kr/TRbCKHrpp 페이지로 접속하세요.

Trig 핀을 통해 10μs 펄스를 발생시키면 초음파가 발생하고 Echo 핀이 초음파를 감지하면 HIGH가 됩니다. pulseIn() 함수를 사용해 Echo 핀이 HIGH가 된 시점부터 LOW가 될 때까지 시간(μs)을 반환합니다. 반환된 시간을 duration 변수에 저장합니다. 만약 반환된 시간이 0이면 정상 동작이 아니므로 프로그램을 종료합니다. duration 변수에 저장된 시간을 58로 나눠 cm 단위로 거리를 구한 뒤 distance 변수에 저장합니다. 시리얼 모니터를 통해 distance 변수에 저장된 거리 데이터를 출력합니다.

◉ **코드 8-1** 거리 데이터 출력하기

```
#define ECHO 2 //2번 핀을 Echo로 설정
#define TRIG 3 //3번 핀을 Trig로 설정

void setup() {
  //put your setup code here, to run once:
  pinMode(TRIG, OUTPUT);  //Trig 핀 출력용으로 설정
  pinMode(ECHO, INPUT);   //Echo 핀 입력용으로 설정
  Serial.begin(9600); //시리얼 통신 초기화
}

void loop() {
  //put your main code here, to run repeatedly:
  digitalWrite(TRIG, HIGH); //펄스파 발생
  delayMicroseconds(10); //10μs 지연
  digitalWrite(TRIG, LOW);  //펄스파 종료

  long duration = pulseIn(ECHO, HIGH);
```

```
  if(duration == 0) //시간이 0이면 종료
  {
    return;
  }


long distance = duration / 58; ❶
Serial.print("Distance : "); //시리얼 모니터로 거리 데이터 출력
Serial.print(distance);
Serial.println("cm");
delay(2000); //거리 데이터를 2초마다 출력
}
```

❶ duration 변수는 Echo 핀이 HIGH 신호가 지속된 시간(단위는 마이크로초)이 저장돼 있습니다. 앞에서 설명한 대로 마이크로초(μs)를 58로 나눠 cm 단위로 거리를 구합니다.

2.3 결과 확인하기

 이 절의 실습 내용을 동영상으로 볼 수 있습니다.
QR 코드를 스캔하거나 http://bitly.kr/WD0PT0QB 페이지로 접속하세요.

초음파 센서 앞에 손바닥을 놓고 거리를 변화시켜 보세요. 시리얼 모니터를 통해 초음파 센서와 손바닥 사이의 거리를 확인할 수 있습니다.

그림 8-4 거리 데이터 확인하기

```
COM3

Distance : 2cm
Distance : 9cm
Distance : 19cm
Distance : 24cm
Distance : 28cm
Distance : 29cm
Distance : 32cm
Distance : 33cm
Distance : 28cm
```

3 | 응용 과제 거리 데이터로 3색 LED 제어하기

일상생활에서 거리 데이터를 사용하는 경우를 찾아볼까요? 백화점이나 대형 마트의 주차장 시스템을 떠올려보세요. 주차 공간에 차량이 없을 때는 초록색을 점등하고, 차량이 있을 때는 빨간색을 점등합니다. 천장에 초음파 센서가 설치됐다면 차량이 있을 때는 차량이 없을 때보다 측정 거리가 짧아지겠죠? 이와 같이 거리 차이를 이용해 주차 공간에 차량 유무를 파악할 수 있습니다.

자동차 사각지대 알림 시스템은 어떤가요? 옆 차선 사각지대에 자동차가 있을 때는 사이드미러에 해당 자동차가 보이지 않아 사각지대 사고가 빈번하게 발생합니다. 이러한 사고를 예방하기 위해 옆 차선 일정 거리 안에 자동차가 있다면 사이드미러에 LED를 점등해 사각지대 안에 자동차가 있다는 것을 운전자에게 알려줄 수 있습니다.

이 절에서는 차량 유무를 LED 색깔로 확인할 수 있는 주차장 시스템을 구현하겠습니다. 사각지대 알림 시스템도 같은 원리로 구현할 수 있습니다.

표 8-2 재료 목록

아두이노 보드 우노(Uno)	브레드보드 (400핀)	초음파 센서 (HC-SR04)	3색 LED (캐소드 공통)
1개	1개	1개	1개
저항 (160Ω)	저항 (100Ω)	점퍼 케이블 수(Male)-수(Male)	
1개	2개	8개	

3.1 하드웨어 구현하기

 이 절의 실습 내용을 동영상으로 볼 수 있습니다.
QR 코드를 스캔하거나 http://bitly.kr/BQ369Nzpr 페이지로 접속하세요.

거리 데이터 확인하기에서 구현한 하드웨어에서 3색 LED만 추가해 하드웨어를 구현하겠습니다.

1 3색 LED를 브레드보드에 꽂습니다.

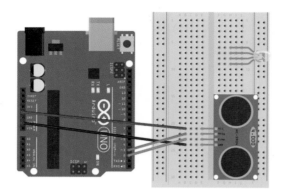

2 160Ω 저항 1개를 RED 핀과 같은 라인에 연결하고 100Ω 저항 2개를 GREEN, BLUE
핀과 같은 라인에 연결합니다.

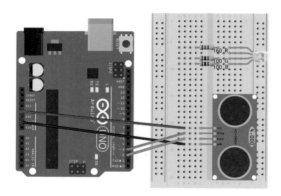

3 아두이노의 GND 핀과 3색 LED의 GND 핀을 점퍼 케이블로 연결합니다.

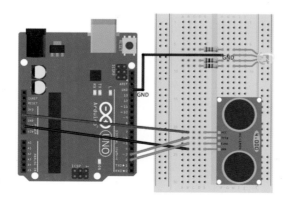

4 아두이노의 11번 핀과 3색 LED의 RED 핀과 연결된 160Ω 저항의 나머지 다리를 점퍼 케이블로 연결합니다.

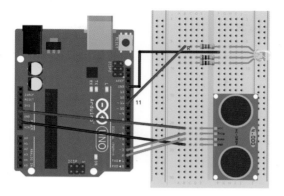

5 아두이노의 10번 핀과 3색 LED의 GREEN 핀과 연결된 100Ω 저항의 나머지 다리를 점 퍼 케이블로 연결합니다.

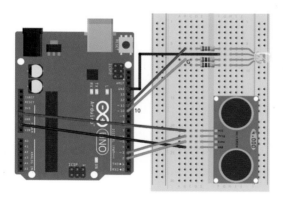

6 아두이노의 9번 핀과 3색 LED의 BLUE 핀과 연결된 100Ω 저항의 나머지 다리를 점퍼 케이블로 연결합니다.

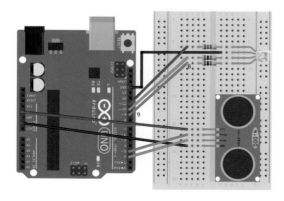

3.2 소프트웨어 구현하기(application_8.ino)

 이 절의 실습 내용을 동영상으로 볼 수 있습니다.
QR 코드를 스캔하거나 http://bitly.kr/CoqnENLnJ 페이지로 접속하세요.

손쉽게 결과를 확인하기 위해 주차 공간의 자동차 유무 기준을 15cm로 가정했습니다. 초음파 센서로 거리를 계산한 후 거리 데이터가 15cm 이하일 경우 주차 공간에 자동차가 있다고 간주해 LED를 빨간색으로 점등합니다. 15cm 초과일 경우에는 주차 공간에 자동차가 없으므로 LED를 초록색으로 점등합니다.

● **코드 8-2** 거리 데이터로 3색 LED 제어하기

```
#define ECHO 2 //2번 핀을 Echo로 설정
#define TRIG 3 //3번 핀을 Trig로 설정
#define RED 11 //11번 핀을 RED 핀으로 설정
#define GREEN 10 //10번 핀을 GREEN 핀으로 설정
#define BLUE 9 //9번 핀을 BLUE 핀으로 설정

void setup() {
  //put your setup code here, to run once:
  pinMode(TRIG, OUTPUT);  //Trig 핀 출력용으로 설정
  pinMode(ECHO, INPUT); //Echo 핀 입력용으로 설정
  pinMode(RED, OUTPUT); //RED 핀 출력용으로 설정
  pinMode(GREEN, OUTPUT); //GREEN 핀 출력용으로 설정
  pinMode(BLUE, OUTPUT); //BLUE 핀 출력용으로 설정
}

void loop() {
  //put your main code here, to run repeatedly:
  digitalWrite(TRIG, HIGH); //펄스파 발생
  delayMicroseconds(10); //10μs 지연
  digitalWrite(TRIG, LOW);  //펄스파 종료
```

```
//Echo 핀이 HIGH가 된 이후 지연된 펄스의 시간을 duration 변수에 저장
long duration = pulseIn(ECHO, HIGH);

if(duration == 0) //시간이 0이면 종료
{
  return;
}

//총 걸리는 시간을 58로 나눠 cm 단위로 거리를 측정
long distance = duration / 58;
if(distance <= 15) //주차 공간에 자동차가 있을 때(빨간색 점등) ❶
{
  analogWrite(RED, 255);
  analogWrite(GREEN, 0);
  analogWrite(BLUE, 0);
}
else //주차 공간에 자동차가 없을 때(초록색 점등)
{
  analogWrite(RED, 0);
  analogWrite(GREEN, 255);
  analogWrite(BLUE, 0);
}
  delay(2000); //2초마다 거리 데이터 계산
}
```

❶ 거리 데이터가 15cm 이하일 경우에는 주차 공간에 자동차가 있다고 간주하고 LED를 빨간색으로 점등합니다. 실제 주차장이라면 자동차 존재 여부를 어떻게 파악할 수 있을까요? 예를 들어 센서와 바닥 사이의 거리를 3m라고 생각하면 주차 공간에 자동차가 있을 경우 자동차 높이에 따라 거리 데이터가 1.5~2m 정도로 측정될 수 있습니다. 일반적으로 자동차 높이가 1m 이상이라고 가정하면 측정 오차를 고려해 거리 데이터가 2.2m 이하일 때 자동차가 있다고 간주하고 빨간색을 점등하면 됩니다. 2.2m를 초과할 경우에는 자동차가 없다고 간주해 초록색을 점등합니다.

3.3 결과 확인하기

 이 절의 실습 내용을 동영상으로 볼 수 있습니다.
QR 코드를 스캔하거나 http://bitly.kr/xJ0xEpl8K 페이지로 접속하세요.

초음파 센서 앞에 거리가 15cm 초과일 경우에는 주차 공간에 자동차가 없으므로 초록색이 점등되고, 15cm 이하일 경우에는 주차 공간에 자동차가 있으므로 빨간색이 점등됩니다.

그림 8-5 거리에 따른 LED 색깔 확인

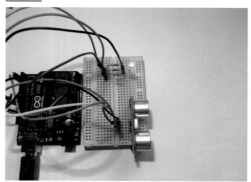
주차 공간에 자동차가 없을 때

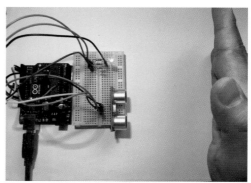
주차 공간에 자동차가 있을 때

4 | Semi 프로젝트
불쾌지수, 거리 데이터로 DC 모터 제어하기

7장 Semi 프로젝트에서는 불쾌지수 데이터로 DC 모터를 구동시켰습니다. 만약 불쾌지수가 높아서 DC 모터가 자동으로 구동됐는데 앞에 사람이 없다면 어떨까요? 이와 같은 불필요한 구동을 막기 위해 불쾌지수와 거리 데이터를 함께 고려해 DC 모터를 구동하려고 합니다. 즉, 불쾌지수가 높은 상태에서 일정 거리 내에 사람이 있으면 DC 모터가 회전하도록 구현하겠습니다.

표 8-3 재료 목록

아두이노 보드 우노(Uno)	브레드보드 (400핀)	DC 모터 (RF-310)
1개	1개	1개
초음파 센서 (HC-SR04)	온·습도 센서 (DHT11)	트랜지스터 (2N2222A)
1개	1개	1개
다이오드 (1N4001)	저항 (330 Ω)	점퍼 케이블 수(Male)-수(Male)
1개	1개	13개

이 절의 실습 내용을 동영상으로 볼 수 있습니다.
QR 코드를 스캔하거나 http://bitly.kr/7P6eB4CXh 페이지로 접속하세요.

응용 과제에서 구현한 하드웨어에서 3색 LED와 저항을 제거한 뒤 온·습도 센서와 DC 모터를 추가로 연결해 하드웨어를 구현하겠습니다.

Semi 프로젝트에서 초음파 센서, 온·습도 센서, DC 모터는 모두 5V 전원이 필요합니다. 아두이노의 5V 전원 핀은 하나인데, 소자 세 개에 5V 전원을 모두 인가하려면 어떻게 해야 할까요? 브레드보드 양 옆 전원부 라인을 사용하면 됩니다.

브레드보드의 전원부 라인 내부 구조를 살펴보면 빨간색과 파란색 라인을 따라 세로로 모두 연결돼 있습니다. 단, 빨간색과 파란색 라인은 서로 연결돼 있지 않습니다. 일반적으로 빨간색 라인에 + 전원, 파란색 라인에 GND를 인가합니다. 따라서 아두이노 5V를 브레드보드의 빨간색 라인에 연결하면 빨간색 라인에는 모두 5V 전원을 인가합니다. 초음파 센서, 온·습도 센서, DC 모터에서 5V 전원이 필요한 부분을 브레드보드의 빨간색 라인에 연결하면 세 소자 모두에 5V 전원을 인가합니다.

1 아두이노의 5V, GND 핀과 연결된 점퍼 케이블을 뽑아 브레드보드의 빨간색, 파란색 라인에 연결합니다. 초음파 센서의 VCC, GND 핀을 브레드보드의 빨간색, 파란색 라인에 점퍼 케이블로 연결합니다.

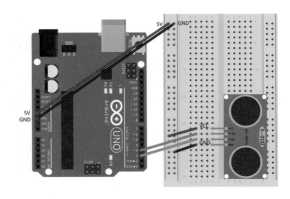

2 트랜지스터를 브레드보드에 꽂은 후 이미터를 접지 처리합니다.

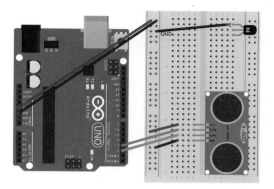

3 330Ω 저항을 트랜지스터의 베이스에 연결한 후 아두이노 6번 핀과 점퍼 케이블로 연결합니다.

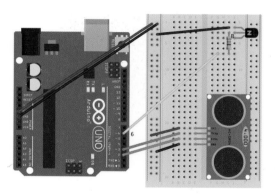

4 트랜지스터 컬렉터를 점퍼 케이블로 브레드보드의 빈 공간에 연결한 후 다이오드의 애노드를 연결합니다.

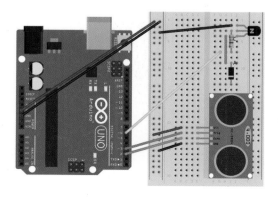

5 다이오드 캐소드에 5V 전압을 인가한 후 다이오드의 애노드와 캐소드 사이에 DC 모터
를 연결합니다.

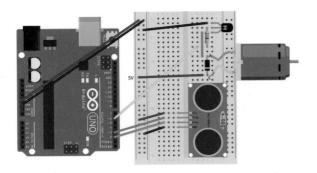

6 온 · 습도 센서를 브레드보드에 꽂습니다.

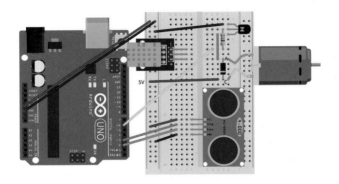

7 온 · 습도 센서의 − 핀을 브레드보드의 파란색 라인에 점퍼 케이블로 연결합니다.

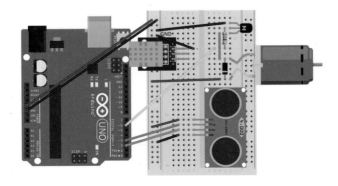

8 온 · 습도 센서의 + 핀을 브레드보드의 빨간색 라인에 점퍼 케이블로 연결합니다.

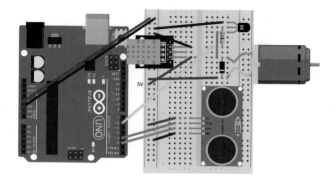

9 아두이노 4번 핀과 온 · 습도 센서의 out 핀을 점퍼 케이블로 연결합니다

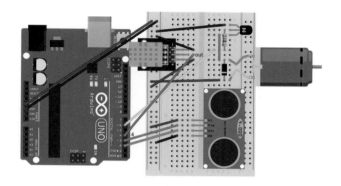

4.2 소프트웨어 구현하기(semiProject_8.ino)

 이 절의 실습 내용을 동영상으로 볼 수 있습니다.
QR 코드를 스캔하거나 http://bitly.kr/4SJsSU5B2 페이지로 접속하세요.

DC 모터를 제어하기 위해 불쾌지수, 거리 데이터를 di, distance 변수에 각각 저장합니다. 조건문을 작성할 때 불쾌지수와 거리 데이터가 모두 참일 때 DC 모터가 회전해야 하므로 AND 연산자(&&)를 사용합니다. 거리 데이터가 50cm 이하일 때 사람이 있다고 가정한다면 불쾌지수 데이터가 80 이상(매우 높음)이고 초음파 센서와 사람 간 거리가 50cm 이하일 때 DC 모터는 최대 속도를 출력합니다. 불쾌지수 데이터가 75 이상 80 미만(높음)이고 초음파 센서와 사람 간 거리가 50cm 이하일 때 DC 모터는 최대 속도의 2/3 속도를 출력합니다. 그 외 조건에서는 DC 모터가 회전하지 않습니다. 불쾌지수와 거리 데이터는 시리얼 모니터로 확인할 수 있습니다.

● **코드 8-3** 불쾌지수, 거리 데이터로 DC 모터 제어하기

```
#include "DHT.h" //DHT 센서 라이브러리 추가

#define ECHO 2 //2번 핀으로 Echo 설정
#define TRIG 3 //3번 핀으로 Trig 설정
#define DHTPIN 4 //4번 핀을 데이터 신호 처리 설정
#define MOTOR 6 //6번 핀으로 DC 모터 제어
#define DHTTYPE DHT11 // 온·습도 센서 타입 선택

DHT dht(DHTPIN, DHTTYPE); //DHT 센서 초기화
void setup() {
  //put your setup code here, to run once:
  pinMode(ECHO, INPUT);    //2번 핀 입력용으로 설정
  pinMode(TRIG, OUTPUT);   //3번 핀 출력용으로 설정
  pinMode(MOTOR, OUTPUT);  //6번 핀 출력용으로 설정
  Serial.begin(9600); //시리얼 통신 동기화
  dht.begin(); //핀 설정
}

void loop() {
  //put your main code here, to run repeatedly:

  digitalWrite(TRIG, HIGH); //펄스파 발생
  delayMicroseconds(10); //10㎲ 지연
  digitalWrite(TRIG, LOW);  //펄스파 종료
  float humidity = dht.readHumidity(); //습도 데이터를 읽어와 변수에 저장
  float temperature = dht.readTemperature(); //온도 데이터를 읽어와 변수에 저장
```

```
//불쾌지수를 계산해 변수에 저장
float di = (float)9/5*temperature-0.55*((float)1-humidity/100)*((float)9/
5*temperature-26)+32;
//Echo 핀이 HIGH가 된 이후 지연된 펄스의 시간을 duration 변수에 저장
long duration = pulseIn(ECHO, HIGH);

if(duration == 0) //시간이 0이면 종료
{
  return;
}
//총 걸리는 시간을 58로 나눠 cm 단위로 거리 측정
long distance = duration / 58;

//데이터를 읽어오지 못했을 경우 아래 메시지 출력
if (isnan(humidity) || isnan(temperature)) {
  Serial.println("Failed to read from DHT sensor!");
  return;
}
//불쾌지수 데이터가 80 이상(매우 높음)이고
//초음파 센서와 사람 간 거리가 50cm 이하일 때
if(di >= 80 && distance <= 50) ❶
{
  analogWrite(MOTOR, 255); //최대 속도 출력
}
//불쾌지수 데이터가 75 이상 80 미만(높음)이고
//초음파 센서와 사람 간 거리가 50cm 이하일 때
else if(di >= 75 && distance <= 50)
{
  analogWrite(MOTOR, 170); //최대 속도의 2/3 속도 출력
}
else
{
  analogWrite(MOTOR, 0); //모터 멈춤
}
```

```
        Serial.print("Discomfort Index:");
        Serial.print(di,1); //소수점 첫째 자리까지 불쾌지수 출력
        Serial.print("\tDistance :");
        Serial.print(distance,1); //소수점 첫째 자리까지 거리 출력
        Serial.println("cm");
        delay(2000); //불쾌지수, 거리 데이터를 2초마다 출력
    }
```

❶ &&는 AND 연산자로 조건 1(di >= 80)과 조건 2(distance <= 50) 모두 참일 때 결과로 참을 나타냅니다. 즉, 불쾌지수가 80 이상이고 거리가 50cm 이하일 때 DC 모터를 동작합니다. 조건 중 하나라도 거짓이면 결과가 거짓이므로 if 문 안의 코드를 실행하지 않습니다.

4.3 결과 확인하기

이 절의 실습 내용을 동영상으로 볼 수 있습니다.
QR 코드를 스캔하거나 http://bitly.kr/6PXLX58Bu 페이지로 접속하세요.

업로드를 완료하면 결과를 확인해봅시다. 시리얼 모니터를 통해 불쾌지수와 거리 데이터가 잘 출력되는 것을 확인할 수 있습니다.

불쾌지수가 75 미만이거나 초음파 센서와 사람 간 거리가 50cm 초과일 경우(그림 8-7 ❶) DC 모터는 작동하지 않습니다. 불쾌지수가 75 이상 80 미만이고 초음파 센서와 사람 간 거리가 50cm 이하일 경우(그림 8-7 ❷) DC 모터는 최대 속도의 2/3 속도로 출력되고, 불쾌지수가 80 이상이고 초음파 센서와 사람 간의 거리가 50cm 이하일 경우(그림 8-7 ❸) DC 모터는 최대 속도로 출력됩니다.

그림 8-6 불쾌지수, 거리 데이터 출력

Discomfort Index:71.7	Distance :28cm	❶
Discomfort Index:71.7	Distance :17cm	
Discomfort Index:79.3	Distance :28cm	❷
Discomfort Index:81.0	Distance :27cm	
Discomfort Index:80.9	Distance :28cm	❸

그림 8-7 불쾌지수와 거리에 따른 DC 모터 동작 확인

❶ 불쾌지수가 75 미만이거나 거리가 50cm 초과일 때

❷ 불쾌지수가 75 이상 80 미만이고 거리가 50cm 이하일 때

❸ 불쾌지수가 80 이상이고 거리가 50cm 이하일 때

9장

서보 모터

서보(Servo) 모터는 8장에서 소개한 DC 모터와 같이 모터의 한 종류입니다. 그렇다면 기능 면에서 서보 모터는 DC 모터와 어떤 점이 다를까요? DC 모터는 전원을 인가하면 한 방향으로 360° 반복 회전합니다. 즉, 360° 회전을 반복해야 하는 프로젝트에 적합한 모터입니다. 이러한 특징으로 RC 카의 바퀴나 선풍기의 프로펠러에 DC 모터를 사용합니다. 서보 모터는 종류에 따라 360° 회전이 가능한 모터도 있지만, 일반적으로 0~180° 내에서 회전하며 원하는 각도로 제어할 수 있습니다. 이러한 특징으로 의수 제작, 로봇 관절, 그 밖에 각도 제어가 필요한 다양한 프로젝트에 서보 모터를 적용합니다.

그림 9-1 서보 모터(SG90)

서보 모터를 동작시키기 위해 서보 모터에 연결된 세 가지 색깔(주황색, 빨간색, 갈색)의 케이블을 살펴보겠습니다. 데이터시트를 보면 케이블의 용도를 자세히 알 수 있습니다.

그림 9-2 케이블 용도[1]

주황색은 PWM 제어, 빨간색은 + 전원, 갈색은 - 전원입니다. 주황색 케이블은 아두이노에서 PWM이 가능한 핀에 연결하면 됩니다. 서보 모터의 동작 전압은 4.8~6V이기 때문에 빨간색 케이블은 아두이노 5V 핀에 연결하고, 갈색 케이블은 아두이노 GND 핀에 연결합니다.

---

1 [출처] http://www.ee.ic.ac.uk/pcheung/teaching/DE1_EE/stores/sg90_datasheet.pdf

또한, 서보 모터를 동작시키기 위한 라이브러리가 아두이노 IDE에 기본적으로 포함돼 있기 때문에 따로 설치하지 않아도 바로 사용할 수 있습니다.

2 서보 모터 작동하기

서보 모터는 10장 스마트 선풍기 만들기 종합 프로젝트에서 DC 모터를 좌우로 회전시킵니다. 좌우로 회전하는 기능은 아두이노 IDE에서 예제로 제공하므로 예제 파일을 실행시켜 동작을 확인하겠습니다.

표 9-1 재료 목록

아두이노 보드 우노(Uno)	서보 모터 (SG90)	점퍼 케이블 수(Male)-수(Male)
1개	1개	3개

2.1 하드웨어 구현하기

이 절의 실습 내용을 동영상으로 볼 수 있습니다.
QR 코드를 스캔하거나 http://bitly.kr/hHmgeKlJz 페이지로 접속하세요.

1 서보 모터의 3색 케이블에 수-수 점퍼 케이블을 연결합니다.

2 아두이노 GND 핀과 서보 모터의 갈색 케이블을 연결합니다.

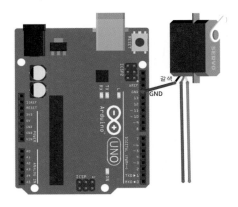

3 아두이노 5V 핀과 서보 모터 빨간색 케이블을 연결합니다.

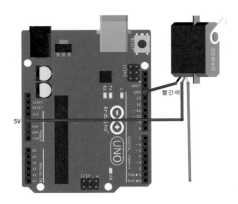

4 아두이노 6번 핀과 서보 모터 주황색 케이블을 연결합니다.

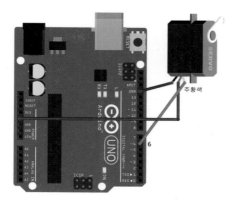

2.2 소프트웨어 구현하기(practice_9.ino)

 이 절의 실습 내용을 동영상으로 볼 수 있습니다.
QR 코드를 스캔하거나 http://bitly.kr/WkKc95Kqm 페이지로 접속하세요.

아두이노 IDE에서 [파일]-[예제]-[Servo]-[Sweep] 예제를 클릭해 프로그램 코드를 열어줍니다.

그림 9-3 예제 열기

서보 모터 객체를 선언하고 attach( ) 함수를 호출해 제어 핀을 설정합니다. 선풍기의 회전 각도를 최대 120°로 가정해 0~120°까지 루프를 돌립니다. for( ) 문 내에서는 서보 모터가 1°씩 움직이고 15ms 대기합니다. 여기에 120~0°까지 루프가 돌아가는 for( ) 문을 추가하면 좌우 회전이 가능합니다.

```
#include <Servo.h> //서보 모터 라이브러리 추가

Servo myservo; //서보 모터 제어를 위한 객체 생성

int pos = 0; //서보 모터 위치 값을 저장하는 변수 선언

void setup() {
  myservo.attach(6);  //서보 모터 제어를 위한 핀 설정
}

void loop() {
  for (pos = 0; pos <= 120; pos += 1) { //0~120까지 1씩 증가시켜 루프를 돌림
    myservo.write(pos); //pos 변수 값의 위치로 회전(1도씩 회전)
    delay(15); //서보 모터가 위치까지 도달할 수 있도록 15ms 대기
  }
  for (pos = 120; pos >= 0; pos -= 1) { //120~0까지 1씩 감소시켜 루프를 돌림
    myservo.write(pos);
    delay(15);
  }
}
```

2.3 결과 확인하기

이 절의 실습 내용을 동영상으로 볼 수 있습니다.
QR 코드를 스캔하거나 http://bitly.kr/a5AFt3R2Y 페이지로 접속하세요.

업로드를 완료하면 서보 모터는 0~120° 범위로 좌우 회전합니다.

그림 9-4 서보 모터 회전 확인하기

그림 9-4 서보 모터 회전 확인하기

3 | 응용 과제 터치 센서로 서보 모터 제어하기

터치 센서는 10장 스마트 선풍기 만들기 종합 프로젝트에서 선풍기의 스위치 역할을 하며,
서보 모터와 DC 모터를 제어합니다. 이 절에서는 터치 센서에 1~3초 사이 터치 이벤트가
연속 발생하면 서보 모터가 회전하는 기능을 구현하겠습니다.

표 9-2 재료 목록

아두이노 보드 우노(Uno)	브레드보드 (400핀)	서보 모터 (SG90)
1개	1개	1개

터치 센서 (TTP223B)	점퍼 케이블 수(Male)–수(Male)	
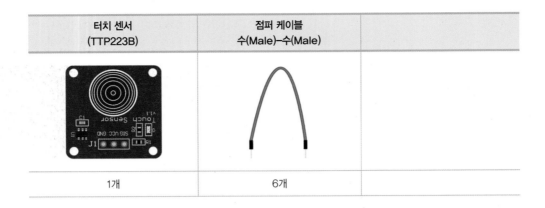		
1개	6개	

3.1 하드웨어 구현하기

 이 절의 실습 내용을 동영상으로 볼 수 있습니다.
QR 코드를 스캔하거나 http://bitly.kr/30eb8xEQR 페이지로 접속하세요.

서보 모터 작동하기에서 구현한 하드웨어에 터치 센서를 추가하겠습니다.

1 터치 센서를 브레드보드에 꽂습니다.

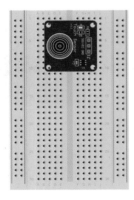

2 아두이노 GND 핀과 터치 센서의 GND 핀을 점퍼 케이블로 연결합니다.

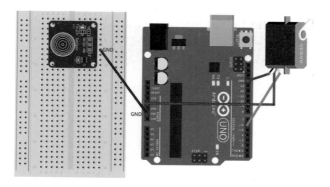

3 아두이노의 3.3V 핀과 터치 센서의 VCC 핀을 점퍼 케이블로 연결합니다.

4 아두이노의 7번 핀과 터치 센서의 SIG 핀을 점퍼 케이블로 연결합니다.

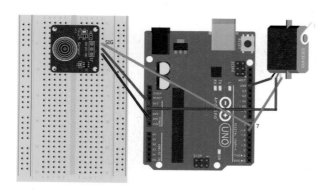

3.2 소프트웨어 구현하기(application_9.ino)

 이 절의 실습 내용을 동영상으로 볼 수 있습니다.
QR 코드를 스캔하거나 http://bitly.kr/8oE7RjeZy 페이지로 접속하세요.

터치 이벤트가 1~3초 지속해서 발생할 경우 회전 여부를 결정하는 rotateState 변수 값을 1 증가시킵니다. 서보 모터는 rotateState 변수 값이 홀수일 때 회전하고, 짝수일 때 멈춥니다.

● **코드 9-2** 터치 센서로 서보 모터 제어하기

```
#include <Servo.h> //Servo 헤더 파일 추가

#define TOUCH 7 //7번 핀으로 터치 이벤트 제어

Servo myservo;  //서보 모터 제어를 위한 객체 생성

int rotateState = 0; //1~3초 사이 터치 이벤트 횟수 저장
int pos = 0; //서보 모터 위치 값을 저장하는 변수 선언
//프로그램을 실행한 후 터치 이벤트가 발생하기 전까지의 시간을 저장
unsigned long startTime;
unsigned long touchTime; //터치 이벤트가 지속적으로 발생한 시간을 저장

void setup() {
  myservo.attach(6); //서보 모터 제어를 위한 핀 설정
  pinMode(TOUCH, INPUT); //7번 핀을 INPUT 용으로 설정
  Serial.begin(9600); //시리얼 통신 동기화
}

void loop() {
  int touchValue = digitalRead(TOUCH); //터치 이벤트 값을 touchValue에 저장
```

```
    if(touchValue == HIGH) //터치 이벤트가 발생했을 때
    {
      //터치 이벤트가 지속적으로 발행하기 전까지의 시간을 startTime 변수에 저장
      startTime = millis();
      //손가락으로 터치 센서를 계속 누르고 있는 시간을 측정하기 위한 루프
      while(digitalRead(TOUCH) == HIGH);
      //터치 이벤트가 지속적으로 발생한 시간을 touchTime에 저장
      touchTime = millis() - startTime;
      Serial.print("rotateState : ");
      Serial.print(rotateState); //시리얼 모니터로 rotateState 값 확인
      Serial.print("\tcontinuous time : ");
      Serial.println(touchTime); //시리얼 모니터로 터치 이벤트 시간 확인
      //지속적으로 터치 이벤트가 발생한 시간이 1~3초 사이일 때
      if(touchTime >= 1000 && touchTime <= 3000)
      {
        rotateState++; //rotateState 변수 1 증가
      }
    }

    if(rotateState%2 == 1) //rotateState 변수가 홀수일 때 서보 모터 회전
    {
      //0~120까지 1씩 증가시켜 루프를 돌림
      for (pos = 0; pos <= 120; pos += 1) {
      myservo.write(pos); //pos 변수 값의 위치로 회전(1도씩 회전)
      delay(15); //서보 모터가 위치까지 도달할 수 있도록 15ms 대기
      }
      //120~0까지 1씩 감소시켜 루프를 돌림
      for (pos = 120; pos >= 0; pos -= 1) {
      myservo.write(pos);
      delay(15);
      }
    }
}
```

3.3 결과 확인하기

이 절의 실습 내용을 동영상으로 볼 수 있습니다.
QR 코드를 스캔하거나 http://bitly.kr/PZZ4tCK4G 페이지로 접속하세요.

서보 모터는 rotateState 변수 값이 홀수일 경우 회전하고 짝수일 경우 회전을 멈춥니다.

그림 9-5 rotateState 변수 상태와 터치 이벤트 지속 시간

```
COM13

rotateState : 0 continuous time : 113
rotateState : 1 continuous time : 1745   ❶
rotateState : 2 continuous time : 1322   ❷
```

그림 9-6 rotateState 변수가 홀수일 때 서보 모터 회전 ❶

그림 9-7 rotateState 변수가 짝수일 때 서보 모터 정지 ❷

4 | Semi 프로젝트

터치 센서로 서보 모터와 DC 모터 제어하기

이 절에서는 터치 센서, 서보 모터, DC 모터를 사용해 10장 종합 프로젝트 스마트 선풍기 만들기의 핵심 기능을 구현하겠습니다.

터치 센서로 서보 모터와 DC 모터를 제어하기 위한 기준을 정리해볼까요?

서보 모터의 주 기능은 스마트 선풍기의 몸체 회전입니다. 응용 과제에서 구현했듯이 1~3 초 사이 터치 이벤트가 지속되면 rotateState 변수를 1 증가시킵니다. rotateState 변수 값이 홀수이면 서보 모터는 회전하고, 변수 값이 짝수이거나 DC 모터가 4번째(멈춤) 단계 일 때는 회전을 멈춥니다.

DC 모터의 주 기능은 스마트 선풍기의 프로펠러 회전입니다. 7장 DC 모터 응용과제에서 구현했듯이 DC 모터는 1~3번째 터치 이벤트가 발생하면 모터 속도가 점차 증가하고 4번째 터치 이벤트 발생 시 모터가 멈춥니다.

표 9-3 재료 목록

아두이노 보드 우노(Uno)	브레드보드 (400핀)	DC 모터 (RF-310)
1개	1개	1개

서보 모터 (SG90)	터치 센서 (TTP223B)	트랜지스터 (2N2222A)
1개	1개	1개
다이오드 (1N4001)	저항 (330Ω)	점퍼 케이블 수(Male)–수(Male)
1개	1개	11개

4.1 하드웨어 구현하기

이 절의 실습 내용을 동영상으로 볼 수 있습니다.
QR 코드를 스캔하거나 http://bitly.kr/gZc3pWqtA 페이지로 접속하세요.

응용 과제에서 구현한 하드웨어에 DC 모터를 추가로 연결해 하드웨어를 구현하겠습니다.

1 서보 모터 VCC 핀에 연결된 점퍼 케이블을 제거하고 아두이노 5V 핀과 브레드보드의 빨간색 라인을 점퍼 케이블로 연결합니다.

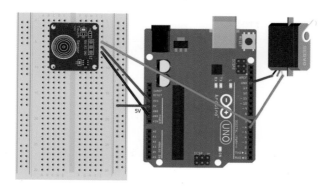

2 트랜지스터를 브레드보드에 꽂고 트랜지스터 베이스에 저항 330Ω을 연결합니다.

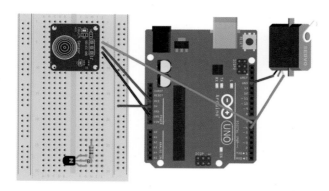

3 아두이노 GND 핀과 트랜지스터 이미터를 점퍼 케이블로 연결합니다.

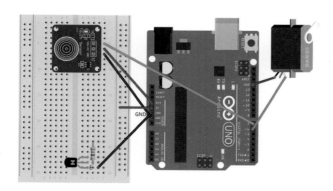

4 아두이노 5번 핀과 330Ω 저항의 나머지 다리를 점퍼 케이블로 연결합니다.

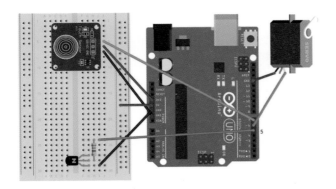

5 트랜지스터 컬렉터를 점퍼 케이블로 브레드보드의 빈 공간에 연결한 후 다이오드의 애노드를 연결합니다.

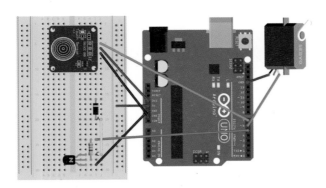

6 다이오드 캐소드에 5V 전압을 인가한 후 다이오드의 애노드와 캐소드 사이에 DC 모터를 연결합니다.

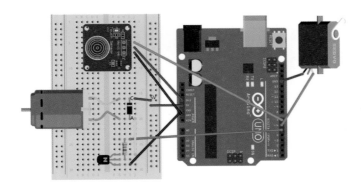

7 서보 모터의 VCC와 브레드보드의 빨간색 라인을 점퍼 케이블로 연결합니다.

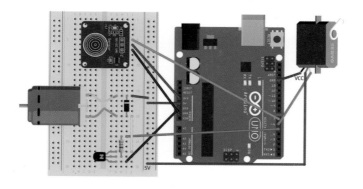

4.2 소프트웨어 구현하기(semiProject_9.ino)

 이 절의 실습 내용을 동영상으로 볼 수 있습니다.
QR 코드를 스캔하거나 http://bitly.kr/R08ek0jhW8 페이지로 접속하세요.

터치 이벤트에서 DC 모터 구동과 서보 모터 회전에 관한 두 가지 사항을 고려해야 합니다.

첫째, DC 모터 구동의 경우 터치 이벤트가 발생하면 DC 모터 출력 단계를 저장하는 motorStep 변수를 1 증가시킵니다. motorStep 변수를 매개변수로 해 motor_Control() 함수를 호출하면 단계에 맞는 속도로 DC 모터가 회전합니다. 둘째, 터치 이벤트가 지속하는 시간이 1~3초 사이일 경우에는 서보 모터의 회전 여부를 담당하는 rotateState 변수 값을 1 증가시킵니다. motorStep이 4단계이면 DC 모터뿐만 아니라 서보 모터의 회전도 멈춰야 하므로 서보 모터는 rotateState 변수가 홀수(회전)이고 motorStep이 0(4단계에서 motorStep을 0으로 초기화)이 아닌 조건에서 회전하게 됩니다. 서보 모터가 회전할 때도 DC 모터는 1~3단계 사이일 경우, 단계에 맞는 속도를 출력하게 됩니다.

```
#include <Servo.h> //서보 모터 라이브러리 추가

#define TOUCH 7 //7번 핀으로 터치 이벤트 처리
#define DC_MOTOR 5 //5번 핀으로 DC 모터 제어

Servo myservo;  //서보 모터 제어를 위한 객체 생성

int motorStep = 0;  //DC 모터의 단계를 저장하는 변수
int rotateState = 0;  //1~3초 사이 터치 이벤트 횟수 저장
int pos = 0;  //서보 모터 위치 값을 저장하는 변수 선언
//프로그램이 실행된 후 터치 이벤트가 발생하기 전까지의 시간을 저장
unsigned long startTime;
unsigned long touchTime; //터치 이벤트가 지속적으로 발생한 시간을 저장

void motor_Control(int dcStep); //DC 모터 출력과 관련된 함수 선언

void setup() {
  myservo.attach(6);  //서보 모터 제어를 위한 핀 설정
  pinMode(TOUCH, INPUT); //7번 핀을 INPUT 용으로 설정
  Serial.begin(9600); //시리얼 통신 동기화
}

void loop() {
  int touchValue = digitalRead(TOUCH); //터치 이벤트 값을 touchValue에 저장
  delay(200); //터치 이벤트 사이 0.2초 지연 시간 부여

  if(touchValue == HIGH) //터치 이벤트가 발생했을 때
  {
    motorStep++; //motorStep 변수 1 증가
    Serial.print("touch count:");
    Serial.print(motorStep); //시리얼 모니터로 현재 DC 모터 단계 확인
    //motorStep을 매개 변수로 해 motor_Control() 함수 호출
    motor_Control(motorStep);
```

```
    //터치 이벤트가 지속적으로 발행하기 전까지의 시간을 startTime 변수에 저장
    startTime = millis();
    //손가락으로 터치 센서를 계속 누르고 있는 시간을 측정하기 위한 루프
    while(digitalRead(TOUCH) == HIGH);
    //터치 이벤트가 지속적으로 발생한 시간을 touchTime에 저장
    touchTime = millis() - startTime;
    Serial.print("\tcontinuous time : ");
    Serial.println(touchTime); //시리얼 모니터로 이벤트 시간 확인
    //지속적으로 터치 이벤트가 발생한 시간이 1~3초 사이일 때 회전
    if(touchTime >= 1000 && touchTime <= 3000)
    {
      rotateState++; //1~3초 사이 터치 이벤트 횟수 1 증가
    }
  }


  if((rotateState%2 == 1) && (motorStep != 0))    ❶
  {
    for (pos = 0; pos <= 120; pos += 1) { //0~120까지 1씩 증가시켜 루프를 돌림
    motor_Control(motorStep);
    myservo.write(pos);  //pos 변수 값의 위치로 회전(1도씩 회전)
    delay(15);  //서보 모터가 위치까지 도달할 수 있도록 15ms 대기
    }
    for (pos = 120; pos >= 0; pos -= 1) {  //120~0까지 1씩 감소시켜 루프를 돌림
    motor_Control(motorStep);
    myservo.write(pos);
    delay(15);
    }
  }
}
void motor_Control(int dcStep) //DC 모터 출력과 관련된 함수 정의
{
  switch(dcStep)
  {
```

```
    case 1: //1회 터치 시
      analogWrite(DC_MOTOR, 85); //최대 속도의 1/3 속도 출력
      break;
    case 2: //2회 터치 시
      analogWrite(DC_MOTOR, 170); //최대 속도의 2/3 속도 출력
      break;
    case 3: //3회 터치 시
      analogWrite(DC_MOTOR, 255); //최대 속도 출력
      break;
    case 4:
      analogWrite(DC_MOTOR, 0); //모터 멈춤
      motorStep = 0; //motorStep 변수 0으로 초기화
      break;
  }
}
```

❶ 서보 모터는 두 가지 조건을 만족해야 회전합니다. 첫째, rotateState 변수가 홀수일
경우입니다. 둘째, motorStep이 0이 아닌 경우입니다. rotateState 변수가 홀수일 경
우만 생각하면 DC 모터가 멈췄을 때도 서보 모터가 회전한다는 말입니다. 서보 모터는
DC 모터가 동작 중일 때만 회전해야 합니다. 즉, DC 모터가 4단계일 때는 서보 모터도
회전을 멈춰야 한다는 것입니다. DC 모터가 4단계일 때 motorStep이 0으로 초기화되
므로 서보 모터는 motorStep이 0이 아닌 조건도 만족해야 합니다. 따라서 서보 모터는
두 조건이 동시에 참이 될 경우에만 회전하게 됩니다.

4.3 결과 확인하기

이 절의 실습 내용을 동영상으로 볼 수 있습니다.
QR 코드를 스캔하거나 http://bitly.kr/UVaX0LI0P 페이지로 접속하세요.

DC 모터는 1~3단계 내에서는 점차 속도가 증가하고 4단계에서는 동작을 멈춥니다. 1~3단계 내에서 터치 이벤트가 1~3초 사이 지속해서 발생하면 서보 모터와 DC 모터가 함께 회전합니다. DC 모터가 4단계가 되거나 1~3초 사이 터치 이벤트를 다시 발생시키면 서보 모터는 회전을 멈춥니다.

그림 9-8 터치 횟수와 터치 시간 확인

```
COM10 (Arduino/Genuino Uno)

touch count:1    continuous time : 0        ①
touch count:2    continuous time : 1964     ②
touch count:3    continuous time : 104
touch count:4    continuous time : 0        ③
touch count:1    continuous time : 0
touch count:2    continuous time : 2684     ④
```

그림 9-9 DC 모터와 서보 모터의 동작

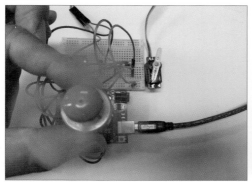

❶ DC 모터 1단계 + 서보 모터 멈춤

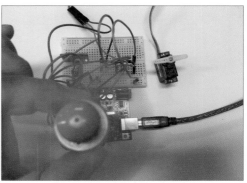

❷ DC 모터 2단계 + 서보 모터 회전

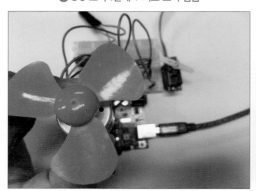

❸ DC 모터 멈춤 + 서보 모터 멈춤

❹ DC 모터 2단계 + 서보 모터 멈춤

10장

[종합 프로젝트]
스마트
선풍기 만들기

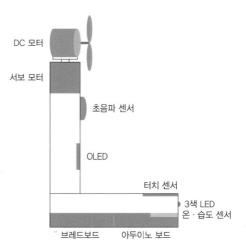

DC 모터

서보 모터

초음파 센서

OLED

터치 센서

3색 LED
온 · 습도 센서

브레드보드   아두이노 보드

이 장에서는 종합 프로젝트로 스마트 선풍기를 제작하겠습니다.

표 10-1 재료 목록

아두이노 보드 우노(Uno)	브레드보드 (400핀)	DC 모터 (RF-310)	서보 모터 (SG90)
1개	1개	1개	1개
터치 센서 (TTP223B)	초음파 센서 (HC-SR04)	온·습도 센서 (DHT11)	OLED (128X64 I²C)
1개	1개	1개	1개
3색 LED (캐소드 공통)	트랜지스터 (2N2222A)	다이오드 (1N4001)	저항 (330Ω)
1개	1개	1개	1개

저항 (160Ω)	저항 (100Ω)	건전지와 스냅 (9V)	점퍼 케이블 수(Male)—수(Male)
1개	2개	1개	16개

점퍼 케이블 암(Female)—수(Male)			
24개			

제작에 앞서 전반적인 기능을 정리해볼까요?

- **디스플레이**: OLED에 온도, 습도, 불쾌지수 데이터를 출력합니다. 불쾌지수 단계에 따라 3색 LED의 색깔이 바뀝니다.
- **바람 세기**: DC 모터의 바람 세기는 1~3단계이고 단계가 증가하면 바람 세기도 증가합니다. 4단계가 되면 DC 모터는 동작을 멈춥니다.
- **회전**: 서보 모터가 담당하며 회전 범위는 10~60°입니다.
- **자동 운전 모드**: 추가 기능으로 불쾌지수가 높음 이상이고 50cm 이내에 사람이 있을 때 스마트 선풍기가 자동으로 동작합니다. 이러한 자동 운전 여부는 터치 이벤트 지속 시간을 이용해 사용자가 직접 제어할 수 있습니다.
- **팬 위치 조정**: 일반 선풍기는 회전을 멈출 때 팬 위치가 종료되는 시점의 위치로 고정되지만, 스마트 선풍기의 경우 회전을 멈출 때 팬 위치가 정면을 향하도록 조정됩니다.

이러한 스마트 선풍기를 제작하기 위해 고려할 사항을 알아보겠습니다.

하드웨어 구현하기

첫째, 외부 전원 사용입니다. 스마트 선풍기 제작에는 많은 전자 소자와 센서를 사용하므로 아두이노의 5V 전원으로는 제대로 작동하기가 어렵습니다.

둘째, 아두이노 핀 사용 계획입니다. 전자 소자나 센서들의 동작 전압, 제어 방법 등을 고려해 핀 사용을 계획합니다.

소프트웨어 구현하기

첫째, 사용하는 핀과 변수를 목적에 맞게 선언합니다. 이 프로젝트에서는 핀과 변수 들을 많이 사용하기 때문에 목적과 기능에 맞는 선언은 중요한 요소입니다.

둘째, 추가 기능을 제어해야 합니다. 사람마다 불쾌지수를 느끼는 정도가 다르므로 자동 운전 모드를 제어하는 것도 반드시 고려해야 합니다.

외관 구현하기

첫째, 초음파 센서의 위치입니다. 다양한 장애물로 인해 거리 데이터의 정확성이 떨어지는 현상을 예방해야 합니다.

둘째, DC 모터를 서보 모터 지지대와 고정하는 것입니다. DC 모터는 서보 모터에 의해 회전하므로 서보 모터 지지대와 견고하게 고정해야 합니다.

최종적으로 구현할 스마트 선풍기의 구조는 다음과 같습니다.

그림 10-1 스마트 선풍기 구조

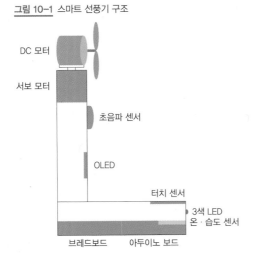

2. 하드웨어 구현하기

이 절의 실습 내용을 동영상으로 볼 수 있습니다.
QR 코드를 스캔하거나 http://bitly.kr/MnaxPJLq4 페이지로 접속하세요.

하드웨어를 구현하기에 앞서 준비하기에서 고려한 사항을 정리하면 다음과 같습니다.

첫째, 아두이노에서 제공하는 5V 전압으로는 스마트 선풍기에서 사용하는 많은 전자 소자와 센서를 정상적으로 동작시키기 어렵습니다. 특히 DC 모터와 서보 모터가 동작하려면 다른 센서에 비해 높은 전압이 필요합니다. 따라서 DC 모터와 서보 모터는 9V 건전지를 사용해 전원을 인가하고 OLED는 3.3V, 나머지 전자 소자와 센서는 5V 전압을 아두이노에서 인가하도록 하겠습니다.

둘째, 전자 소자와 센서를 많이 사용한다는 것은 아두이노 핀을 많이 사용한다는 의미입니다. 따라서 하드웨어를 구현하기 전에 전자 소자와 센서 제어에 사용되는 핀을 결정합니다.

표 10-2 전자 소자와 센서 제어에 사용되는 핀 결정

재료 명칭	아두이노 연결 핀	재료 명칭	아두이노 연결 핀
DC 모터	Base(5)	온 · 습도 센서	out(4)
서보 모터	PWM(6)	OLED	SCL(A5), SDA(A4)
터치 센서	SIG(7)	3색 LED	R(11), G(10), B(9)
초음파 센서	Trig(2), Echo(3)		

아래 하드웨어 구현하기 단계는 회로 구현 프로그램(Fritzing)에서 스마트 선풍기에 사용되는 모든 전자 소자와 센서를 브레드보드에 고정하기가 불가능하므로 실제 스마트 선풍기를 제작할 때 하드웨어 구현 과정을 제시했습니다.

아래 단계에서는 모든 전자 소자와 센서가 브레드보드에 고정된 상태가 아니기 때문에 하드웨어를 구현했을 때 전체 회로의 정상 동작 여부를 확인하기가 다소 불편할 수 있습니다. 즉

회로의 정상 동작 테스트는 모든 전자 소자와 센서가 브레드보드 상에 고정됐을 때 편리하게 수행할 수 있습니다.

따라서 이 절에서 하드웨어를 구현할 때는 모든 전자 소자와 센서를 브레드보드에 고정한 후 점퍼 케이블로 연결합니다.

1 아두이노의 5V, GND 핀을 브레드보드의 빨간색, 파란색 라인에 점퍼 케이블로 연결합니다.

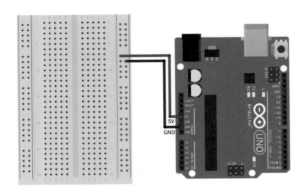

2 OLED의 VCC, GND 핀을 아두이노의 3.3V 핀과 브레드보드의 파란색 라인에 점퍼 케이블로 연결합니다.

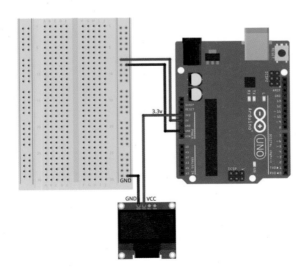

3 OLED SCL, SDA 핀과 아두이노의 A5, A4 핀을 점퍼 케이블로 연결합니다.

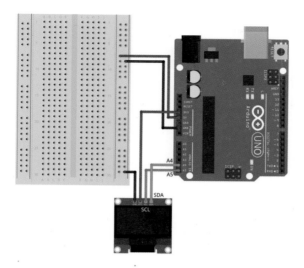

4 초음파 센서의 VCC, GND 핀과 브레드보드의 빨간색, 파란색 라인을 점퍼 케이블로 연결합니다.

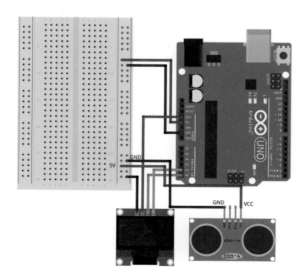

5 초음파 센서의 Trig, Echo 핀과 아두이노의 2, 3번 핀을 점퍼 케이블로 연결합니다.

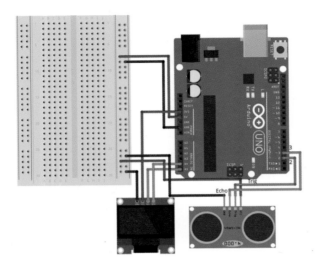

6 온·습도 센서의 +, − 핀을 브레드보드의 빨간색, 파란색 라인에 연결하고 out 핀은 아두이노의 4번 핀에 점퍼 케이블로 연결합니다.

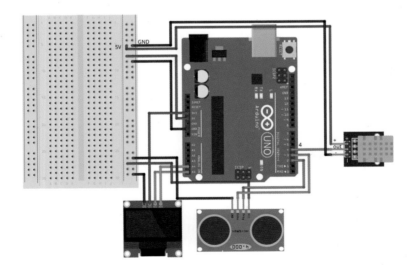

7 9V 건전지 +극을 브레드보드 왼쪽 빨간색 라인에 연결하고 −극은 브레드보드 오른쪽 파란색 라인에 연결합니다. 서보 모터의 VCC 케이블은 브레드보드 왼쪽 빨간색 라인에 연결하고 GND 케이블은 브레드보드 오른쪽 파란색 라인에 연결합니다. PWM 케이블은 아두이노의 6번 핀에 연결합니다.

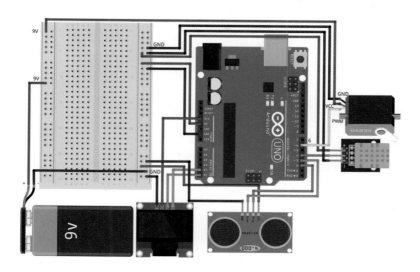

8 터치 센서의 VCC, GND 핀을 브레드보드의 빨간색, 파란색 라인에 연결하고 SIG 핀은 아두이노의 7번 핀에 점퍼 케이블로 연결합니다.

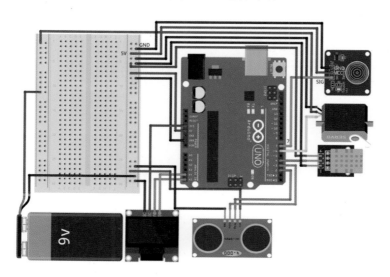

9 트랜지스터를 브레드보드에 장착한 뒤 트랜지스터의 베이스에 330Ω 저항을 연결하고 이미터는 접지 처리합니다.

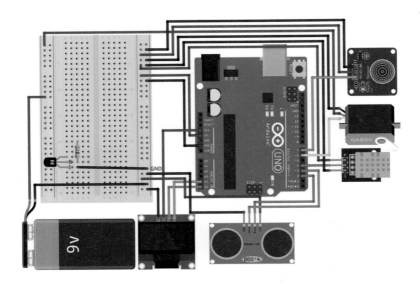

10 330Ω 저항의 나머지 다리를 아두이노 5번 핀과 점퍼 케이블로 연결하고 트랜지스터의 컬렉터를 브레드보드의 빈 공간에 점퍼 케이블로 연결한 뒤 다이오드의 애노드를 연결합니다.

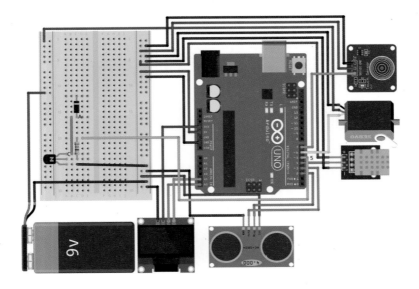

11 다이오드 캐소드에 9V 전원을 인가하고 다이오드 애노드와 캐소드 사이에 DC 모터를 점퍼 케이블로 연결합니다.

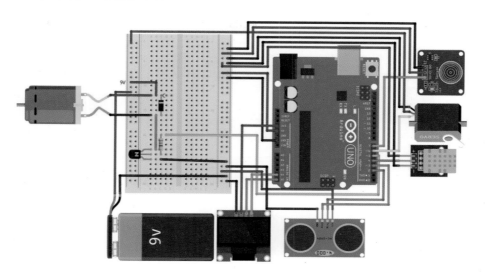

12 3색 LED 1번 핀에 160Ω 저항, 3, 4번 핀에 100Ω 저항을 점퍼 케이블로 연결하고 2번 핀은 접지 처리합니다.

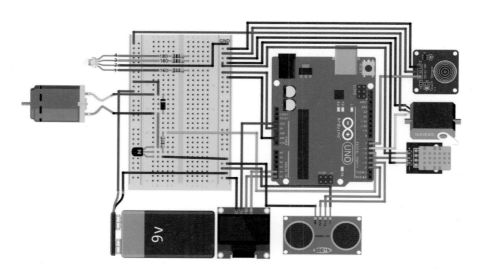

13 3색 LED의 1, 3, 4번 핀에 연결된 160Ω, 100Ω, 100Ω 저항의 나머지 다리를 아두이노 11, 10, 9번 핀에 점퍼 케이블로 연결합니다.

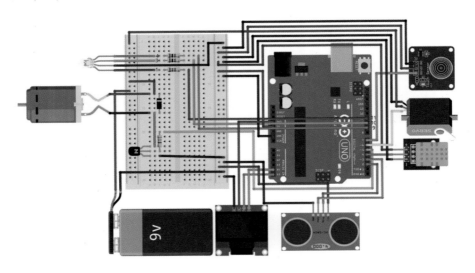

3 소프트웨어 구현하기(project_2.ino)

 이 절의 실습 내용을 동영상으로 볼 수 있습니다.
QR 코드를 스캔하거나 http://bitly.kr/V8ZdJl3dA 페이지로 접속하세요.

소프트웨어를 구현하기에 앞서 준비하기에서 고려한 사항을 정리하면 다음과 같습니다.

첫째, 핀과 변수를 많이 사용한다는 것은 각 핀이 제어하는 기능을 프로그램 코드로 구현해야 하고 결과적으로 프로그램 코드가 길어질 수 있다는 것을 의미합니다. 프로그램 코드가 길어질 때 전체 프로그램 코드를 이해할 수 있는 가독성을 높이기 위해서는 사용하는 핀과 변수를 목적과 기능에 맞게 선언하는 것이 중요합니다. 각 핀은 #define 문을 사용해 전자 소자와 센서의 제어를 담당하는 핀을 정의하고, 각 변수는 목적과 기능에 맞는 변수명으로 선언하겠습니다.

둘째, 불쾌지수가 높음 단계 이상이고 사람과의 거리가 50cm 이내일 때 DC 모터는 자동으로 동작합니다. 자동 운전 모드는 사용자의 편리함을 위해 고안됐지만, 상황에 따라 불편할 수도 있습니다. 예를 들어 불쾌지수가 높음 단계이지만 불쾌지수를 크게 느끼지 못하는 사용자에게 DC 모터가 자동으로 동작한다면 해당 사용자는 불편할 수 있겠지요. 따라서 사용자가 필요에 따라 자동 운전 모드를 선택할 수 있게 합니다. 터치 이벤트를 3초 초과해 발생시킬 경우에 자동 운전하도록 설정합니다.

디스플레이 기능에서는 온도, 습도, 불쾌지수를 OLED에 출력하고, 불쾌지수 단계에 따라 3색 LED 색깔을 변경해 출력해야 합니다. 따라서 온·습도 센서를 통해 온도, 습도, 불쾌지수를 계산한 후 u8glib 라이브러리를 사용해 OLED에 데이터를 출력합니다. 불쾌지수 데이터를 이용해 4단계 조건문을 만든 후 단계별로 colorPrint() 함수를 호출하면 3색 LED의 색깔을 달리 출력해 사용자에게 불쾌지수 단계를 시각적으로 알려줍니다.

DC 모터 출력과 회전 기능에서는 단계에 맞는 속도로 DC 모터가 회전해야 하며, 터치 이벤트가 1~3초간 지속해서 발생하면 서보 모터가 회전해야 합니다. DC 모터 회전을 위해 터치 이벤트가 발생하면 motorStep 변수를 1 증가시키고 motorStep를 매개변수로 해 motor_Control() 함수를 호출합니다. 함수 내에서 motorStep 값을 dcStep 변수가 저장해 각 단계에 맞는 속도로 DC 모터를 출력합니다. 4번째 단계에서는 DC 모터의 회전이 멈추고 motorStep 변수의 값도 0으로 초기화합니다.

회전 기능의 경우 터치 이벤트가 1~3초간 지속해서 발생하면 서보 모터의 회전 여부를 담당하는 rotateState 변수를 1 증가시킵니다. rotateState 변수의 값이 홀수이고 motorStep이 0이 아닐 때 서보 모터는 10~60° 범위 내에서 회전합니다. 회전하지 않을 때는 DC 모터가 사용자가 위치할 확률이 높은 정면을 향하도록 서보 모터를 30° 각도로 고정시킵니다.

자동 운전 모드에서는 터치 이벤트가 3초 초과해 발생하면 불쾌지수, 거리 데이터를 이용해 DC 모터가 자동으로 단계에 맞는 속도로 회전해야 합니다. 따라서 터치 이벤트가 3초 초과해 발생하면 자동 운전 여부를 담당하는 autoState 변수 값을 1 증가시킵니다. 즉, 자동 운전 모드에서 DC 모터가 회전하는 첫 번째 조건은 autoState 변수 값이 홀수일 때이고, 두 번째 조건은 불쾌지수가 높음 단계 이상이고, 세 번째 조건은 사용자와 거리가 50cm 이내일 때입니다. 이때 불쾌지수가 매우 높음 단계이고 거리가 50cm 이내이면 DC 모터는 3단계 속도로 회전하고, 불쾌지수가 높음 단계이고 거리가 50cm 이내이면 2단계 속도로 회전합니다. 다시 터치 이벤트가 3초를 초과해 발생하면 해당 기능은 멈춥니다.

◉ **코드 10-1** 스마트 선풍기 만들기

```
#include <Servo.h> //서보 모터 라이브러리 추가
#include <U8glib.h> //U8glib 라이브러리 추가
#include <DHT.h> //DHT 센서 라이브러리 추가

#define TRIG 2 //2번 핀을 Trig로 설정
#define ECHO 3 //3번 핀을 Echo로 설정
#define DHT_OUT 4 //4번 핀을 온·습도센서 out으로 설정
#define DC_MOTOR 5 //5번 핀으로 DC 모터 제어
#define SERVO 6 //6번 핀으로 서보 모터 제어
#define TOUCH 7 //7번 핀으로 터치 이벤트 처리
#define BLUE_PIN 9 //9번 핀으로 BLUE 제어
#define GREEN_PIN 10 //10번 핀으로 GREEN 제어
#define RED_PIN 11 //11번 핀으로 RED 제어
#define DHTTYPE DHT11 //DHTTYPE을 DHT11로 설정

//0.96인치 128x64 OLED
U8GLIB_SSD1306_128X64 u8g(U8G_I2C_OPT_NONE); //SSD1306 128X64 I2C 규격 선택
DHT dht(DHT_OUT, DHTTYPE); //DHT 센서 초기화
Servo myservo; //서보 모터 제어를 위한 객체 생성

int motorStep = 0; //DC 모터의 단계를 저장하는 변수
//불쾌지수가 높음 단계 이상이고 사람과의 거리가 50cm 이하일 때
//모터 속도 설정을 위한 임시 변수
int tempStep;
int rotateState = 0;  //서보 모터 회전 여부를 결정하는 변수
```

```cpp
int autoState = 0; //자동 운전에 대한 여부를 저장하는 변수
int pos = 0;    //서보 모터 위치 값을 저장하는 변수 선언
//프로그램이 실행된 후 터치 이벤트가 발생하기 전까지의 시간을 저장
unsigned long startTime;
unsigned long touchTime; //터치 이벤트가 지속적으로 발생한 시간을 저장

//3색 LED 색깔 출력과 관련된 colorPrint 함수 선언
void colorPrint(int red, int green, int blue);
//DC 모터 동작과 관련된 motor_Control 함수 선언
void motor_Control(int dcStep);

void setup() {
  //put your setup code here, to run once:
  pinMode(TRIG, OUTPUT); //TRIG 제어 핀 출력용으로 설정
  pinMode(ECHO, INPUT); //ECHO 제어 핀 입력용으로 설정
  pinMode(DC_MOTOR, OUTPUT); //DC 모터 제어 핀 출력용으로 설정
  pinMode(SERVO, OUTPUT); //서보 모터 제어 핀 출력용으로 설정
  pinMode(TOUCH, INPUT); //터치 센서 제어 핀 입력용으로 설정
  pinMode(RED_PIN, OUTPUT); //RED 핀 출력용으로 설정
  pinMode(GREEN_PIN, OUTPUT); //GREEN 핀 출력용으로 설정
  pinMode(BLUE_PIN, OUTPUT); //BLUE 핀 출력용으로 설정
  myservo.attach(SERVO); //서보 모터 제어를 위한 핀 설정
  dht.begin(); //DHT 제어 핀 설정
  Serial.begin(9600); //시리얼 통신 동기화
}

void loop() {
  //put your main code here, to run repeatedly:
  digitalWrite(TRIG, HIGH); //초음파를 발사
  delayMicroseconds(10); //2㎲ 유지
  digitalWrite(TRIG, LOW); //전압을 LOW로 설정
  //ECHO 핀이 HIGH로 유지된 시간을 duration 변수에 저장
  long duration = pulseIn(ECHO, HIGH);
```

```
if(duration == 0) //시간이 0이면 종료
{
  return;
}
//시간을 58로 나눠 cm 단위로 거리를 distance에 저장
long distance = duration / 58;

//습도 데이터를 읽어와 변수에 저장
float humidity = dht.readHumidity();
//온도 데이터를 읽어와 변수에 저장
float temperature = dht.readTemperature();
//불쾌지수를 계산해 변수에 저장
float di = (float)9/5*temperature-0.55*((float)1-humidity/100)*((float)9/
5*temperature-26)+32;

//데이터를 읽어오지 못했을 경우 loop() 함수 종료
if (isnan(humidity) || isnan(temperature)) {
  return;
}

u8g.firstPage(); //picture loop의 시작
do {
  u8g.setFont(u8g_font_fub14); //온도, 습도 폰트 지정
  u8g.setPrintPos(5, 20); //온도 데이터 출력 커서 설정
  u8g.print(temperature,1); //온도 데이터(소수점 첫째 자리) 출력
  u8g.print("\xb0""C"); //온도 기호(°C) 출력
  u8g.setPrintPos(70, 20); //습도 데이터 출력 커서 설정
  u8g.print(humidity,1); //습도 데이터(소수점 첫째 자리) 출력
  u8g.print("%"); //습도 기호(%) 출력
  u8g.setFont(u8g_font_fub20); //불쾌지수 폰트 지정
  u8g.setPrintPos(40, 55); //불쾌지수 데이터 출력 커서 설정
  u8g.print(di,1); //불쾌지수 데이터(소수점 첫째 자리) 출력
} while(u8g.nextPage()); //picture loop의 끝
```

```
//불쾌지수 단계에 따라 3색 LED 제어
if(di >= 80) //매우 높음 단계일 때
{
  colorPrint(255,0,0); //빨간색 출력
}
else if(di >= 75) //높음 단계일 때
{
  colorPrint(255,10,0); //주황색 출력
}
else if(di >= 68) //보통 단계일 때
{
  colorPrint(0,255,0); //초록색 출력
}
else //낮음 단계일 때
{
  colorPrint(0,0,255); //파란색 출력
}

int touchValue = digitalRead(TOUCH); //터치 이벤트 값을 touchValue에 저장
delay(200); //터치 이벤트 사이 0.2초 지연 시간 부여

if(touchValue == HIGH) //터치 이벤트가 발생했을 때
{
  motorStep++; //motorStep 1 증가

  motor_Control(motorStep); //motor_Control() 함수 호출
  //터치 이벤트가 지속적으로 발행하기 전까지의 시간을 startTime 변수에 저장
  startTime = millis();
  //손가락으로 터치 센서를 계속 누르고 있는 시간을 측정하기 위한 루프
  while(digitalRead(TOUCH) == HIGH);
  //터치 이벤트가 지속적으로 발생한 시간을 touchTime에 저장
  touchTime = millis() - startTime;
  //지속적으로 터치 이벤트가 발생한 시간이 1~3초 사이일 때 회전
  if(touchTime >= 1000 && touchTime <= 3000)
```

```
  {
    rotateState++; //회전 여부를 결정하는 rotateState 변수 1 증가
  }
 else if(touchTime > 3000) //터치 이벤트가 3초를 초과할 때
  {
    autoState++; //자동 운전 여부를 결정하는 autoState 변수 1 증가
  }
}
//rotateState 변수가 홀수이고 motorStep이 0이 아닐 때 실행
if((rotateState%2 == 1) && (motorStep != 0))
{
  //10~60°까지 1씩 증가시켜 루프를 돌림
  for (pos = 10; pos <= 60; pos += 1) {
  motor_Control(motorStep);
  myservo.write(pos);  //pos 변수 값의 위치로 회전(1도씩 회전)
  delay(15);  //서보 모터가 위치까지 도달할 수 있도록 15ms 대기
  }
  //60~10°까지 1씩 감소시켜 루프를 돌림
  for (pos = 60; pos >= 10; pos -= 1) {
  motor_Control(motorStep);
  myservo.write(pos);
  delay(15);
  }
}
else if(rotateState%2 == 0) //회전하지 않을 때 ❶
{
  myservo.write(30); //30°로 서보 모터 이동(정면을 향하도록 제어)
}

if(autoState%2 == 1) //autoState가 홀수일 때 자동 운전 모드
{
  //불쾌지수가 매우 높음 단계이고 사람과 거리가 50㎝ 이하일 때
  if(di >= 80 && distance <= 50)
  {
```

```
      motorStep = 3; //DC 모터 속도를 3단계로 설정
      motor_Control(motorStep); //최대 속도 출력
    }
    //불쾌지수가 높음 단계이고 사람과 거리가 50cm 이하일 때
    else if(di >= 75 && distance <= 50) ❷
    {
      tempStep = 2; //DC 모터 속도를 2단계로 설정
      if(motorStep > tempStep) //현재 DC 모터의 속도가 3단계일 때
      {
        motor_Control(motorStep); //현재 속도로 DC 모터 출력
      }
      else //현재 DC 모터의 속도가 2단계 이하일 때
      {
        motorStep = tempStep; //DC 모터의 속도를 2단계로 설정
        motor_Control(motorStep); //2단계 속도로 DC 모터 출력
      }
    }
    else //불쾌지수가 75 미만이거나 사람과 거리가 50cm 초과할 때
    {
      motorStep = 4; //모터 단계 4로 설정
      motor_Control(motorStep); //모터 멈춤
    }
  }
  Serial.print("touch count:");
  Serial.print(motorStep); //시리얼 모니터로 현재 DC 모터 단계 확인
  Serial.print("\tcontinuous time : ");
  Serial.print(touchTime); //시리얼 모니터로 이벤트 시간 확인
  Serial.print("\tdistance : ");
  Serial.println(distance); //시리얼 모니터로 거리 확인
}

void colorPrint(int red, int green, int blue) //colorPrint 함수 정의
{
  analogWrite(RED_PIN, red); //RED 핀 PWM 출력
```

```
    analogWrite(GREEN_PIN, green); //GREEN 핀 PWM 출력
    analogWrite(BLUE_PIN, blue); //BLUE 핀 PWM 출력
}

void motor_Control(int dcStep) //motor_Control 함수 정의
{
    switch(dcStep) //현재 DC 모터 속도 단계
    {
        case 1: //1단계
            analogWrite(DC_MOTOR, 85); //최대 속도의 1/3 속도 출력
            break;
        case 2: //2단계
            analogWrite(DC_MOTOR, 170); //최대 속도의 2/3 속도 출력
            break;
        case 3: //3단계
            analogWrite(DC_MOTOR, 255); //최대 속도 출력
            break;
        case 4:
            analogWrite(DC_MOTOR, 0); //모터 멈춤
            motorStep = 0; //motorStep 변수 0으로 초기화
            break;
    }
}
```

❶ 일반 선풍기는 회전하다가 멈추면 회전이 멈추는 시점에 선풍기 팬이 위치합니다. 그래
서 다시 선풍기를 작동시킬 때 팬 위치가 정면을 향하게 하려면 손으로 움직여줘야 합니
다. 스마트 선풍기에서는 팬이 회전을 멈추면 다음 사용자가 위치할 확률이 높은 정면을
향하도록 설정했습니다.

❷ 자동 운전 모드 시 불쾌지수가 높음 단계이고 사용자와 거리가 50cm 이내일 경우 DC
모터는 2단계 속도로 회전합니다. 만약 자동 운전 모드 전에는 3단계 속도로 회전하다가
자동 운전 모드 시 2단계 속도로 줄어들면 사용자에 따라 불편하겠죠? 따라서 DC 모터

가 현재 3단계 속도로 회전하고 있다면 속도를 유지합니다. 반대로 DC 모터가 자동 운전 모드 전 2단계 이하 속도로 회전하고 있다면 2단계 속도로 회전합니다.

4 결과 확인하기

 이 절의 실습 내용을 동영상으로 볼 수 있습니다.
QR 코드를 스캔하거나 http://bitly.kr/qBeEN4krf 페이지로 접속하세요.

결과는 네 가지 형태로 확인할 수 있습니다.

- DC 모터는 1~3단계까지 속도가 순차적으로 증가하고, 4단계일 때 멈춥니다.
- DC 모터의 단계가 1~3단계 사이이고, 1~3초 이내 터치 이벤트가 발생하면 서보 모터가 회전하고 DC 모터는 단계에 맞는 속도를 출력합니다.
- DC 모터는 자동 운전 모드일 때 불쾌지수가 높음 단계 이상이고 사람과의 거리가 50cm 이내일 때 단계에 맞는 속도로 회전합니다.
- 3색 LED가 불쾌지수 단계별로 다른 색깔을 출력합니다.

그림 10-2 1~3단계 DC 모터 출력

```
touch count:1    continuous time : 0    distance : 31
touch count:1    continuous time : 0    distance : 30
touch count:1    continuous time : 0    distance : 8
touch count:2    continuous time : 0    distance : 10
touch count:2    continuous time : 0    distance : 11
touch count:2    continuous time : 0    distance : 30
touch count:2    continuous time : 0    distance : 31
touch count:3    continuous time : 0    distance : 7
touch count:3    continuous time : 0    distance : 30
```

그림 10-3 서보 모터 회전과 DC 모터 출력

```
touch count:1    continuous time : 0       distance : 8
touch count:2    continuous time : 1610    distance : 8
touch count:2    continuous time : 0       distance : 32
touch count:2    continuous time : 0       distance : 31
touch count:3    continuous time : 2152    distance : 7
touch count:3    continuous time : 0       distance : 7
```

그림 10-4 자동 운전 모드 시 불쾌지수 단계와 거리에 따른 DC 모터 출력

```
touch count:0    continuous time : 0       distance : 34
touch count:2    continuous time : 3421    distance : 32
touch count:2    continuous time : 0       distance : 30
touch count:2    continuous time : 0       distance : 31
```

그림 10-5 불쾌지수 단계별 3색 LED 출력

5 디버깅하기

 이 절의 실습 내용을 동영상으로 볼 수 있습니다.
QR 코드를 스캔하거나 http://bitly.kr/exgO54BxR 페이지로 접속하세요.

불쾌지수가 75 이상 80 미만일 경우 3색 LED 출력 결과를 살펴보세요(그림 10-6). 불쾌지수가 높음 단계로 3색 LED는 주황색이 점등돼야 합니다. 그러나 불쾌지수가 매우 높음 단계를 나타내는 빨간색을 출력합니다. 프로그램 코드에는 문제가 없는데 왜 이와 같은 현상이 발생할까요?

이 프로젝트에서는 DC 모터, 서보 모터, 3색 LED에서 PWM을 사용합니다. PWM은 타이머(Timer)와 밀접한 관련이 있는데 서보 모터 라이브러리는 타이머 1~3 중 타이머 1을 사용합니다. 이때 타이머 1에 해당하는 9, 10번 핀은 PWM을 사용하지 못합니다. 불쾌지수 단계에 따라 3색 LED는 파란색, 초록색, 주황색, 빨간색을 출력합니다. 파란색, 초록색, 빨간색은 PWM을 사용하지 않아도 색깔 출력이 가능합니다. 주황색을 출력하기 위해서는 RGB(255,10,0) 값이 필요하므로 GREEN 핀은 PWM을 사용해야 합니다. 그러나 GREEN 핀은 10번 핀으로 설정돼 있어서 PWM을 사용할 수 없습니다. 그럼 어떻게 GREEN 핀에 PWM을 적용할 수 있을까요? 11번 RED 핀은 PWM을 사용할 수 있으므로 11번 핀을 3색 LED의 GREEN 핀으로 사용하고 10번 핀을 RED 핀으로 사용하면 됩니다.

구현된 하드웨어에서 3색 LED의 GREEN 핀을 11번 핀과 연결하고 RED 핀을 10번 핀과 연결합니다.

그림 10-6 3색 LED 핀 재설정

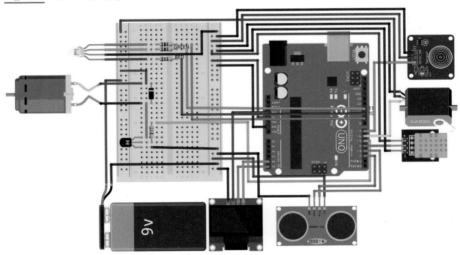

구현된 소프트웨어에서는 12번째 줄 #define GREEN_PIN 10을 #define GREEN_PIN 11로 수정하고 13번째 줄 #define RED_PIN 11을 #define RED_PIN 10으로 수정한 후 다시 업로드합니다.

```
#define GREEN_PIN 10 //10번 핀으로 GREEN 제어
#define RED_PIN 11 //11번 핀으로 RED 제어
                        ↓
#define GREEN_PIN 11 //GREEN_PIN을 11로 대체
#define RED_PIN 10 //RED_PIN을 10으로 대체
```

업로드 후 결과를 확인하면 불쾌지수가 높음(75 이상 80 미만) 단계일 때 주황색을 점등하고, 매우 높음(80 이상) 단계일 때 빨간색을 점등하는 것을 볼 수 있습니다.

그림 10-7 불쾌지수에 따른 LED 점등

높음 단계일 때 주황색 출력   매우 높음 단계일 때 빨간색 출력

6 외관 구현하기

외관 구현하기에 앞서 준비하기에서 고려한 사항을 정리하면 다음과 같습니다.

첫째, 초음파 센서는 자동 운전 모드 시 사람과의 거리를 측정할 때 사용합니다. 책상 위에서 스마트 선풍기를 사용한다고 가정할 때 초음파 센서를 너무 낮은 위치에 설치하면 책상 위 각종 물건으로 인해 거리 정확도가 낮아질 수 있습니다. 책상 위 장애물을 최대한 피하기 위해 스마트 선풍기 기둥 상단에 설치하겠습니다.

둘째, DC 모터와 서보 모터 지지대가 견고하게 고정되지 않으면 회전 시 DC 모터가 떨어질 수 있습니다. 순간 접착제를 사용해 DC 모터와 서보 모터 지지대를 견고하게 고정하겠습니다.

외관 구현하기에 앞서 실제 스마트 선풍기 제작과 관련해 구현된 하드웨어의 일부를 수정하겠습니다. 초음파 센서, OLED, 터치 센서, 온·습도 센서, 3색 LED를 브레드보드에서 분리해 각 핀에 암-수 점퍼 케이블의 암 케이블을 연결하고 수 케이블은 아두이노 보드 또는 브레드보드에 연결합니다.

그림 10-8 암-수 점퍼 케이블 연결

표 10-3 재료 목록

부품명	개수	비고
폼보드	약 3장	30cm×30cm, 두께 0.5cm
폼보드 접착제	1개	
커터칼	1개	
자	1개	30cm
연필	1개	
순간 접착제	1개	
드라이버	1개	

〈선풍기 바닥 재료〉　　　　　　　　　　　　　　　　　　(단위는 cm, - - - -은 절단선, Φ는 지름)

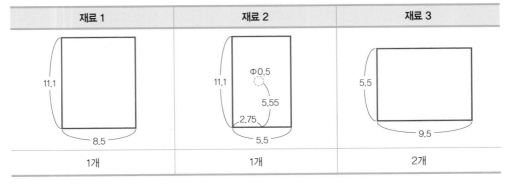

재료 1	재료 2	재료 3
11.1 / 8.5	11.1 / Φ0.5 / 5.55 / 2.75 / 5.5	5.5 / 9.5
1개	1개	2개

재료 4	재료 5	재료 6
5.3 1.5	1.5 3	0.3 1.5 0.6 1.1 1.5
1개	1개	1개

재료 7	재료 8
0.5 0.5 11.1 2.1 4.6 5.5	4.5 4.9 12.1 1.5 3.1 2.3 2.3 4.5 4.9 9.5
1개	1개

〈서보 모터 부분 재료〉

재료 9	재료 10	재료 11	재료 12
6 0.4 0.9 0.9 2.2	6 1.8	1.2 1.8	1.9 1.2 6 0.5 2.2 0.5 1.9 2.2
1개	2개	2개	1개

재료 13	재료 14	재료 15
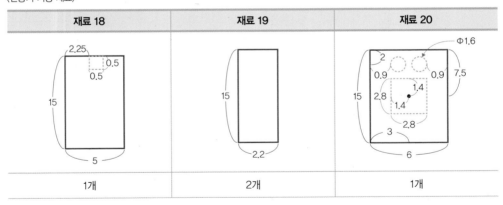		
1개	1개	2개

재료 16	재료 17	
1개	1개	

〈선풍기 기둥 재료〉

재료 18	재료 19	재료 20
1개	2개	1개

1 재료 1의 11.1cm 한 변의 옆면에 재료 2를 부착하고, 재료 1의 8.5cm 양 변의 옆면에 재료 3을 부착합니다.

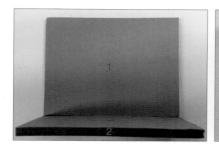 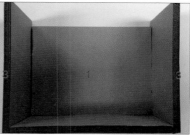

2 아두이노를 고정시키기 위한 재료 4를 재료 1에 부착합니다. 온·습도 센서를 고정시키기 위한 재료 5를 재료 4에 부착합니다.

 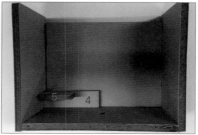

3 온·습도 센서를 재료 2와 5 사이에 넣고, 재료 6을 온·습도 센서와 암-수 점퍼 케이블이 연결된 부분에 꽂은 후 재료 4에 부착합니다. 그리고 3색 LED를 재료 2의 가운데 구멍에 고정시킵니다. 아두이노와 브레드보드를 재료 1에 놓고 재료 1의 11.1cm 나머지 변에 재료 7을 부착합니다.

 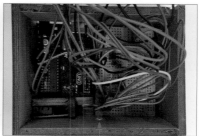

3색 LED

4 재료 10을 재료 9의 6cm 양 변의 윗면에 부착합니다. 폼보드 접착제를 사용해 서보 모터를 재료 9에 고정시키고 재료 9 홈으로 서보 모터 케이블을 빼낸 뒤 재료 11을 재료 9에 부착합니다.

5 서보 모터 지지대를 제거하고 재료 12를 재료 10, 11에 부착한 뒤 다시 서보 모터 지지대를 고정시킵니다. 단, 지지대를 고정시킬 때는 드라이버로 나사(서보 모터 부속품에 포함)를 돌려 지지대를 견고하게 고정시킵니다.

6 재료 14, 15를 재료 13 각 변의 옆면에 부착합니다. DC 모터의 중심축을 재료 14에 고정시키고 모터 두 단자에 연결된 케이블은 재료 13의 홈으로 빼낸 뒤 재료 16을 재료 13의 3.4cm 나머지 변에 부착합니다. 단, 재료 14 중앙을 DC 모터의 중심축으로 눌러 지름이 0.3cm 정도 되도록 구멍을 뚫은 뒤 DC 모터의 중심축을 삽입시킵니다.

7 재료 17을 재료 14, 15, 16에 부착하고, 재료 13의 중앙 부분을 서보 모터 지지대에 순간 접착제를 사용해 고정시킵니다. 그리고 재료 19를 재료 18에 부착하고 재료 18, 19를 재료 9에 부착합니다. 단, 재료 9와 부착 전 DC 모터의 케이블은 재료 18의 홈으로 넣고 서보 모터의 케이블도 재료 18, 19가 부착된 공간에 넣습니다. 케이블을 연장할 때는 DC 모터에서 납땜 연결한 케이블에 극마다 암-수 점퍼 케이블을 1개씩 추가로 연결하고, 서보 모터에 연결된 케이블에 수-수 점퍼 케이블을 1개씩 연결합니다.

8 재료 20 홈에 초음파 센서와 OLED를 고정시키고 재료 19에 부착합니다. 그리고 재료 8의 홈에 터치 센서를 고정시키고 재료 2, 3, 7에 부착한 뒤 기둥 재료 18, 19, 20과 부착합니다. 단, 재료 2, 3, 7에 재료 8을 부착하기 전에 기둥 안 모든 케이블이 재료 8의 홈으로 들어가도록 하고, 9V 건전지 스냅은 재료 7의 양변 0.5cm 홈으로 나오도록 한 뒤 재료 8을 부착합니다.

이 절의 실습 내용을 동영상으로 볼 수 있습니다.
QR 코드를 스캔하거나 http://bitly.kr/N1sSEGiqq 페이지로 접속하세요.

외관을 구현했으니 스마트 선풍기가 제대로 작동하는지 성능 테스트하겠습니다.

아두이노 USB 전용선을 아두이노에 연결하고, 9V 건전지 스냅에 9V 건전지를 연결합니다.
전원을 인가하면 OLED에 온도, 습도, 불쾌지수 데이터를 출력합니다. 불쾌지수 데이터 수
치에 따라 3색 LED는 색깔을 변화시켜 출력합니다. 터치 센서를 1번씩 누를 때마다 DC 모
터의 속도는 점차 빨라지고, 4번째 터치하면 멈춥니다. 터치 센서에 1~3초간 터치 이벤트
가 발생하면 서보 모터는 회전하고, 회전 중 동일한 터치 이벤트가 발생하면 회전을 멈춥니
다. 또한, 터치 이벤트가 3초를 초과해 발생하면 스마트 선풍기는 불쾌지수와 사람과의 거리
를 고려해 자동 운전 모드로 동작합니다. 동일한 터치 이벤트가 발생하면 자동 운전 모드는
멈추고 DC 모터는 정면을 향합니다.

그림 10-9 DC 모터 출력

1~3 단계 DC 모터 출력　　　　자동 운전 모드

그림 10-10 DC 모터 회전

미세먼지 센서

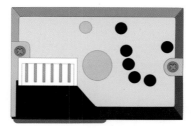

공기 중 미세먼지는 해를 거듭할수록 심해지고, 생활 전반에 많은 변화를 가져왔습니다. 앱(App)으로 미세먼지 농도를 확인해 실내에서는 공기청정기를 작동시키고 외부에서는 마스크를 착용하는 일이 흔한 광경이 됐습니다. 우리가 앱에서 매일 확인하는 미세먼지 농도는 어떻게 측정할까요? 미세먼지 농도를 사람의 눈으로 정확하게 파악할 수는 없고, 미세먼지를 측정할 수 있는 센서를 사용해야 합니다.

이 장에서 소개하는 미세먼지 센서(GP2Y1010AU0F)는 적외선 발광 다이오드(IRED)와 포토 트랜지스터로 반사광을 이용해 공기 중 미세먼지를 측정합니다. 출력 전압의 펄스 패턴을 통해 집 먼지와 연기를 구별할 수 있고 특히 담배 연기 같이 매우 미세한 입자를 검출하는 데 효과적입니다.

그림 11-1 미세먼지 센서(GP2Y1010AU0F)

그림 11-2 내부 회로도[1]

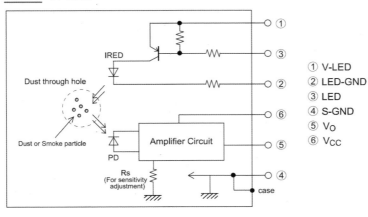

① V-LED
② LED-GND
③ LED
④ S-GND
⑤ V_O
⑥ V_{CC}

---

1 [출처] http://www.sharp-world.com/products/device/lineup/data/pdf/datasheet/gp2y1010au_e.pdf

미세먼지를 측정하는 과정, 즉 미세먼지 센서의 동작 원리를 한번 알아볼까요? 3번 핀을 통해 IRED를 제어할 수 있습니다. 3번 핀에서 LOW 신호가 PNP 트랜지스터에 인가되면 IRED가 점등돼 적외선을 발광시킵니다. 먼지에 의한 반사광을 포토 트랜지스터가 수신하고, 수신된 신호는 증폭 회로를 거쳐 5번 핀으로 출력됩니다.

그림 11-3 미세먼지 센서 입력 단자[2]

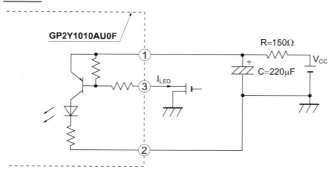

미세먼지 센서는 6개 핀으로 구성되는데 동작과 관련해 각 핀을 정리하면 다음과 같습니다.

- 1번 핀은 PNP 트랜지스터의 이미터 부분에 + 전원을 인가하는 핀으로 150Ω 저항과 220μF 전해 콘덴서가 연결된 접점 부분에 연결합니다.
- 2번 핀은 접지 처리합니다.
- 3번 핀은 IRED를 제어하므로 아두이노의 디지털 핀에 연결합니다.
- 4번 핀은 접지 처리합니다.
- 5번 핀으로 전압을 출력합니다. 단, 출력하는 전압은 0~1023V 범위의 값이며 아두이노의 아날로그 입력 핀에 연결해 처리합니다.
- 6번 핀에는 미세먼지 센서의 동작 전압을 인가합니다. 미세먼지 센서는 4.5~5.5V 전압에서 동작하므로 5V 전압을 인가합니다.

미세먼지 농도 수치를 출력하기 위해 데이터시트를 참고합시다. 전체 주기 10ms 중 0.32ms 시간 동안 펄스를 인가하면 IRED를 점등합니다.

---

2 [출처] http://www.sharp-world.com/products/device/lineup/data/pdf/datasheet/gp2y1010au_e.pdf

그림 11-4 입력 펄스

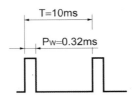

출력 펄스는 IRED를 점등한 0.32ms 시간 중 0.28ms 시간이 지난 시점에서 샘플링합니다. 샘플링한 출력 펄스는 0~1023V 범위 내 전압 값을 가지는데 출력 전압 값을 0~5V 범위 내 값으로 변경합니다.

그림 11-5 출력 펄스 샘플링 시간

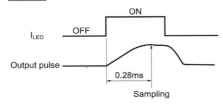

감도(Sensitivity) 특성을 살펴보면 일반적으로 $0.1mg/m^3$당 전압이 0.5V 변한다는 것을 의미합니다. 미세먼지 농도 단위는 $\mu g/m^3$입니다. $0.1mg/m^3$는 $100\mu g/m^3$이므로, $1\mu g/m^3$당 전압 변화율은 0.005V가 됩니다. 먼지가 없을 때 출력 전압(Output voltage at no dust)은 0.9V 정도라고 합니다.

그림 11-6 전기 광학 특성

(T_a=25℃, V_{CC}=5V)

Parameter	Symbol	Conditions	MIN.	TYP.	MAX.	Unit
Sensitivity	K	*1 *2 *3	0.35	0.5	0.65	$V/(0.1mg/m^3)$
Output voltage at no dust	V_{OC}	*2 *3	0	0.9	1.5	V

먼지가 최소인 상황에서 출력 전압을 직접 측정하면 측정하는 미세먼지 농도의 정확도를 높일 수 있습니다. 측정에 영향을 주는 요소인 외부 광을 차단하고 공기 중 먼지를 최소화해 측정한 출력 전압의 평균은 대략 0.3V가 나왔습니다. 공기 중 먼지가 있을 때 전압 값(V_O)에서 먼지가 없을 때 전압 값(V_{OC})을 뺀 후 감도 0.005로 나누면 $\mu g/m^3$당 미세먼지 농도 수치를 구할 수 있습니다.

그림 11-7 출력 전압과 먼지 농도의 관계

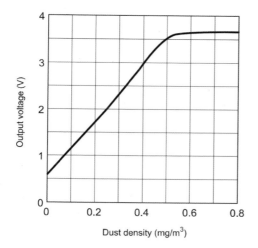

단위 변환

전자회로에서 자주 사용하는 단위를 알아보고 단위 간 변환을 살펴보겠습니다.

표 11-1 전자회로 단위와 단위 간 변환

단위 표기	10의 승수	단위 표기	10의 승수
K(킬로)	10^3	m(밀리)	10^{-3}
M(메가)	10^6	μ(마이크로)	10^{-6}

저항 100Ω을 KΩ으로 표시하면 어떻게 될까요? 단위가 10^3 차이가 나므로 숫자 100에서 소수점을 기준으로 앞으로 3칸 움직여 0.1KΩ이 됩니다. 전류 10mA를 μA로 표시하면 10^{-3} 차이가 나므로 소수점을 기준으로 뒤로 3칸 움직여 10000μA가 됩니다. A로 표시하면 10^3 차이가 나므로 소수점을 기준으로 앞으로 3칸 움직여 0.01A이 됩니다.

2 미세먼지 농도 수치 확인하기

이 절에서는 미세먼지 센서 소개에서 설명한 내용을 바탕으로 공기 중 미세먼지 농도 수치를 시리얼 통신으로 확인하겠습니다.

표 11-2 재료 목록

아두이노 보드 우노(Uno)	브레드보드 (400핀)	미세먼지 센서 (GP2Y1010AU0F)
1개	1개	1개
저항 (150Ω)	전해 콘덴서 (220μF)	점퍼 케이블 수(Male)–수(Male)
1개	1개	10개

2.1 하드웨어 구현하기

이 절의 실습 내용을 동영상으로 볼 수 있습니다.
QR 코드를 스캔하거나 http://bitly.kr/JS51DBZYw 페이지로 접속하세요.

미세먼지 센서를 브레드보드와 연결하려면 먼저 케이블을 연결해야 합니다. 미세먼지 센서에 포함된 6개 케이블은 규격 때문에 브레드보드에 직접 고정하기 어렵습니다. 따라서 점퍼 케이블과 납땜을 하거나 선을 감아서 연결하세요.

그림 11-8 점퍼 케이블 연결 방법

| 납땜 | 선을 감는 방법 |

1 150Ω 저항과 220μF 전해 콘덴서를 브레드보드에 연결합니다.

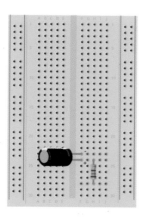

2 아두이노 5V, GND 핀을 브레드보드의 빨간색, 파란색 라인에 점퍼 케이블로 연결합니다.

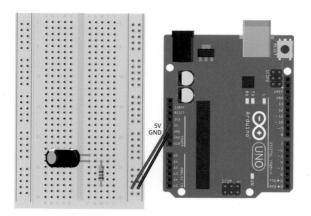

3 저항의 한쪽 핀에 5V 전압을 인가하고 전해 콘덴서의 −극은 접지 처리합니다.

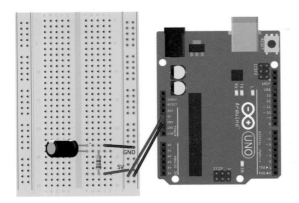

4 미세먼지 센서의 1번 핀을 저항과 전해 콘덴서의 접점 부분에 점퍼 케이블로 연결합니다.

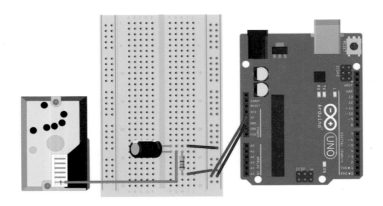

5 미세먼지 센서의 2번 핀을 접지 처리합니다.

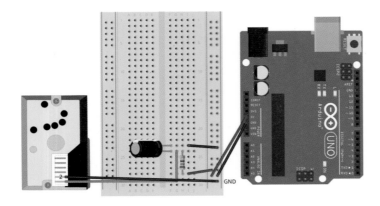

6 미세먼지 센서의 3번 핀을 아두이노의 2번 핀과 점퍼 케이블로 연결합니다.

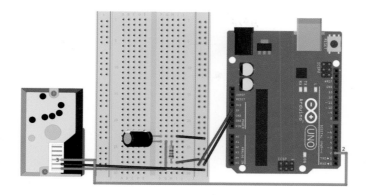

7 미세먼지 센서의 4번 핀을 접지 처리합니다.

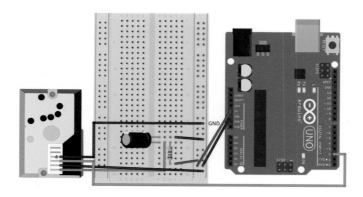

8 미세먼지 센서의 5번 핀과 아두이노 A0 핀을 점퍼 케이블로 연결합니다.

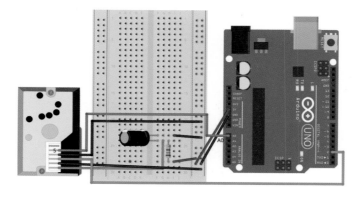

9 미세먼지 센서 6번 핀에 5V 전압을 인가합니다.

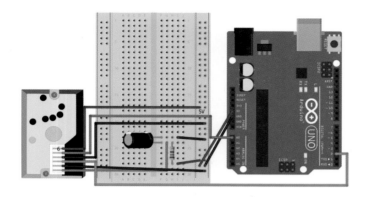

2.2 소프트웨어 구현하기(practice_11.ino)

이 절의 실습 내용을 동영상으로 볼 수 있습니다.
QR 코드를 스캔하거나 http://bitly.kr/JG7pYBHEo 페이지로 접속하세요.

미세먼지 센서 소개에서 제시한 순서대로 소프트웨어를 구현하겠습니다.

총 0.32ms 입력 펄스 길이 중 0.28ms 펄스 길이에서 출력 전압을 읽어오고 0.04ms가 지난 후 펄스를 종료합니다. 한 주기가 10ms이기 때문에 9.68ms 동안 대기합니다. 출력 전압은 0~1023V 범위의 값을 가지기 때문에 0~5V 범위의 값으로 바꿔주고 먼지가 없을 때의 전압 0.3V를 뺀 뒤 감도 0.005로 나눠 미세먼지 농도 수치를 계산합니다.

미세먼지 농도 수치의 정확도를 높이기 위해 sumDustDensity 변수는 30회 동안 수집한 미세먼지 농도 수치의 합계를 저장합니다. 루프가 끝나면 미세먼지 농도 수치의 평균을 구해 시리얼 모니터로 출력합니다.

```
#define INPUT_PULSE 2 //2번 핀으로 입력 펄스 인가
#define OUTPUT_VOLTAGE A0 //A0 핀으로 출력 전압 입력

float preVoltage = 0; //0~1023V 범위의 출력 전압
float voltage = 0; //0~5V 범위의 출력 전압
float dustDensity = 0; //미세먼지 농도 수치
float sumDustDensity = 0; //미세먼지 농도 수치 합
float avgDustDensity = 0; //미세먼지 농도 수치 평균

void setup()  {
  pinMode(INPUT_PULSE, OUTPUT); //2번 핀 출력으로 설정
  pinMode(OUTPUT_VOLTAGE, INPUT); //A0 핀 입력으로 설정
  Serial.begin(9600); //시리얼 통신 동기화
}

void loop() {
  sumDustDensity = 0; //미세먼지 농도 수치 합을 초기화
  for(int i=0;i<30;i++) //미세먼지 농도 수치 30회 측정
  {
    digitalWrite(INPUT_PULSE, LOW); //입력 펄스 인가
    delayMicroseconds(280); ❶
    //A0 핀으로부터 데이터를 읽어 preVoltage에 저장
    preVoltage = analogRead(OUTPUT_VOLTAGE);
    delayMicroseconds(40); //0.04ms 대기
    digitalWrite(INPUT_PULSE, HIGH); //입력 펄스 종료
    delayMicroseconds(9680); //9.68ms 대기
    //0~5 범위 전압 값으로 변환 후 voltage에 저장
    voltage = preVoltage * 5.0 / 1024.0;
    //미세먼지 농도 수치 dustDensity에 저장
    dustDensity = (voltage-0.3)/0.005;
    sumDustDensity += dustDensity; //미세먼지 농도 수치 합계
    delay(10); //데이터 계산 간 10ms 대기
  }
```

```
    //미세먼지 농도 수치의 평균 값을 avgDustDensity에 저장
    avgDustDensity = sumDustDensity / 30.0;
    Serial.print("dustDensity : "); //미세먼지 농도 수치 출력
    Serial.println(avgDustDensity);
    delay(1000);  //1초 대기
}
```

❶ 단위가 ms이기 때문에 delay() 함수를 쉽게 떠올릴 수 있습니다. 아두이노 홈페이지에서 delay() 함수의 매개변수를 찾아보면 unsigned long형임을 알 수 있습니다.

그림 11-9 delay() 함수 매개변수[3]

Syntax

delay(ms)

Parameters

ms: the number of milliseconds to pause. Allowed data types: unsigned long

즉, 매개변수 값으로 소수 값을 사용할 수 없다는 것을 의미합니다. delayMicroseconds() 는 마이크로초(μs) 단위 대기 함수로 매개변수로 unsigned int형을 사용합니다. 0.28ms=280μs이기 때문에 delayMicroseconds(280)으로 사용할 수 있습니다.

2.3 결과 확인하기

이 절의 실습 내용을 동영상으로 볼 수 있습니다.
QR 코드를 스캔하거나 http://bitly.kr/SGwefm1Ng 페이지로 접속하세요.

업로드를 완료하면 30회 수집한 미세먼지 농도 수치의 평균 값을 시리얼 모니터로 확인할 수 있습니다.

---

3 [출처] https://www.arduino.cc/reference/en/language/functions/time/delay/

그림 11-10 미세먼지 농도 수치 확인

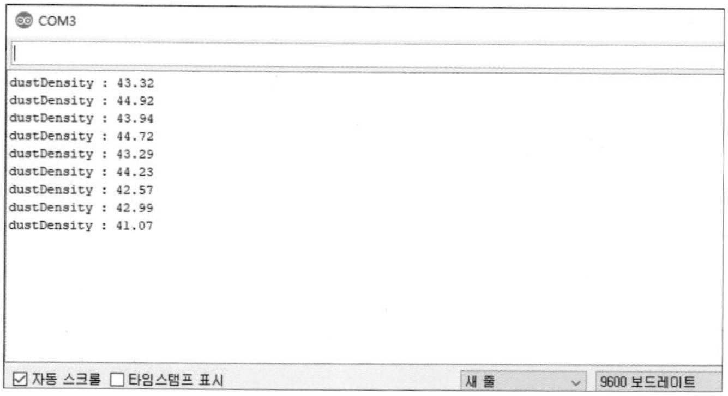

```
COM3

dustDensity : 43.32
dustDensity : 44.92
dustDensity : 43.94
dustDensity : 44.72
dustDensity : 43.29
dustDensity : 44.23
dustDensity : 42.57
dustDensity : 42.99
dustDensity : 41.07




☑ 자동 스크롤 ☐ 타임스탬프 표시          새 줄        ⌄  9600 보드레이트
```

3 | 응용 과제
미세먼지 농도 수치로 3색 LED 제어하기

미세먼지 농도 수치를 4단계로 나눠 3색 LED를 단계별로 색깔을 달리해 출력하겠습니다. 단계별 출력 색깔은 WHO 기준을 적용해 미세먼지 농도 수치가 30 이하일 때 좋음 단계(파란색), 31~50일 때 보통 단계(초록색), 51~100일 때 나쁨 단계(주황색), 101 이상일 때 매우 나쁨 단계(빨간색)입니다.

표 11-3 재료 목록

아두이노 보드 우노(Uno)	브레드보드 (400핀)	미세먼지 센서 (GP2Y1010AU0F)
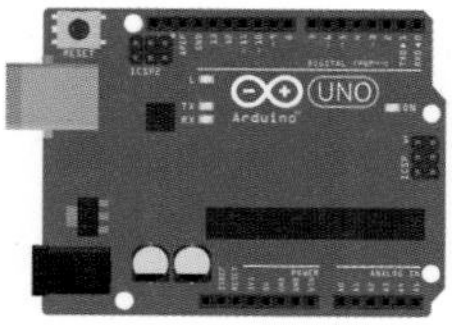	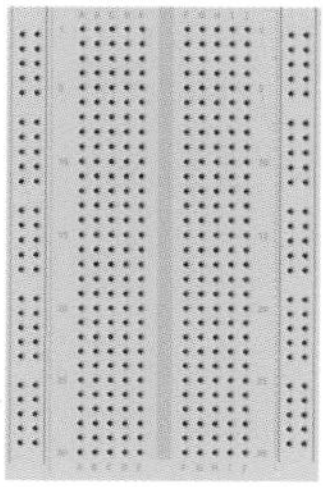	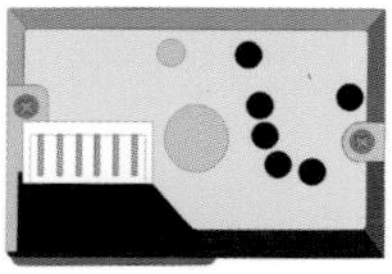
1개	1개	1개

3색 LED (캐소드 공통)	저항 (150Ω)	저항 (160Ω)
1개	1개	1개

저항 (100Ω)	전해 콘덴서 (220μF)	점퍼 케이블 수(Male)–수(Male)
2개	1개	14개

3.1 하드웨어 구현하기

이 절의 실습 내용을 동영상으로 볼 수 있습니다.
QR 코드를 스캔하거나 http://bitly.kr/UWzXXkU6P 페이지로 접속하세요.

11.2절에서 구현한 하드웨어에서 3색 LED를 추가하겠습니다.

1 3색 LED를 브레드보드에 꽂아줍니다. 단, 3색 LED의 가장 긴 다리(GND)가 밑에서 두
   번째에 위치하도록 부착합니다.

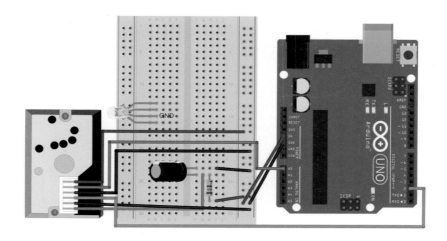

2 160Ω 저항 1개를 RED 핀과 같은 라인에 연결하고, 100Ω 저항 2개를 GREEN, BLUE
   핀과 같은 라인에 연결합니다.

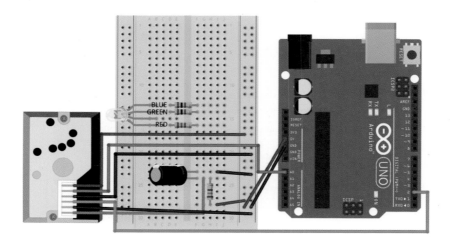

3 3색 LED의 GND 핀을 브레드보드의 파란색 라인에 점퍼 케이블로 연결합니다.

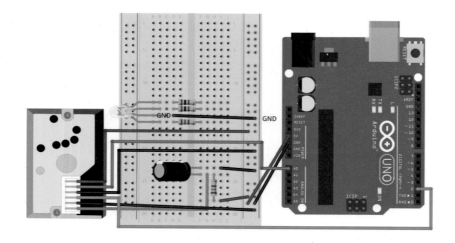

4 아두이노의 11번 핀과 3색 LED의 RED 핀과 연결된 160Ω 저항의 나머지 다리를 점퍼 케이블로 연결합니다.

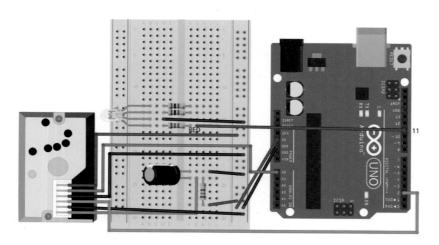

5 아두이노 10번 핀과 3색 LED의 GREEN 핀과 연결된 100Ω 저항의 나머지 다리를 점퍼 케이블로 연결합니다.

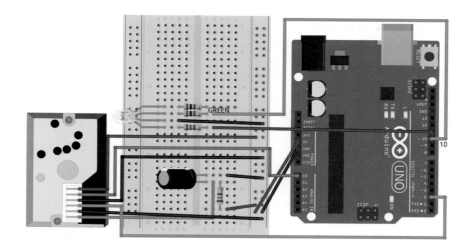

6 아두이노 9번 핀과 3색 LED의 BLUE 핀과 연결된 100Ω 저항의 나머지 다리를 점퍼 케이블로 연결합니다.

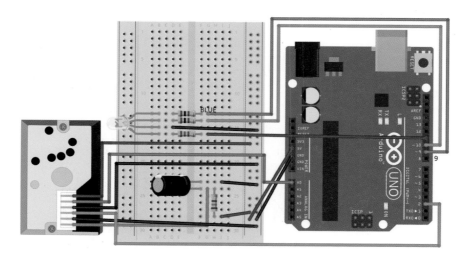

3.2 소프트웨어 구현하기(application_11.ino)

이 절의 실습 내용을 동영상으로 볼 수 있습니다.
QR 코드를 스캔하거나 http://bitly.kr/2STlHdYAy 페이지로 접속하세요.

미세먼지 농도 수치에 따라 3색 LED에 색깔을 출력하려면 먼저 미세먼지 농도 수치가 변수에 저장돼야 합니다. 미세먼지 농도 수치를 30회 수집해 평균 값을 계산한 뒤 avgDustDensity 변수에 저장합니다. 변수 값에 따라 3색 LED 색깔을 출력하기 위해 colorPrint() 함수를 호출합니다.

미세먼지 기준은 세계보건기구(WHO) 기준을 적용하겠습니다.

표 11-4 미세먼지 기준

미세먼지	좋음	보통	나쁨	매우 나쁨
WHO 기준	0~30	31~50	51~100	101~

변수 값이 101 이상이면 빨간색, 51 이상이면 주황색, 31 이상이면 초록색, 30 이하이면 파란색을 점등하도록 구현합니다.

● **코드 11-2** 미세먼지 농도 수치로 3색 LED 제어하기

```
#define INPUT_PULSE 2 //2번 핀으로 입력 펄스 인가
#define OUTPUT_VOLTAGE A0 //A0 핀으로 출력 전압 입력
#define RED_PIN 11 //11번 핀으로 RED 제어
#define GREEN_PIN 10 //10번 핀으로 GREEN 제어
#define BLUE_PIN 9 //9번 핀으로 BLUE 제어

float preVoltage = 0; //0~1023V 범위의 출력 전압
float voltage = 0; //0~5V 범위의 출력 전압
float dustDensity = 0; //미세먼지 농도 수치
float sumDustDensity = 0; //미세먼지 농도 수치 합
float avgDustDensity = 0; //미세먼지 농도 수치 평균

void colorPrint(int red, int green, int blue); //3색 LED 색깔 출력 함수 선언

void setup()  {
  pinMode(INPUT_PULSE, OUTPUT); //2번 핀 출력으로 설정
  pinMode(OUTPUT_VOLTAGE, INPUT); //A0 핀 입력으로 설정
  pinMode(RED_PIN, OUTPUT); //11번 핀 출력으로 설정
```

```
    pinMode(GREEN_PIN, OUTPUT); //10번 핀 출력으로 설정
    pinMode(BLUE_PIN, OUTPUT); //9번 핀 출력으로 설정
    Serial.begin(9600); //시리얼 통신 동기화
}

void loop() {
    sumDustDensity = 0; //미세먼지 농도 수치 합을 초기화
    for(int i=0;i<30;i++) //미세먼지 농도 수치 30회 측정
    {
        digitalWrite(INPUT_PULSE, LOW); //입력 펄스 인가
        delayMicroseconds(280); //0.28ms 대기
        //A0 핀으로부터 데이터를 읽어 preVoltage에 저장
        preVoltage = analogRead(OUTPUT_VOLTAGE);
        delayMicroseconds(40); //0.04ms 대기
        digitalWrite(INPUT_PULSE, HIGH); //입력 펄스 종료
        delayMicroseconds(9680); //9.68ms 대기
        //0~5 범위 전압 값으로 변환 후 voltage에 저장
        voltage = preVoltage * 5.0 / 1024.0;
        //미세먼지 농도 수치 dustDensity에 저장
        dustDensity = (voltage-0.3)/0.005;
        sumDustDensity += dustDensity; //미세먼지 농도 수치 합계
        delay(10); //데이터 계산 간 10ms 대기
    }
    //미세먼지 농도 수치의 평균 값을 avgDustDensity에 저장
    avgDustDensity = sumDustDensity / 30.0;
    Serial.print("dustDensity : "); //미세먼지 농도 수치 출력
    Serial.println(avgDustDensity);
    if(avgDustDensity >= 101) //매우 나쁨 단계
    {
        colorPrint(255,0,0); //빨간색 점등
    }
    else if(avgDustDensity >= 51) //나쁨 단계
    {
        colorPrint(255,10,0); //주황색 점등
```

```
    }
    else if(avgDustDensity >= 31) //보통 단계
    {
      colorPrint(0,255,0); //초록색 점등
    }
    else //좋음 단계
    {
      colorPrint(0,0,255); //파란색 점등
    }
    delay(1000); //1초 대기
  }
void colorPrint(int red, int green, int blue) //3색 LED 색깔 출력 함수 정의
{
  analogWrite(RED_PIN, red);
  analogWrite(GREEN_PIN, green);
  analogWrite(BLUE_PIN, blue);
}
```

3.3 결과 확인하기

이 절의 실습 내용을 동영상으로 볼 수 있습니다.
QR 코드를 스캔하거나 http://bitly.kr/mwaZkhYEt 페이지로 접속하세요.

미세먼지 농도 수치가 30 이하이면 좋음 단계로 파란색, 31~50이면 보통 단계로 초록색, 51~100이면 나쁨 단계로 주황색, 101 이상이면 매우 나쁨 단계로 빨간색을 점등합니다.

그림 11-11 미세먼지 농도 수치 확인하기

```
COM5 (Arduino/Genuino Uno)

dustDensity : 24.18   ❶
dustDensity : 29.31
dustDensity : 25.01
dustDensity : 35.56   ❷
dustDensity : 37.80
dustDensity : 96.01   ❸
dustDensity : 73.25
dustDensity : 125.06  ❹
```

그림 11-12 미세먼지 농도 데이터에 따른 3색 LED 점등

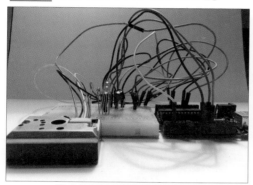

❶ 수치가 30 이하일 때 파란색 점등

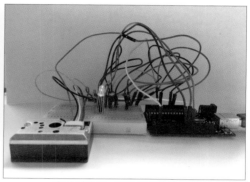

❷ 수치가 31~50일 때 초록색 점등

❸ 수치가 51~100일 때 주황색 점등

❹ 수치가 101 이상일 때 빨간색 점등

3색 LED 제어와 미세먼지 농도, 온·습도 데이터 OLED에 출력하기

17장 종합 프로젝트로 만들어볼 스마트홈 시스템의 첫 번째 기능을 구현하겠습니다. 공기 중 미세먼지 농도 데이터와 온·습도 데이터를 OLED에 출력하고, 미세먼지 농도 수치에 따라 3색 LED 색깔을 달리 출력함으로써 사용자에게 미세먼지 농도를 시각적으로 알려주도록 구현하겠습니다.

표 11-5 재료 목록

아두이노 보드 우노(Uno)	브레드보드 (400핀)	온·습도 센서 (DHT11)	OLED (128X64 I²C)
1개	1개	1개	1개
미세먼지 센서 (GP2Y1010AU0F)	3색 LED (캐소드 공통)	저항 (150Ω)	저항 (160Ω)
1개	1개	1개	1개

저항 (100Ω)	전해 콘덴서 (220μF)	점퍼 케이블 수(Male)–수(Male)	
2개	1개	21개	

4.1 하드웨어 구현하기

이 절의 실습 내용을 동영상으로 볼 수 있습니다.
QR 코드를 스캔하거나 http://bitly.kr/EhbsisgLW 페이지로 접속하세요.

응용 과제에서 구현한 하드웨어에서 온 · 습도 센서와 OLED를 추가로 연결하겠습니다.

1 온 · 습도 센서와 OLED를 브레드보드에 꽂습니다.

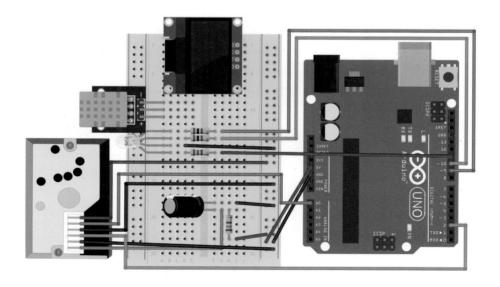

2 온 · 습도 센서와 OLED GND 핀을 브레드보드의 파란색 라인으로 연결합니다.

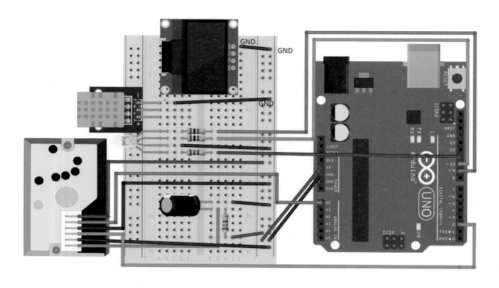

3 온 · 습도 센서 + 핀을 브레드보드의 빨간색 라인에 점퍼 케이블로 연결합니다.

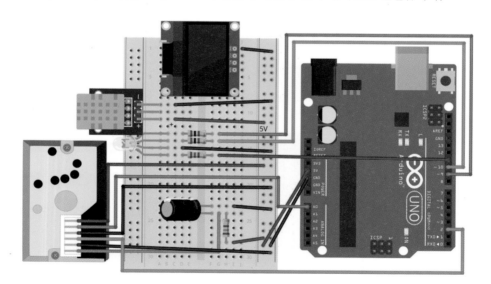

4 아두이노 3번 핀과 온·습도 센서 out 핀을 점퍼 케이블로 연결합니다.

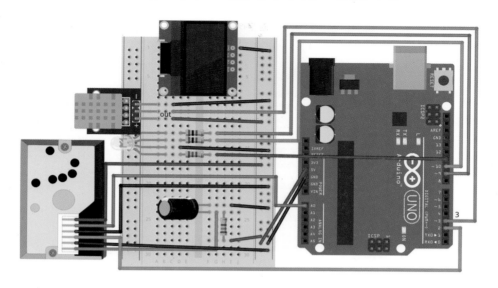

5 아두이노 3.3V 핀과 OLED VCC 핀을 점퍼 케이블로 연결합니다.

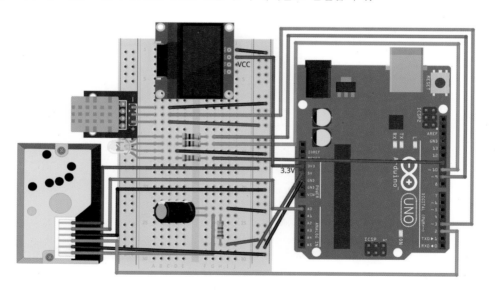

6 아두이노 A5 핀과 OLED SCL 핀을 점퍼 케이블로 연결합니다.

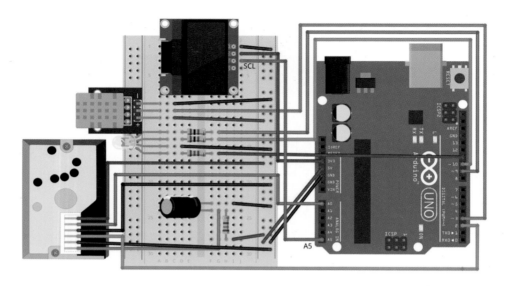

7 아두이노 A4 핀과 OLED SDA 핀을 점퍼 케이블로 연결합니다.

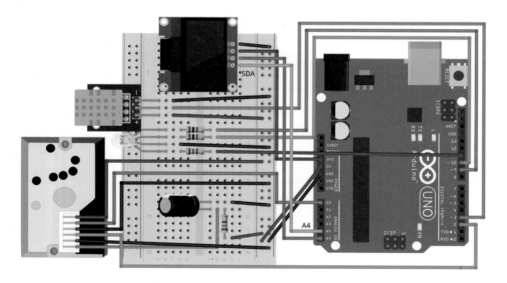

4.2 소프트웨어 구현하기(semiProject_11.ino)

 이 절의 실습 내용을 동영상으로 볼 수 있습니다.
QR 코드를 스캔하거나 http://bitly.kr/t6FVf5LDU 페이지로 접속하세요.

온·습도 센서와 미세먼지 센서를 통해 온도, 습도, 미세먼지 데이터를 읽어옵니다. 읽어온 데이터는 U8glib 라이브러리를 사용해 OLED에 출력해 사용자에게 알려줍니다.

스마트홈 시스템에서는 온도, 습도 데이터보다 미세먼지 데이터가 더 중요한 역할을 수행하므로 출력 시 온도, 습도 데이터는 OLED 상단에, 미세먼지 데이터는 중앙에 표시합니다. 크기 또한 온도, 습도 데이터보다 미세먼지 데이터를 크게 출력합니다. 미세먼지 수치에 따라 3색 LED는 각 단계에 맞는 색깔을 출력합니다.

◉ **코드 11-3** 미세먼지 농도 데이터, 온·습도 데이터를 OLED에 출력하고, 미세먼지 수치에 따라 3색 LED 제어

```
#include <U8glib.h> //U8glib 라이브러리 추가
#include <DHT.h> //DHT 센서 라이브러리 추가

#define INPUT_PULSE 2 //2번 핀으로 입력 펄스 인가
#define OUTPUT_VOLTAGE A0 //A0 핀으로 출력 전압 입력
#define RED_PIN 11 //11번 핀으로 RED 핀 제어
#define GREEN_PIN 10 //10번 핀으로 GREEN 핀 제어
#define BLUE_PIN 9 //9번 핀으로 BLUE 핀 제어
#define DHTPIN 3 //Signal 핀 설정
#define DHTTYPE DHT11 //온·습도 센서 타입 설정
//0.96인치 128x64 OLED
//SSD1306 128X64 I2C 규격 선택
U8GLIB_SSD1306_128X64 u8g(U8G_I2C_OPT_NONE);
DHT dht(DHTPIN, DHTTYPE); //온·습도 센서 초기화

float preVoltage = 0; //0~1023V 범위의 출력 전압
float voltage = 0; //0~5V 범위의 출력 전압
```

```arduino
float dustDensity = 0; //미세먼지 농도 수치
float sumDustDensity = 0; //미세먼지 농도 수치 합
float avgDustDensity = 0; //미세먼지 농도 수치 평균
float humidity, temperature; //온도, 습도 변수 선언

void colorPrint(int red, int green, int blue); //3색 LED 색깔 출력 함수 선언

void setup()   {
  pinMode(INPUT_PULSE, OUTPUT); //2번 핀 출력으로 설정
  pinMode(OUTPUT_VOLTAGE, INPUT); //A0 핀 입력으로 설정
  pinMode(RED_PIN, OUTPUT); //11번 핀 출력으로 설정
  pinMode(GREEN_PIN, OUTPUT); //10번 핀 출력으로 설정
  pinMode(BLUE_PIN, OUTPUT); //9번 핀 출력으로 설정
  dht.begin(); //핀 설정
}

void loop() {
  humidity = dht.readHumidity(); //습도 데이터 읽기
  temperature = dht.readTemperature(); //온도 데이터 읽기
  sumDustDensity = 0; //미세먼지 농도 수치 합을 초기화
  for(int i=0;i<30;i++) //미세먼지 농도 수치 30회 측정
  {
    digitalWrite(INPUT_PULSE, LOW); //입력 펄스 인가
    delayMicroseconds(280); //0.28ms 대기
    //A0 핀으로부터 데이터를 읽어 preVoltage에 저장
    preVoltage = analogRead(OUTPUT_VOLTAGE);
    delayMicroseconds(40); //0.04ms 대기
    digitalWrite(INPUT_PULSE, HIGH); //입력 펄스 종료
    delayMicroseconds(9680); //9.68ms 대기
    //0~5 범위 전압 값으로 변환 후 voltage에 저장
    voltage = preVoltage * 5.0 / 1024.0;
    //미세먼지 농도 수치 dustDensity에 저장
    dustDensity = (voltage-0.3)/0.005;
    sumDustDensity += dustDensity; //미세먼지 농도 수치 합계
```

```
    delay(10); //데이터 계산 간 10ms 대기
  }
  //미세먼지 농도 수치의 평균 값을 avgDustDensity에 저장
  avgDustDensity = sumDustDensity / 30.0;

  if(avgDustDensity >= 101) //매우 나쁨 단계
  {
    colorPrint(255,0,0); //빨간색 점등
  }
  else if(avgDustDensity >= 51) //나쁨 단계
  {
    colorPrint(255,10,0); //주황색 점등
  }
  else if(avgDustDensity >= 31) //보통 단계
  {
    colorPrint(0,255,0); //초록색 점등
  }
  else //좋음 단계
  {
    colorPrint(0,0,255); //파란색 점등
  }
  u8g.firstPage(); //picture loop의 시작
  do {
    u8g.setFont(u8g_font_fub14); //온도, 습도 폰트 지정
    u8g.setPrintPos(5, 20); //온도 데이터 출력 커서 설정
    u8g.print(temperature,1); //온도 데이터(소수점 첫째 자리) 출력
    u8g.print("\xb0""C"); //온도 기호(°C) 출력
    u8g.setPrintPos(70, 20); //습도 데이터 출력 커서 설정
    u8g.print(humidity,1); //습도 데이터(소수점 첫째 자리) 출력
    u8g.print("%"); //습도 기호(%) 출력
    u8g.setFont(u8g_font_fub20); //미세먼지 농도 수치 폰트 지정
    u8g.setPrintPos(40, 55); //미세먼지 농도 수치 출력 커서 설정
    u8g.print(avgDustDensity,1); //미세먼지 농도 수치(소수점 첫째 자리) 출력
  } while(u8g.nextPage()); //picture loop의 끝
```

```
    delay(1000);  //1초 대기
  }
void colorPrint(int red, int green, int blue) //3색 LED 색깔 출력 함수 정의
{
  analogWrite(RED_PIN, red);
  analogWrite(GREEN_PIN, green);
  analogWrite(BLUE_PIN, blue);
}
```

4.3 결과 확인하기

이 절의 실습 내용을 동영상으로 볼 수 있습니다.
QR 코드를 스캔하거나 http://bitly.kr/jMbhd84x 페이지로 접속하세요.

업로드를 완료하면 OLED 상단에는 온도와 습도 데이터, 중앙에는 미세먼지 농도 수치를
출력합니다. 3색 LED는 미세먼지 농도 수치에 따라 색깔을 달리해 출력합니다.

그림 11-13 OLED와 3색 LED 출력 확인

인체 감지 센서

1 인체 감지 센서 소개

인체 감지 센서는 PIR(Passive Infrared) 센서라고도 부르며, 인체 움직임을 감지하는 센서입니다. 생활 속에서 인체 감지 센서가 사용되는 곳을 찾아볼까요? 가정 내 현관이나 복도에 달린 LED 등은 평소에 꺼져 있다가 움직임을 감지하면 불이 켜집니다. 인체 감지 센서가 움직임을 파악하면 LED 등을 켜도록 만들어진 시스템입니다.

인체 감지 센서가 움직임을 감지할 수 있는 범위는 어느 정도 될까요? 인체 감지 센서는 110° 각도 내에서 최대 7m까지 감지할 수 있습니다. 일반적으로 많이 사용하는 HC-SR501 인체 감지 센서를 살펴보겠습니다.

그림 12-1 인체 감지 센서(HC-SR501)

인체 감지 센서는 3개 핀과 조절 컨트롤로 구성됩니다. Time Delay Adjust 컨트롤은 움직임을 감지했을 때 출력하는 HIGH 신호의 시간 지연을 3초에서 최대 5분까지 조절할 수 있습니다. 그림 12-1처럼 반구 형태의 뚜껑을 위로 향하게 한 후 시계 방향으로 돌리면 시간 지연이 점점 길어지고 반시계 방향으로 돌리면 시간 지연이 점점 짧아집니다.

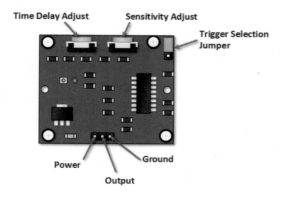
그림 12-2 인체 감지 센서 핀과 컨트롤[1]

Sensitivity Adjust 컨트롤은 3~7m에서 감지 범위를 조절할 수 있습니다. 시계 방향으로 돌리면 감지 거리가 짧아지고 반시계 방향으로 돌리면 감지 거리가 길어집니다.

Trigger Selection Jumper는 단일 트리거(Trigger) 또는 반복 트리거를 설정할 때 사용합니다. 단일 트리거는 첫 움직임을 감지하고 바로 시간 지연을 시작하므로 설정한 시간 지연 동안 움직임을 감지하지 않습니다. 반면, 반복 트리거는 마지막 움직임을 감지한 이후부터 시간 지연을 시작합니다.

핀을 살펴보면 인체 감지 센서의 동작 전압은 5~20V이고 권장 전압은 5V이기 때문에 아두이노 5V 핀과 Power 핀을 연결합니다. 움직임이 감지되지 않았을 때 LOW, 움직임이 감지됐을 때 HIGH 신호가 출력되므로 Output 핀은 아두이노 디지털 핀과 연결하고 Ground는 접지 처리합니다.

감지 이벤트를 확인하기 전에 인체 감지 센서의 중요한 감지 특성을 살펴보겠습니다.

인체 감지 센서는 설정한 시간 지연 동안 HIGH 신호를 출력한 후 2.5~3초 정도 LOW 신호를 출력하는 차단 시간이 있습니다. 차단 시간 동안에는 LOW 신호를 출력하고 움직임은 감지하지 못합니다. 차단 시간은 기본적으로 2.5~3초 정도이지만, 인체 감지 센서에 따라 0~수십 초로 설정할 수도 있습니다. 예를 들어 단일 트리거 모드에서 시간 지연을 3초로 설정했을 경우 첫 움직임을 감지하고 3초 동안 HIGH 신호를 유지하고 이후 3초 동안 LOW 신호를 출력하면서 움직임을 감지하지 못합니다.

---

1 [출처] http://henrysbench.capnfatz.com/henrys-bench/arduino-sensors-and-input/arduino-hc-sr501-motion-sensor-tutorial/

<u>그림 12-3</u> 시간 지연 후 차단 시간 3초 예[2]

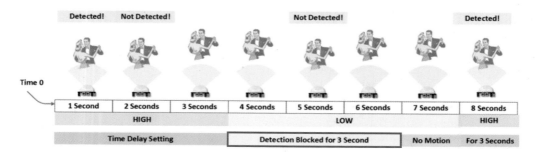

2 감지 이벤트 확인하기

Time Delay Adjust 컨트롤은 반시계 방향으로 끝까지 돌려 시간 지연을 3초로 설정하고, Sensitivity Adjust 컨트롤은 시계 방향으로 끝까지 돌려 3m로 설정한 후 시리얼 통신을 이용해 감지 이벤트를 확인하겠습니다.

<u>표 12-1</u> 재료 목록

아두이노 보드 우노(Uno)	인체 감지 센서 (HC-SR501)	점퍼 케이블 암(Female)-수(Male)
1개	1개	3개

---

2 [출처] http://henrysbench.capnfatz.com/henrys-bench/arduino-sensors-and-input/arduino-hc-sr501-motion-sensor-tutorial/

이 절의 실습 내용을 동영상으로 볼 수 있습니다.
QR 코드를 스캔하거나 http://bitly.kr/WE3Hjb2Oh 페이지로 접속하세요.

1 인체 감지 센서 3개의 핀에 암-수 점퍼 케이블을 연결합니다. 인체 감지 센서 흰색 뚜껑을 열면 각 핀의 용도를 확인할 수 있습니다.

2 아두이노 5V 핀과 인체 감지 센서 VCC 핀을 점퍼 케이블로 연결합니다.

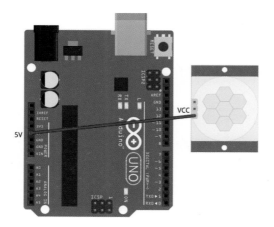

3 아두이노 GND 핀과 인체 감지 센서 GND 핀을 점퍼 케이블로 연결합니다.

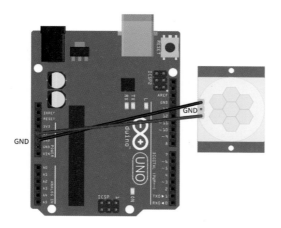

4 아두이노 7번 핀과 인체 감지 센서 OUT 핀을 점퍼 케이블로 연결합니다.

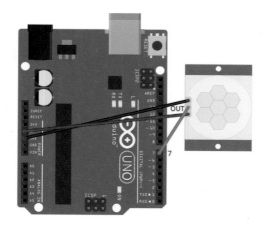

2.2 소프트웨어 구현하기(practice_12.ino)

 이 절의 실습 내용을 동영상으로 볼 수 있습니다.
QR 코드를 스캔하거나 http://bitly.kr/QhxQJu5in 페이지로 접속하세요.

인체 감지 센서의 움직임 감지 결과를 어떻게 확인할 수 있을까요? 7번 핀이 인체 감지 센서 OUT 핀과 연결됐죠? 따라서 7번 핀의 신호를 digitalRead( ) 함수로 읽으면 됩니다. 인체 감지 센서는 움직임을 감지했을 때 HIGH, 움직임을 감지하지 못했을 때 LOW 신호를 출력하므로 각 신호에 맞게 출력 메시지를 다르게 구현합니다.

◉ 코드 12-1 감지 이벤트 확인하기

```
#define PIR_PIN 7 //움직임 감지 신호 처리 핀

void setup() {
  //put your setup code here, to run once:
  pinMode(PIR_PIN, INPUT); //7번 핀을 입력으로 설정
  Serial.begin(9600); //시리얼 통신 초기화
}


void loop() {
  //put your main code here, to run repeatedly:
  int value = digitalRead(PIR_PIN); //움직임 감지 신호를 value 변수에 저장
  if(value == HIGH) //움직임을 감지했을 경우
  {
    Serial.println("Detected"); //시리얼 모니터에 Detected 메시지 출력
  }
  else //움직임을 감지하지 못했을 경우
  {
    //시리얼 모니터에 Not detected 메시지 출력
    Serial.println("Not detected");
  }
  delay(1000); //1초간 지연
}
```

2.3 결과 확인하기

이 절의 실습 내용을 동영상으로 볼 수 있습니다.
QR 코드를 스캔하거나 http://bitly.kr/cBNIC2OJI 페이지로 접속하세요.

이 장에서 사용한 인체 감지 센서의 차단 시간은 대략 6초입니다. 움직임을 감지하면 설정한 시간지연 3초간 Detected 메시지를 출력하고(❶), 차단 시간 6초 동안은 움직임을 감지하지 못하므로 Not detected 메시지를 출력합니다(❷).

그림 12-4 감지 이벤트 결과 확인하기

---

3 | 응용 과제
침입 감지 시스템
- 움직임 감지 시 스피커 출력하기

한밤중 누군가가 창문을 통해 집 안으로 침입하는 모습을 상상해볼까요? 침입을 감지할 수 있는 장치가 설치되지 않았다면 어떨까요? 반대로, 움직임을 포착하면 경고음을 울리는 장치가 있었다면 어떨까요? 당연히 장치가 있는 편이 더 나을 것입니다.

이 절에서는 인체 감지 센서와 스피커를 사용해 움직임을 감지했을 때 경고음을 출력하는 침입 감지 시스템을 구현하겠습니다.

표 12-2 재료 목록

아두이노 보드 우노(Uno)	브레드보드 (400핀)	인체 감지 센서 (HC-SR501)
1개	1개	1개
피에조 스피커 (수동형)	점퍼 케이블 암(Female)-수(Male)	점퍼 케이블 수(Male)-수(Male)
1개	3개	2개

3.1 하드웨어 구현하기

이 절의 실습 내용을 동영상으로 볼 수 있습니다.

QR 코드를 스캔하거나 http://bitly.kr/nGH2A97JL 페이지로 접속하세요.

감지 이벤트 확인하기에서 구현한 하드웨어에 피에조 스피커를 추가합니다.

1 피에조 스피커를 브레드보드에 꽂습니다.

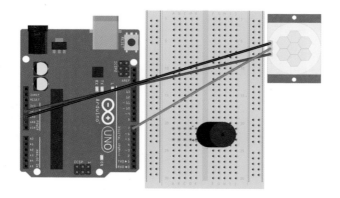

2 아두이노 GND 핀과 피에조 스피커의 −극을 점퍼 케이블로 연결합니다.

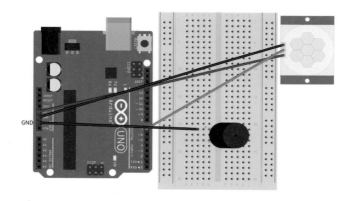

3 아두이노 6번 핀과 피에조 스피커의 +극을 점퍼 케이블로 연결합니다.

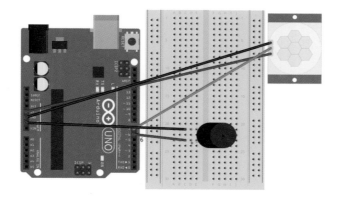

3.2 소프트웨어 구현하기(application_12.ino)

이 절의 실습 내용을 동영상으로 볼 수 있습니다.
QR 코드를 스캔하거나 http://bitly.kr/u3r2lWJQv 페이지로 접속하세요.

인체 감지 센서가 움직임을 감지했을 때 피에조 스피커에서 경고음을 출력해야 합니다. 7번 핀에서 읽은 신호가 HIGH일 때 피에조 스피커는 음계 주파수가 다른 두 음을 20회 출력합니다.

● **코드 12-2** 움직임 감지 시 스피커 출력하기

```
#define PIR_PIN 7 //움직임 감지 신호 처리 핀
#define PIEZO 6 //피에조 스피커 제어 핀

void setup() {
  //put your setup code here, to run once:
  pinMode(PIR_PIN, INPUT); //7번 핀을 입력으로 설정
  pinMode(PIEZO, OUTPUT); //6번 핀을 출력으로 설정
}

void loop() {
  //put your main code here, to run repeatedly:
  int value = digitalRead(PIR_PIN); //움직임 감지 신호를 value 변수에 저장
  if(value == HIGH) //움직임을 감지했을 경우
  {
    for(int i=0;i<20;i++) //20회 소리 출력
    {
      tone(PIEZO,523,250); //523Hz 대역의 음을 0.25초 출력
      delay(200); //음 전환을 위해 0.2초 대기
      tone(PIEZO,783,250); //783Hz 대역의 음을 0.25초 출력
      delay(200);
    }
```

```
    }
}
```

3.3 결과 확인하기

이 절의 실습 내용을 동영상으로 볼 수 있습니다.
QR 코드를 스캔하거나 http://bitly.kr/yDX11deeP 페이지로 접속하세요.

움직임을 감지하면 높낮이가 다른 두 음이 20회 출력됩니다.

그림 12-5 경고음 출력 확인하기

> **TIP**
>
> **피에조 스피커**
>
> • 종류
>
>   능동형: 하나의 음만 일정하게 출력하는 스피커
>
>   수동형: 음계 주파수를 이용해 다양한 음을 출력하는 스피커
>
> • 함수 종류
>
> | 함수명 | 기능 |
> | --- | --- |
> | tone(핀 번호, 음계 주파수, 재생 시간) | 핀 번호: 피에조 스피커의 +극이 연결된 아두이노 핀 번호
음계 주파수: 출력할 음의 주파수 값, 단위는 Hz
재생 시간: 음의 출력 시간, 단위는 밀리초(ms) |
> | noTone(핀 번호) | 음의 출력을 중단하는 함수 |

• 음계 주파수

음계마다 고유 주파수 값이 있으며, 음계와 옥타브가 올라갈수록 주파수 값은 높아집니다.

(단위: Hz)

옥타브 음계	1	2	3	4	5	6	7	8
도	32.7032	65.4064	130.8128	261.6256	523.2511	1046.502	2093.005	4186.009
레	36.7081	73.4162	146.8324	293.6648	587.3295	1174.659	2349.318	4698.636
미	41.2034	82.4069	164.8138	329.6276	659.2551	1318.510	2637.020	5274.041
파	43.6535	87.3071	174.6141	349.2282	698.4565	1396.913	2793.826	5587.652
솔	48.9994	97.9989	195.9977	391.9954	783.9909	1567.982	3135.963	6271.927
라	55.0000	110.0000	220.0000	440.0000	880.0000	1760.000	3520.000	7040.000
시	61.7354	123.4708	246.9417	493.8833	987.7666	1975.533	3951.066	7902.133

4 | Semi 프로젝트　움직임 감지 시 LED 점등하기

17장 종합 프로젝트인 스마트홈 시스템에 사용할, 현관에 움직임이 감지되면 자동으로 LED 가 점등되는 시스템을 구현하겠습니다. 이 절에서 사용된 인체 감지 센서는 시간 지연 3초, 측정 범위는 3m로 설정했고 시간 지연 후 차단 시간은 약 6초입니다.

표 12-3 재료 목록

아두이노 보드 우노(Uno)	브레드보드 (400핀)	인체 감지 센서 (HC-SR501)	LED (5mm 흰색)
1개	1개	1개	1개

저항 (220Ω)	점퍼 케이블 암(Female)-수(Male)	점퍼 케이블 수(Male)-수(Male)	
1개	3개	2개	

4.1 하드웨어 구현하기

이 절의 실습 내용을 동영상으로 볼 수 있습니다.
QR 코드를 스캔하거나 http://bitly.kr/jmYTV7VdH 페이지로 접속하세요.

감지 이벤트 확인하기에서 구현한 하드웨어에서 LED를 추가해 하드웨어를 구현합니다.

1 LED를 브레드보드에 꽂고, LED의 −극과 일직선상에 220Ω 저항을 연결합니다.

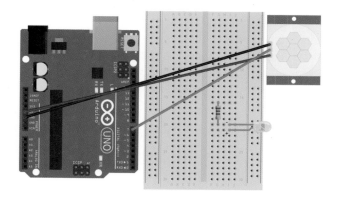

2 아두이노의 GND 핀과 220Ω 저항의 나머지 한쪽을 점퍼 케이블로 연결합니다.

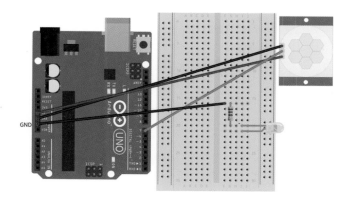

3 아두이노 6번 핀과 LED의 +극을 점퍼 케이블로 연결합니다.

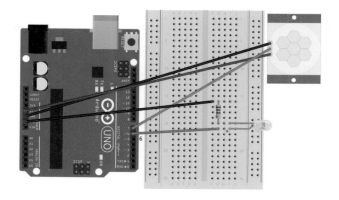

4.2 소프트웨어 구현하기(semiProject_12.ino)

이 절의 실습 내용을 동영상으로 볼 수 있습니다.
QR 코드를 스캔하거나 http://bitly.kr/PG4nAx1SR 페이지로 접속하세요.

인체 감지 센서가 움직임을 감지했을 때 LED를 점등합니다. 인체 감지 센서에 설정한 시간 지연이 3초이고, 차단 시간이 6초이므로 9초 동안 점등 상태를 유지하도록 구현하겠습니다.

● **코드 12-3** 움직임 감지 시 LED 점등하기

```
#define PIR_PIN 7 //7번 핀으로 움직임 감지 신호 처리
#define LED_PIN 6 //6번 핀으로 LED 제어

void setup() {
  //put your setup code here, to run once:
  pinMode(PIR_PIN, INPUT); //7번 핀을 입력으로 설정
  pinMode(LED_PIN, OUTPUT); //6번 핀을 출력으로 설정
}
void loop() {
  //put your main code here, to run repeatedly:
  int value = digitalRead(PIR_PIN); //움직임 감지 신호를 value 변수에 저장
  if(value == HIGH) //움직임을 감지했을 경우
  {
    digitalWrite(LED_PIN, HIGH); //LED 점등
    delay(9000); ❶
  }
  else
  {
    digitalWrite(LED_PIN, LOW); //LED 소등
  }
}
```

❶ 차단 시간 6초 동안에는 움직임을 감지하지 못하므로 설정된 지연 시간 3초를 함께 고려해 총 9초 동안 회로를 지연시키면 9초 후 바로 움직임을 감지할 수 있습니다.

4.3 결과 확인하기

 이 절의 실습 내용을 동영상으로 볼 수 있습니다.
QR 코드를 스캔하거나 http://bitly.kr/y89Fwpxdm 페이지로 접속하세요.

인체 감지 센서가 움직임을 감지하면 LED는 9초 동안 점등되고 움직임을 감지하지 못하면 LED는 소등 상태가 됩니다.

그림 12-6 움직임 감지 시 9초 동안 LED 점등

마그네틱 스위치

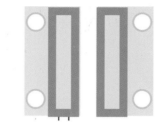

1 마그네틱 스위치 소개

마그네틱 스위치는 어떤 역할을 하는 소자일까요? 용어를 그대로 풀어 설명하면 자석의 성질을 이용해 스위칭(switching)할 수 있는 소자입니다. 자석과 스위치의 근접 여부에 따라 스위치가 ON 또는 OFF 상태가 됩니다.

마그네틱 스위치는 실생활에서 어떻게 사용할까요? 일반적으로 각종 문에 설치돼 문이 열렸거나 닫힌 상태를 판별하는 용도로 사용됩니다. 예를 들어 현관문에 설치한다면 현관문의 열림 상태를 확인할 수 있지요. 또한, 인체 감지 센서와 함께 사용하면 화장실 사용 여부를 확인할 수 있는 시스템도 구현할 수 있습니다.

그림 13-1 마그네틱 스위치(MC-38)

마그네틱 스위치는 개방(NO: Normally Open)과 폐쇄(NC: Normally Closed) 두 종류가 있습니다. NO 스위치는 근처에 자석이 없을 때 스위치 접점이 열리고 근처에 자석이 있을 때 스위치 접점이 닫힙니다. 반대로 NC 스위치는 근처에 자석이 없을 때 스위치 접점이 닫히고 근처에 자석이 있을 때 스위치 접점이 열립니다.

그림 13-2 마그네틱 스위치 상태

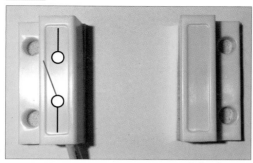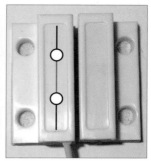

개방(NO)

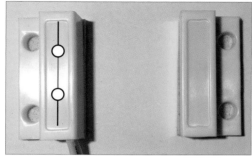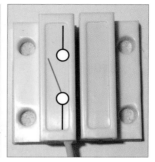

폐쇄(NC)

마그네틱 스위치를 동작하려면 스위치에 연결된 두 케이블을 어떻게 처리해야 할까요? 한 케이블은 자석과 스위치가 근접하거나 멀어질 때 발생하는 신호를 처리하기 위해 디지털 핀에 연결하고, 나머지 케이블은 접지 처리하면 됩니다.

마그네틱 스위치의 종류는 중요하지 않습니다. 일반적으로 자석과 스위치가 멀어질 때 원하는 동작이 일어나야 한다면 이때 발생하는 신호(HIGH 또는 LOW)를 파악합니다. 발생한 신호를 조건문으로 필요한 조건을 제어하면 됩니다.

② 마그네틱 스위치 작동 확인하기

자석과 스위치가 멀어지거나 가까워질 때 발생하는 신호를 시리얼 통신으로 확인하겠습니다.

표 13-1 재료 목록

아두이노 보드 우노(Uno)	마그네틱 스위치 (MC-38)	점퍼 케이블 수(Male)-수(Male)
1개	1개	2개

2.1 하드웨어 구현하기

이 절의 실습 내용을 동영상으로 볼 수 있습니다.
QR 코드를 스캔하거나 http://bitly.kr/KD1ohZ69r 페이지로 접속하세요.

하드웨어를 구현하기 전에 마그네틱 스위치의 두 케이블의 내부선을 점퍼 케이블과 납땜하거나 감아서 연결합니다.

그림 13-3 점퍼 케이블과 연결하는 방법

내부선 납땜

내부선 감기

1 아두이노 GND 핀과 마그네틱 스위치의 케이블 하나를 점퍼 케이블로 연결합니다.

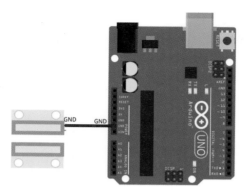

2 아두이노 7번 핀과 마그네틱 스위치의 나머지 케이블을 점퍼 케이블로 연결합니다.

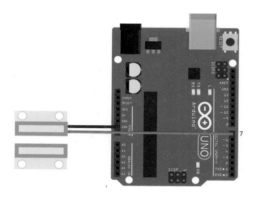

2.2 소프트웨어 구현하기(practice_13.ino)

이 절의 실습 내용을 동영상으로 볼 수 있습니다.
QR 코드를 스캔하거나 http://bitly.kr/BDYmIXPGK 페이지로 접속하세요.

7번 핀을 통해 마그네틱 스위치의 출력 신호를 읽고 value 변수에 저장합니다. value 변수 값을 시리얼 모니터로 출력하면 마그네틱 스위치 상태에 따라 출력 신호를 확인할 수 있습니다.

● **코드 13-1** 마그네틱 스위치 작동 확인하기

```
#define MAGNETIC 7 //마그네틱 스위치의 신호를 7번 핀으로 출력
void setup() {
  //put your setup code here, to run once:
  pinMode(MAGNETIC, INPUT_PULLUP); //7번 핀을 INPUT_PULLUP으로 설정
  Serial.begin(9600); //시리얼 통신 초기화
}

void loop() {
  //put your main code here, to run repeatedly:
  //마그네틱 스위치의 출력 신호를 읽어 value 변수에 저장
  int value = digitalRead(MAGNETIC);
  Serial.println(value); //value의 값을 출력
  delay(1000); //1초 동안 지연
}
```

2.3 결과 확인하기

 이 절의 실습 내용을 동영상으로 볼 수 있습니다.
QR 코드를 스캔하거나 http://bitly.kr/tFibvp6T1 페이지로 접속하세요.

스위치와 자석이 멀리 있을 때는 HIGH(1) 신호를, 가깝거나 붙었을 때는 LOW(0) 신호를 출력합니다.

그림 13-4 마그네틱 스위치 출력 신호

그림 13-5 스위치와 자석의 위치

❶ 멀리 있는 경우

❷ 가까이 있는 경우

INPUT_PULLUP

초기 아두이노에서 디지털 신호를 입력으로 받을 때 0, 1의 데이터가 아닌 다른 값을 출력하는 경우가 있었습니다. 이와 같은 오동작을 방지하기 위해 아두이노 내부에 풀업 저항을 도입했습니다.

예를 들어 푸시 버튼을 이용해 정확한 디지털 신호를 입력으로 받기 위한 방법에는 두 가지가 있습니다. 아두이노 외부에 풀업 저항을 푸시 버튼에 연결하거나 아두이노 내부에 있는 풀업 저항을 사용하는 방법입니다. 아두이노 내부에 있는 풀업 저항을 사용할 경우 pinMode( ) 함수 내에서 핀을 INPUT_PULLUP으로 설정합니다. 핀을 INPUT_PULLUP으로 설정했을 경우 내부 풀업 저항을 사용하므로 스위치에 별도의 풀업 저항을 연결하지 않아도 됩니다.

그림 13-6 아두이노 외부에 10KΩ 풀업 저항 연결 예

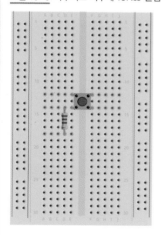

INPUT_PULLUP은 입력 모드의 동작을 반전하는 기능을 가집니다. 스위치를 누르면 LOW(0) 신호를, 누르지 않으면 HIGH(1) 신호를 출력합니다.

스마트 화장실 - 인체 감지 센서와
마그네틱 스위치로 LED 제어하기

한 번쯤은 고속도로 휴게소 화장실을 이용해 보았지요? 휴게소 화장실에 들어가면 화장실 사용 여부에 따라 문 앞에 설치된 LED 색깔이 바뀌는 시스템을 볼 수 있습니다. 누군가 사용 중이면 빨간색, 비어 있으면 초록색을 점등해서 화장실 사용 여부를 LED 색깔로 쉽게 확인할 수 있습니다. 인체 감지 센서, 마그네틱 스위치, 3색 LED를 사용해 휴게소 화장실과 같은 스마트 화장실을 구현하겠습니다.

표 13-2 재료 목록

아두이노 보드 우노(Uno)	브레드보드 (400핀)	인체 감지 센서 (HC-SR501)
1개	1개	1개
마그네틱 스위치 (MC-38)	3색 LED (캐소드 공통)	저항 (160Ω)
1개	1개	1개

저항 (100Ω)	점퍼 케이블 암(Female)–수(Male)	점퍼 케이블 수(Male)–수(Male)
1개	3개	5개

3.1 하드웨어 구현하기

> 이 절의 실습 내용을 동영상으로 볼 수 있습니다.
> QR 코드를 스캔하거나 http://bitly.kr/cocUWzlQw 페이지로 접속하세요.

마그네틱 스위치 작동 확인하기에서 구현한 하드웨어에 인체 감지 센서와 3색 LED를 추가해 하드웨어를 구현하겠습니다.

1 인체 감지 센서에 암–수 점퍼 케이블을 연결합니다.

2 인체 감지 센서 GND 핀에 연결된 점퍼 케이블을 아두이노 GND 핀에 연결합니다.

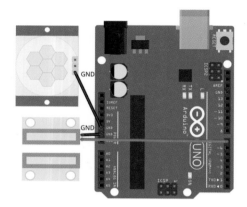

3 인체 감지 센서 OUT 핀에 연결된 점퍼 케이블을 아두이노 8번 핀에 연결합니다.

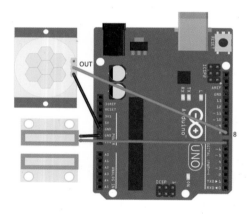

4 인체 감지 센서 VCC 핀에 연결된 점퍼 케이블을 아두이노 5V 핀에 연결합니다.

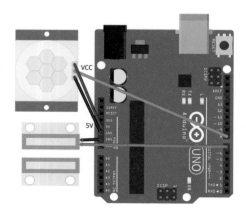

5 3색 LED를 브레드보드에 장착합니다. 단 3색 LED의 GND 핀이 위에서 두 번째에 위
   치하도록 부착합니다.

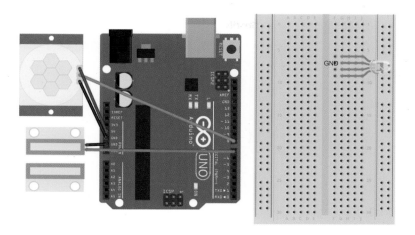

6 3색 LED에서 빨간색, 초록색만 출력하기 때문에 RED, GREEN 핀에 각각 160Ω,
   100Ω 저항을 연결합니다.

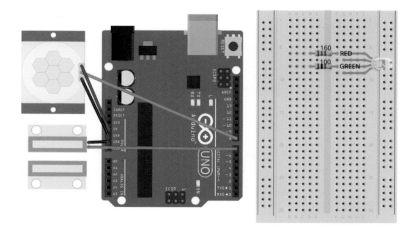

7 아두이노 13번 핀과 160Ω 저항을 점퍼 케이블로 연결합니다.

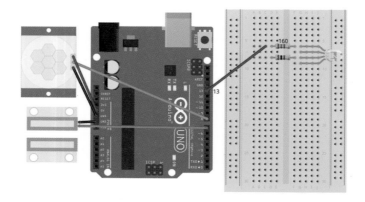

8 아두이노 12번 핀과 100Ω 저항을 점퍼 케이블로 연결합니다.

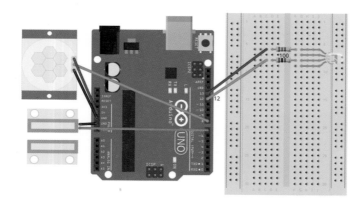

9 아두이노 GND 핀과 3색 LED GND 핀을 점퍼 케이블로 연결합니다.

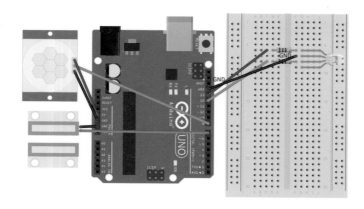

3.2 소프트웨어 구현하기(application_13.ino)

이 절의 실습 내용을 동영상으로 볼 수 있습니다.
QR 코드를 스캔하거나 http://bitly.kr/09whgGOQT 페이지로 접속하세요.

화장실 사용 여부는 어떻게 판단할 수 있을까요?

화장실을 사용할 때를 생각해봅시다. 먼저 화장실에 들어가 문을 닫습니다. 따라서 화장실에 들어갈 때 인체 감지 센서에서 움직임을 감지해 HIGH(1) 신호가 발생하고, 문을 닫으면 마그네틱 스위치에서 LOW(0) 신호가 발생합니다. 두 조건을 만족하면 화장실에 사람이 있다는 의미이므로 화장실 사용 여부를 판단하는 occupied 변수에 true(1)를 저장합니다.

화장실을 나올 때는 어떤가요? 먼저 닫혔던 문을 엽니다. 이때 인체 감지 센서에서 움직임을 감지해 HIGH(1) 신호가 발생하고, 마그네틱 스위치에서 HIGH(1) 신호가 발생합니다. 두 조건을 만족하면 화장실이 비었다는 의미이므로 occupied 변수에 false(0)를 저장합니다.

occupied 변수 값이 true이면 화장실 사용 중이므로 3색 LED는 빨간색을 점등합니다. 그리고 false이면 화장실 사용 중이 아님이므로 3색 LED는 초록색을 점등합니다.

◉ **코드 13-2** 인체 감지 센서와 마그네틱 스위치로 LED 제어하기

```
#define MAGNETIC 7 //7번 핀으로 마그네틱 스위치 신호 처리
#define PIR 8 //8번 핀으로 인체 감지 센서 신호 처리
#define GREEN_PIN 12 //12번 핀으로 GREEN 핀 제어
#define RED_PIN 13 //13번 핀으로 RED 핀 제어

bool occupied = false; //화장실 사용 여부를 판단하는 변수

void setup() {
  //put your setup code here, to run once:
  pinMode(MAGNETIC, INPUT_PULLUP); //7번 핀을 INPUT_PULLUP으로 설정
  pinMode(PIR, INPUT); //8번 핀은 입력으로 설정
  pinMode(GREEN_PIN, OUTPUT); //12번 핀을 출력으로 설정
  pinMode(RED_PIN, OUTPUT); //13번 핀을 출력으로 설정
```

```
    Serial.begin(9600); //시리얼 통신 초기화
  }


void loop() {
  //put your main code here, to run repeatedly:
  //마그네틱 스위치의 출력 신호를 magneticValue 변수에 저장
  int magneticValue = digitalRead(MAGNETIC);
  //인체 감지 센서의 출력 신호를 pirValue 변수에 저장
  int pirValue = digitalRead(PIR);
  Serial.print("magnetic State : "); //마그네틱 스위치 상태 출력
  Serial.println(magneticValue);
  Serial.print("pir State : "); //인체 감지 센서 상태 출력
  Serial.println(pirValue);
  //화장실 문이 닫혀 있고 움직임이 감지됐을 때(화장실 내 사람이 있을 때)
  if(magneticValue == 0 && pirValue == 1)
  {
    occupied = true; //화장실을 사용하고 있다는 의미로 true 설정
  }
  //화장실 문이 열려 있고 움직임이 감지됐을 때(화장실 내 사람이 없을 때)
  else if(magneticValue == 1 && pirValue == 1)
  {
    occupied = false; //화장실을 사용하고 있지 않다는 의미로 false 설정
  }
  if(occupied == true) //화장실을 사용하고 있을 때
  {
    digitalWrite(GREEN_PIN, LOW); //초록색 소등
    digitalWrite(RED_PIN, HIGH); //빨간색 점등
  }
  else //화장실을 사용하고 있지 않을 때
  {
    digitalWrite(RED_PIN, LOW); //빨간색 소등
    digitalWrite(GREEN_PIN, HIGH); //초록색 점등
  }
}
```

3.3 결과 확인하기

이 절의 실습 내용을 동영상으로 볼 수 있습니다.
QR 코드를 스캔하거나 http://bitly.kr/YDCs0r63K 페이지로 접속하세요.

마그네틱 스위치와 자석이 가까이 있거나 붙어 있고 인체 감지 센서가 움직임을 감지하면 3색 LED는 빨간색을 점등하고, 마그네틱 스위치와 자석이 멀리 떨어져 있고 인체 감지 센서가 움직임을 감지하면 3색 LED는 초록색을 점등합니다.

그림 13-7 마그네틱 스위치, 인체 감지 센서 상태 데이터

그림 13-8 3색 LED 점등

❶ 화장실에 사람이 있을 때

❷ 화장실에 사람이 없을 때

현관문 알람 시스템 - 현관문이 열렸을 때 스피커 출력하기

현관문을 살펴보면 나사를 돌려 문 닫는 세기를 조절할 수 있습니다. 문 닫는 세기가 약하면 창문에서 현관문 쪽으로 바람이 불 때 현관문이 제대로 닫히지 않을 수도 있습니다. 현관문이 열린 것을 인지하지 못한 채 외출할 경우 누군가가 집 안으로 침입할 수도 있겠지요? 만약 현관문이 열렸을 때 알람이 울린다면 사용자가 쉽게 현관문의 개폐 상태를 파악하고 조치를 취할 것입니다. 마그네틱 스위치, 인체 감지 센서, 피에조 스피커를 사용해 현관문 알람 시스템을 구현하겠습니다.

표 13-3 재료 목록

아두이노 보드 우노(Uno)	브레드보드 (400핀)	인체 감지 센서 (HC-SR501)	마그네틱 스위치 (MC-38)
1개	1개	1개	1개

피에조 스피커 (수동형)	점퍼 케이블 암(Female)-수(Male)	점퍼 케이블 수(Male)-수(Male)	
1개	3개	4개	

4.1 하드웨어 구현하기

이 절의 실습 내용을 동영상으로 볼 수 있습니다.
QR 코드를 스캔하거나 http://bitly.kr/ZzJR5cP4l 페이지로 접속하세요.

응용 과제에서 구현한 하드웨어에서 3색 LED와 저항 부분을 제거하고 피에조 스피커를 추가해 하드웨어를 구현하겠습니다.

1 피에조 스피커를 브레드보드에 장착합니다.

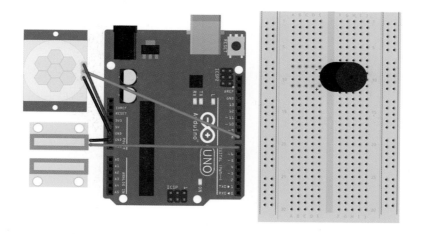

2 아두이노 6번 핀과 피에조 스피커의 +극을 점퍼 케이블로 연결합니다.

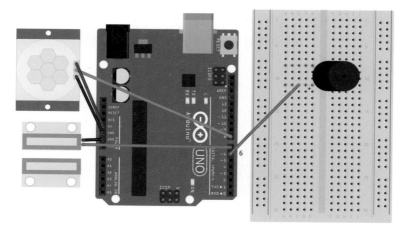

3 아두이노 GND 핀과 피에조 스피커 −극을 점퍼 케이블로 연결합니다.

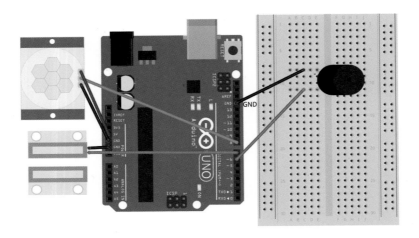

4.2 소프트웨어 구현하기(semiProject_13.ino)

이 절의 실습 내용을 동영상으로 볼 수 있습니다.
QR 코드를 스캔하거나 http://bitly.kr/QRG84LLc8 페이지로 접속하세요.

스피커에서 알람이 울려야 하는 상황을 생각해볼까요? 인체 감지 센서가 현관에 설치됐다고 가정하면 알람이 울려야 하는 상황은 사람이 없는데(움직임이 없는데) 현관문이 열려 있는 상황입니다. 현관을 기준으로 밖으로 나가든 안으로 들어오든 문은 열려 있되 움직임 감지가 발생하지 않는다면 알람을 울리겠습니다. 즉, 알람은 현관문이 열려 있고(마그네틱 스위치가 HIGH 상태) 움직임 감지가 발생하지 않을 때(인체 감지 센서가 LOW 상태) 울리면됩니다.

● **코드 13-3** 현관문이 열렸을 때 스피커 출력하기

```
#define PIEZO 6 //6번 핀으로 피에조 스피커 제어
#define MAGNETIC 7 //7번 핀으로 마그네틱 스위치 신호 처리
#define PIR 8 //8번 핀으로 인체 감지 센서 신호 처리
```

```arduino
void setup() {
  //put your setup code here, to run once:
  pinMode(PIEZO, OUTPUT); //6번 핀을 출력용으로 설정
  pinMode(MAGNETIC, INPUT_PULLUP); //7번 핀을 INPUT_PULLUP으로 설정
  pinMode(PIR, INPUT); //8번 핀은 입력으로 설정
  Serial.begin(9600); //시리얼 통신 초기화
}

void loop() {
  //put your main code here, to run repeatedly:
  //마그네틱 스위치의 출력 신호를 magneticValue 변수에 저장
  int magneticValue = digitalRead(MAGNETIC);
  //인체 감지 센서의 출력 신호를 pirValue 변수에 저장
  int pirValue = digitalRead(PIR);
  Serial.print("magnetic State : "); //마그네틱 스위치 상태 출력
  Serial.println(magneticValue);
  Serial.print("pir State : "); //인체 감지 센서 상태 출력
  Serial.println(pirValue);
  //현관문이 열려 있고 움직임이 감지되지 않았을 때
  if(magneticValue == 1 && pirValue == 0)
  {
    for(int i=0;i<2;i++) //알림음을 2회 출력
    {
      tone(PIEZO, 6271, 150); //6271Hz 주파수의 음을 0.15초 출력
      delay(200); //0.2초 대기
      tone(PIEZO, 4186, 150); //4186Hz 주파수의 음을 0.15초 출력
      delay(200);
    }
  }
  delay(1000); //1초간 대기
}
```

4.3 결과 확인하기

이 절의 실습 내용을 동영상으로 볼 수 있습니다.
QR 코드를 스캔하거나 http://bitly.kr/51FjiACTj 페이지로 접속하세요.

마그네틱 스위치와 자석이 떨어져 있고(HIGH) 인체 감지 센서가 움직임을 감지하지 않을 때(LOW) 스피커에서 알림음이 2회 출력됩니다.

그림 13-9 마그네틱 스위치, 인체 감지 센서 상태 데이터

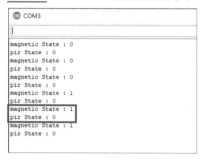

그림 13-10 스피커 출력 확인하기

가스 센서

LNG, LPG, 일산화탄소, 수소 등 실생활에는 다양한 종류의 가스가 존재합니다. 가스의 종류가 많듯이 측정하는 센서 또한 종류가 다양합니다. 다양한 센서 중 가정에서 가장 많이 사용하는 LPG, LNG를 측정할 수 있는 센서를 소개합니다. MQ-5 가스 센서는 LPG, 도시가스, 천연가스에 높은 감도를 가지고 있어 가정이나 산업 분야에서 가스 누출을 감지하는 장비에 사용합니다. 또한, 낮은 감도이지만 알코올, 담배 연기, 요리 시 발생하는 연기도 측정할 수 있습니다.

그림 14-1 가스 센서(MQ-5)

MQ-5 뒷면을 살펴보면 가변 저항이 있습니다. 가변 저항은 가스 종류 및 농도에 따라 감도를 조정할 때 사용합니다. 가변 저항의 범위는 10~47KΩ이고, 약 20KΩ 값을 사용하도록 권장합니다. 가변 저항은 나사를 반시계 방향으로 끝까지 돌리면 10KΩ 값을, 시계 방향으로 끝까지 돌리면 47KΩ 값을 가집니다. 약 20KΩ 값으로 조정하기 위해서는 10KΩ 지점에서 시계 방향으로 2~3번째 눈금 사이까지 돌려줍니다.

MQ-5를 동작하기 위해 핀에 대해 살펴보겠습니다. MQ-5는 5V에서 동작하므로 VCC 핀에 5V 전원을 인가하고 GND 핀은 접지 처리합니다. 출력에는 디지털 출력(DO)과 아날로그 출력(AO)이 있습니다.

두 출력은 어떤 차이가 있을까요? 디지털 출력은 0 또는 1을 출력하므로 가스를 감지하지 못하면 0을, 가스를 감지하면 1을 출력합니다. 즉, 가스 누출 유무만 알 수 있고 가스 농도는 파악하기가 어렵습니다. 반면 아날로그 출력은 가스 농도의 수치를 출력합니다. 가스 농도가 옅으면 출력하는 수치가 낮고, 가스 농도가 진하면 출력하는 수치가 높습니다. 가스가 누출된 농도에 따라 제어하기 위해서는 아날로그 출력 핀을 아두이노의 아날로그 입력 핀과 연결합니다.

2 가스 농도 확인하기

MQ-5 센서를 이용해 가스가 발생하지 않을 때, 요리할 때, 가스가 누출될 때라는 세 가지 상황에 대한 측정값을 시리얼 통신으로 확인하겠습니다.

표 14-1 재료 목록

아두이노 보드 우노(Uno)	브레드보드 (400핀)	가스 센서 (MQ-5)	점퍼 케이블 수(Male)-수(Male)
1개	1개	1개	3개

2.1 하드웨어 구현하기

 이 절의 실습 내용을 동영상으로 볼 수 있습니다.
QR 코드를 스캔하거나 http://bitly.kr/OHM4693YK 페이지로 접속하세요.

1 가스 센서를 브레드보드에 장착합니다.

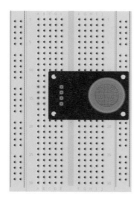

2 아두이노 5V 핀과 가스 센서 VCC 핀을 점퍼 케이블로 연결합니다(점퍼 케이블을 연결할 때는 가스 센서의 뒷면에 꽂아도 됩니다).

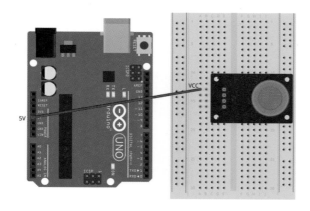

3 아두이노 GND 핀과 가스 센서 GND 핀을 점퍼 케이블로 연결합니다.

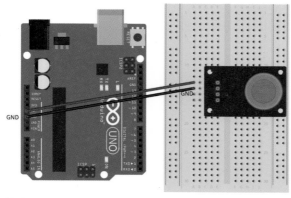

4 아두이노 A0 핀과 가스 센서 AO 핀을 케이블을 점퍼 케이블로 연결합니다.

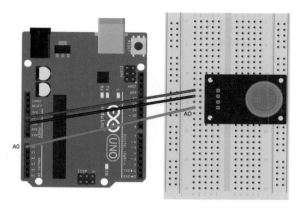

2.2 소프트웨어 구현하기(practice_14.ino)

 이 절의 실습 내용을 동영상으로 볼 수 있습니다.
QR 코드를 스캔하거나 http://bitly.kr/sujoULes2 페이지로 접속하세요.

A0 핀으로 가스 데이터를 읽어 시리얼 모니터로 출력하면 세 가지 상황에 대한 가스 농도의
수치를 파악할 수 있습니다.

● **코드 14-1** 가스 농도 확인하기

```
#define A_OUT A0 //가스 센서의 아날로그 출력을 A0 핀으로 제어
void setup() {
  //put your setup code here, to run once:
  pinMode(A0,INPUT); //A0 핀을 입력으로 설정
  Serial.begin(9600); //시리얼 통신 동기화
}

void loop() {
  //put your main code here, to run repeatedly:
```

```
    int value = analogRead(A0); //아날로그 데이터를 읽어 value 변수에 저장
    Serial.print("Gas data : "); //시리얼 모니터로 데이터 출력
    Serial.println(value);
    delay(1000); //1초간 지연
}
```

2.3 결과 확인하기

 이 절의 실습 내용을 동영상으로 볼 수 있습니다.
QR 코드를 스캔하거나 http://bitly.kr/7rmlrPrxv 페이지로 접속하세요.

세 가지 상황에서 가스 농도의 수치를 측정했습니다. 가스 농도가 없는 상황(❶)은 업로드를 완료하고 일정한 가스 수치가 나올 때까지 기다린 후 데이터를 측정했습니다. 요리하는 상황(❷)은 가스 불이 켜진 상태에서 가스 센서를 일정 거리에 두고 데이터를 측정했습니다. 마지막으로 가스가 누출된 상황(❸)은 가스 불은 켜지 않고 가스가 누출될 때의 데이터를 측정했습니다.

요리하는 상황(❷)은 가스 농도가 없는 상황(❶)보다 가스 농도 수치가 조금 더 높고, 가스가 누출된 상황(❸)은 가스 농도 수치가 200 이상임을 확인할 수 있습니다. 단, 같은 규격의 가스 센서라도 감도의 차이는 있을 수 있습니다. 따라서 직접 소지한 가스 센서로 가스 농도 수치를 파악한 후 활용할 것을 권장합니다. 가스가 누출될 때 경고음을 울리거나 가스 밸브를 잠그는 제어를 하므로 가스가 누출된 상황의 가스 농도 수치를 파악하면 됩니다. 가스레인지는 위험하니 라이터를 가스 센서에서 일정 거리에 둔 상태에서 가스를 누출시켜 수치를 측정하겠습니다.

그림 14-2 세 가지 상황에 대한 가스 농도 수치 결과

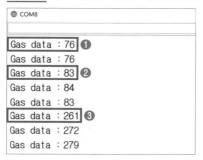

그림 14-3 가스 농도 확인하기 구현 회로

---

3 | 응용 과제

가스 감지 시스템
- 가스 감지 시 경고음 출력하기

가정 내 가스 감지 시스템을 구현하겠습니다. 그림 14-2에서 요리할 때와 가스가 누출될 때 가스 농도 수치를 비교하면 차이가 많이 나는 것을 확인할 수 있습니다. 가스 감지 시스템은 가스가 누출될 때만 작동하며 가스 농도가 일정 수치 이상일 때 스피커에서 경고음을 출력하도록 구현하겠습니다.

표 14-2 재료 목록

아두이노 보드 우노(Uno)	브레드보드 (400핀)	가스 센서 (MQ-5)
1개	1개	1개
피에조 스피커 (수동형)	점퍼 케이블 수(Male)-수(Male)	
1개	5개	

3.1 하드웨어 구현하기

이 절의 실습 내용을 동영상으로 볼 수 있습니다.
QR 코드를 스캔하거나 http://bitly.kr/dZwXAyurK 페이지로 접속하세요.

가스 농도 확인하기에서 구현한 하드웨어에 피에조 스피커를 추가해 하드웨어를 구현하겠습니다.

1 피에조 스피커를 브레드보드에 장착합니다.

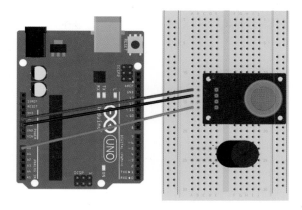

2 아두이노 6번 핀과 피에조 스피커 +극을 점퍼 케이블로 연결합니다.

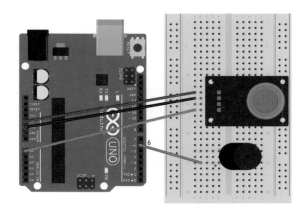

3 아두이노 GND 핀과 피에조 스피커 −극을 점퍼 케이블로 연결합니다.

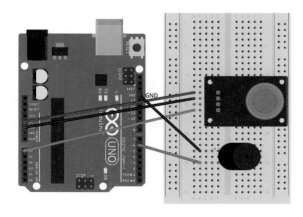

3.2 소프트웨어 구현하기(application_14.ino)

 이 절의 실습 내용을 동영상으로 볼 수 있습니다.
QR 코드를 스캔하거나 http://bitly.kr/GBqyB3emI 페이지로 접속하세요.

그림 14-2에서 가스 누출 시 수치를 살펴보면 250 이상입니다. 따라서 A0 핀으로부터 가스 농도를 읽어와 수치가 250 이상이 되면 가스 누출로 간주하고 경고음을 5회 출력하겠습니다.

● **코드 14-2** 가스 누출 시 경고음 출력하기

```
#define A_OUT A0 //가스 센서의 아날로그 출력을 A0 핀으로 제어
#define PIEZO 6 //피에조 스피커 제어를 6번 핀으로 설정
void setup() {
  //put your setup code here, to run once:
  pinMode(A0,INPUT); //A0 핀을 입력으로 설정
  pinMode(PIEZO, OUTPUT); //6번 핀을 출력으로 설정
  Serial.begin(9600); //시리얼 통신 동기화
}

void loop() {
  //put your main code here, to run repeatedly:
  int value = analogRead(A0); //아날로그 데이터를 읽어 value 변수에 저장
  if(value >= 250) //가스가 누출될 때
  {
    for(int i=0;i<5;i++) //경고음을 5회 출력
    {
      tone(PIEZO, 2093, 250); //2093Hz 주파수의 음을 0.25초 출력
      delay(200); //0.2초 대기
      tone(PIEZO, 1567, 250); //1567Hz 주파수의 음을 0.25초 출력
      delay(200);
    }
  }
```

```
    Serial.print("Gas data : "); //시리얼 모니터로 데이터 출력
    Serial.println(value);
    delay(1000); //1초간 대기
}
```

3.3 결과 확인하기

 이 절의 실습 내용을 동영상으로 볼 수 있습니다.
QR 코드를 스캔하거나 http://bitly.kr/ka4xgCvYi 페이지로 접속하세요.

가스가 누출돼 가스 농도가 250 이상이면 피에조 스피커에서 경고음을 5회 출력합니다.

그림 14-4 가스 누출 시 경고음 출력 확인

```
COM3

Gas data : 254
Gas data : 264
Gas data : 270
Gas data : 272
Gas data : 272
```

그림 14-5 가스 감지 시스템 구현 회로

가스 차단 시스템 - 가스 누출 시 경고음 출력과 가스 밸브 잠그기

응용 과제에서는 가스가 누출돼 가스 농도가 일정 수치 이상이면 경고음을 출력하는 시스템을 구현해봤습니다. 만약 가스가 누출됐는데 집에 사람이 없다면 어떤 상황이 벌어질까요? 가스가 계속 누출돼 자칫 큰 사고로 이어질 수 있습니다. 이와 같은 사고를 예방하기 위해 가스가 누출될 때 자동으로 가스 밸브를 잠그는 시스템을 구현하겠습니다.

표 14-3 재료 목록

아두이노 보드 우노(Uno)	브레드보드 (400핀)	가스 센서 (MQ-5)
1개	1개	1개
서보 모터 (SG90)	피에조 스피커 (수동형)	점퍼 케이블 수(Male)-수(Male)
1개	1개	9개

4.1 하드웨어 구현하기

이 절의 실습 내용을 동영상으로 볼 수 있습니다.
QR 코드를 스캔하거나 http://bitly.kr/pqClcglZ1 페이지로 접속하세요.

응용 과제에서 구현한 하드웨어에서 전원 부분을 수정하고 서보 모터를 추가해 하드웨어를
구현하겠습니다.

1 아두이노 5V, 가스 센서의 VCC 핀을 브레드보드의 빨간색 라인에 점퍼 케이블로 연결
합니다.

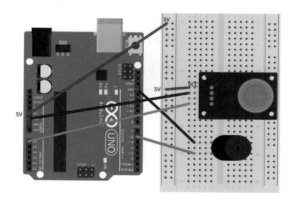

2 아두이노 GND 핀과 서보 모터의 갈색 케이블(GND)을 점퍼 케이블로 연결합니다.

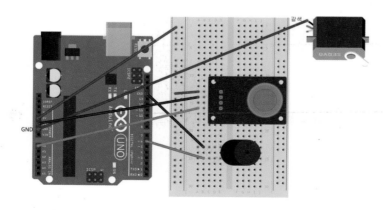

3 서보 모터의 빨간색 케이블(VCC)을 브레드보드의 빨간색 라인에 점퍼 케이블로 연결합니다.

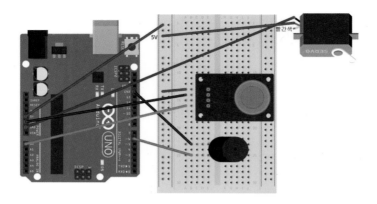

4 아두이노 5번 핀과 서보 모터 주황색 케이블을 점퍼 케이블로 연결합니다.

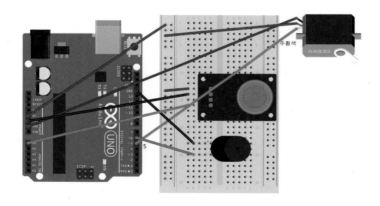

4.2 소프트웨어 구현하기(semiProject_14.ino)

이 절의 실습 내용을 동영상으로 볼 수 있습니다.
QR 코드를 스캔하거나 http://bitly.kr/Ab2dQM8UU 페이지로 접속하세요.

가스가 누출될 때 서보 모터는 가스 밸브를 잠그는 역할을 수행해야 합니다. 보통 가스를 사용할 때는 가스 밸브와 가스 배관이 일직선을 이루고, 가스 밸브를 잠갔을 때는 밸브가 가스 배관과 90° 방향을 이루게 됩니다. 즉, 가스 밸브를 잠그려면 가스 배관과 일직선을 이룬 가스 밸브가 90° 방향이 되도록 서보 모터를 제어하면 됩니다.

● **코드 14-3** 가스 누출 시 경고음 출력과 가스 밸브 잠그기

```
#include <Servo.h> //서보 모터 라이브러리 추가

#define GAS_OUT A0 //가스 센서의 아날로그 출력을 A0 핀으로 제어
#define PIEZO 6 //피에조 스피커 제어를 6번 핀으로 설정
#define SERVO 5 //서보 모터 제어를 5번 핀으로 설정

Servo myservo; //서보 모터 객체 선언
void setup() {
  //put your setup code here, to run once:
  pinMode(GAS_OUT,INPUT); //A0 핀을 입력으로 설정
  pinMode(PIEZO, OUTPUT); //6번 핀을 출력으로 설정
  myservo.attach(SERVO); //서보 모터 제어를 위한 핀 설정
  myservo.write(15); //가스 배관과 일직선에 위치
  Serial.begin(9600); //시리얼 통신 동기화
}

void loop() {
  //put your main code here, to run repeatedly:
  int value = analogRead(GAS_OUT); //아날로그 데이터를 읽어 value 변수에 저장
  if(value >= 250) //가스가 누출되는 상황일 때
  {
    for(int i=0;i<5;i++) //경고음을 5회 출력
    {
      tone(PIEZO, 2093, 250); //2093Hz 주파수의 음을 0.25초 출력
      delay(200); //0.2초 대기
      tone(PIEZO, 1567, 250); //1567Hz 주파수의 음을 0.25초 출력
      delay(200);
```

```
        }
        myservo.write(90); //가스 배관과 90° 방향이 되도록 회전
        delay(200); //서보 모터가 위치까지 도달할 수 있도록 0.2초 대기
        myservo.detach(); //서보 모터 출력 신호 정지
    }
    Serial.print("Gas data :"); //시리얼 모니터로 데이터 출력
    Serial.println(value);
    delay(1000); //1초간 대기
}
```

4.3 결과 확인하기

 이 절의 실습 내용을 동영상으로 볼 수 있습니다.
QR 코드를 스캔하거나 http://bitly.kr/to9DPVnTq 페이지로 접속하세요.

서보 모터의 초기 값은 15°로 설정해 가스 배관과 일직선상에 위치하도록 하고 가스가 누출
되면(가스 농도가 250 이상) 피에조 스피커는 경고음을 5회 출력하고 서보 모터는 90°로 회
전해 가스 밸브를 잠그게 됩니다.

그림 14-6 서보 모터 위치

초기 위치   가스 누출 시 위치

블루투스 모듈

1 블루투스 모듈 소개

가정 내 가전제품을 살펴보면 스마트폰과 무선으로 연결해 제어하는 제품이 많습니다. 예를 들어 공기청정기를 스마트폰에 연결하면 전원 제어, 프로펠러 세기 조절, 온·습도 및 미세 먼지 수치 확인 등을 할 수 있습니다. 무선 이어폰을 스마트폰에 연결하면 스마트폰의 음악을 무선으로 들을 수 있습니다.

이처럼 근거리 내에서 기기 간 무선 연결로 정보를 주고받을 수 있는 기술 표준을 블루투스라고 합니다. 아두이노에서도 블루투스 통신이 가능한 모듈을 사용하면 무선으로 각종 제어가 가능합니다.

그림 15-1 블루투스 모듈(HC-06)

다음은 블루투스 통신을 하기 위해 필요한 사항입니다.

첫째, 마스터(Master)와 슬레이브(Slave) 간 통신이 이루어져야 합니다. 즉, 장치 하나는 마스터가 되고, 나머지 장치는 슬레이브가 돼야 합니다. 마스터는 통신하기 위해 슬레이브에 연결을 요청합니다. 제어 명령을 내리는 마스터의 대표적인 장치로 스마트폰이 있습니다. 슬레이브는 마스터의 연결 요청을 받아들이고 마스터의 제어 명령을 받아 해당 동작을 수행합니다. 공기청정기, 무선 이어폰, 로봇 청소기 같은 대부분의 가전제품이 이에 해당합니다.

블루투스 모듈은 종류에 따라 마스터 또는 슬레이브로 작동합니다. HC-06 모듈처럼 HC 다음 번호가 짝수이면 마스터와 슬레이브 중 하나의 역할만 수행하고 모드 변경은 불가능합니다. HC-05 모듈처럼 번호가 홀수이면 사용자가 명령을 내려 마스터 또는 슬레이브로 모드를 변경할 수 있습니다. 이 장에서는 스마트폰을 마스터로 사용하고, HC-06 블루투스 모듈을 슬레이브로 사용하겠습니다.

둘째, PIN 번호가 일치해야 합니다. 즉, 마스터와 슬레이브가 연결될 때 사용하는 PIN 번호가 같아야 합니다. 스마트폰에서 블루투스 모듈로 연결을 요청하면 PIN 번호를 입력합니다. 이때 HC-06의 초기 PIN 번호인 1234를 입력하면 됩니다.

다음으로 블루투스 모듈의 핀을 알아볼까요?

HC-06 모듈의 핀은 네 개입니다. 블루투스 모듈의 동작 전압은 3.1~6.5V이기 때문에 아두이노의 3.3V 또는 5V 전원을 인가하고 GND는 접지 처리하면 됩니다. TXD(Transmit Data), RXD(Receive Data)는 데이터 통신과 관련된 핀입니다. TXD 핀은 데이터를 송신하고, RXD 핀은 데이터를 수신할 때 사용합니다.

그렇다면 아두이노 보드와 데이터를 송·수신하기 위해서는 어떻게 연결해야 할까요? 아두이노 보드의 TXD 핀이 송신한 데이터는 블루투스 모듈의 RXD 핀에서 수신해 처리하고, 블루투스 모듈의 TXD 핀이 송신한 데이터는 아두이노 보드의 RXD 핀에서 수신합니다. 그러므로 블루투스의 TXD, RXD 핀을 아두이노 보드의 RXD, TXD 핀과 각각 연결하면 됩니다. 그러나 아두이노 보드의 0번 핀(RXD), 1번 핀(TXD)은 시리얼 통신할 때 아두이노 보드 내부적(하드웨어적)으로 해당 핀을 사용합니다. 블루투스 모듈 TXD, RXD 핀을 아두이노 보드의 0, 1번 핀에 직접 연결해도 되지만 자칫 잘못 사용할 경우에는 보드가 망가질 수 있습니다. 따라서 0, 1번 핀을 제외한 디지털 핀에 연결한 후 소프트웨어 시리얼 라이브러리를 사용해 프로그램을 구현하겠습니다.

2 블루투스 통신하기

스마트폰과 블루투스 모듈을 연결해 블루투스 통신을 해보겠습니다. 스마트폰에서 데이터를 송신하고 블루투스 모듈로 수신해 시리얼 모니터로 출력합니다. 반대로, 아두이노 보드에서 데이터를 송신하고 블루투스 모듈로 수신해 스마트폰 앱으로도 출력합니다.

표 15-1 재료 목록

아두이노 보드 우노(Uno)	브레드보드 (400핀)	블루투스 모듈 (HC-06)
1개	1개	1개

스마트폰 (안드로이드 기반)	점퍼 케이블 수(Male)-수(Male)	
1개	4개	

이 장에서는 안드로이드 운영체제 기반 스마트폰을 사용했습니다. 먼저 블루투스 통신을 하기 위해 필요한 앱을 스마트폰에 설치합니다.

1 스마트폰에서 Google Play 스토어를 실행합니다.

2 'Arduino Bluetooth controller'를 검색해 해당 앱을 설치합니다.

2.1 하드웨어 구현하기

 이 절의 실습 내용을 동영상으로 볼 수 있습니다.
QR 코드를 스캔하거나 http://bitly.kr/zvHTvoiRi 페이지로 접속하세요.

블루투스 통신을 하려면 블루투스 모듈과 스마트폰이 연결돼야 합니다. 따라서 아두이노와 하드웨어를 구현해 블루투스 모듈을 동작시킨 뒤에 블루투스 모듈과 스마트폰을 연결하겠습니다.

1 블루투스 모듈(HC-06)을 브레드보드에 장착합니다.

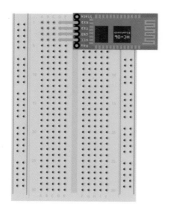

2 아두이노 5V 핀과 블루투스 모듈 VCC 핀을 점퍼 케이블로 연결합니다.

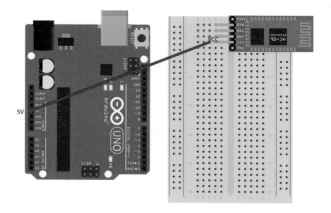

3 아두이노 GND 핀과 블루투스 모듈 GND 핀을 점퍼 케이블로 연결합니다.

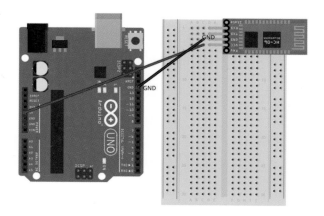

4 아두이노 2번 핀과 블루투스 모듈 TXD 핀을 케이블을 점퍼 케이블로 연결합니다.

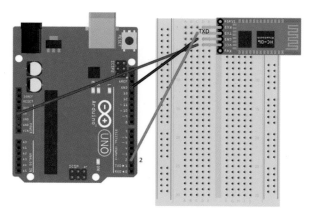

5 아두이노 3번 핀과 블루투스 모듈 RXD 핀을 케이블을 점퍼 케이블로 연결합니다.

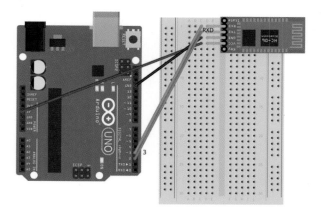

2.2 블루투스 연결하기

1 스마트폰 [설정]-[블루투스]에서 HC-06 모듈을 선택합니다.

2 블루투스 모듈(HC-06)의 초기 PIN 번호인 '1234'를 입력하고 등록 버튼을 클릭합니다.

3 스마트폰에서 'Arduino Bluetooth controller' 앱을 실행합니다.

4 Connect to a device에서 연결된 블루투스 모듈의 이름을 확인하고 아이콘을 클릭합니다.

5 Connect in 메뉴에서 'Terminal mode'를 클릭합니다.

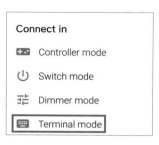

6 소프트웨어 업로드가 완료된 뒤 'type in command' 창에 메시지를 입력하면 시리얼 모니터로 해당 메시지를 출력합니다. 반대로 시리얼 모니터에서 메시지를 입력하면 해당 창의 흰 바탕에 메시지를 출력합니다.

7 스마트폰과 블루투스 모듈이 연결되기 전에는 블루투스 모듈의 LED가 점등, 소등을 반복하고, 정상적으로 연결되면 LED가 점등 상태를 유지합니다.

2.3 소프트웨어 구현하기(practice_15.ino)

 이 절의 실습 내용을 동영상으로 볼 수 있습니다.
QR 코드를 스캔하거나 http://bitly.kr/j9HRczzao 페이지로 접속하세요.

시리얼 모니터에서 입력한 데이터와 스마트폰 앱에서 입력한 데이터를 어떻게 구분할까요? 시리얼 통신과 소프트웨어 시리얼 통신을 사용해 데이터를 구분하고 출력할 수 있습니다.

스마트폰 앱에서 발생한 데이터(mySerial.available())가 있다면 해당 데이터를 mySerial.read() 함수로 읽어 시리얼 모니터로 출력(Serial.write())합니다. 시리얼 모니터에서 발생한 데이터(Serial.available())가 있다면 Serial.read() 함수로 읽어 블루투스 모듈로 출력(mySerial.write())해 스마트폰 앱 화면에 해당 데이터가 나타납니다.

소프트웨어 시리얼 통신 예제를 열어 프로그램을 수정 및 작성하겠습니다. 아두이노 IDE를 실행해 [파일]–[예제]–[SoftwareSerial]–[SoftwareSerialExample] 예제를 엽니다.

그림 15-2 SoftwareSerialExample 예제 열기

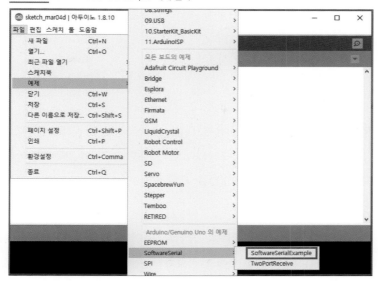

● 코드 15-1 블루투스 통신하기

```
#include <SoftwareSerial.h> //소프트웨어 시리얼 라이브러리 추가

#define TXD 2 //TXD를 2번 핀으로 설정
#define RXD 3 //RXD를 3번 핀으로 설정

SoftwareSerial mySerial(TXD, RXD); ❶

void setup() {
  Serial.begin(9600); //시리얼 통신 동기화
  mySerial.begin(9600); //소프트웨어 시리얼 동기화
}

void loop() {
  if (mySerial.available()) { //스마트폰 앱에서 데이터를 입력했을 때 ❷
    //입력한 데이터를 읽어 시리얼 모니터로 출력 ❸
    Serial.write(mySerial.read());
  }
  if (Serial.available()) { //시리얼 모니터에서 데이터를 입력했을 때
```

```
        //입력한 데이터를 읽어 블루투스 모듈로 앱에 데이터 전송
        mySerial.write(Serial.read());
    }
}
```

❶ 소프트웨어 시리얼 객체를 선언할 때 형식은 SoftwareSerial 객체명(RXD, TXD); 입니다. 매개변수 RXD, TXD는 블루투스 모듈의 TXD, RXD 핀과 연결돼야 합니다. 따라서 매개 변수 RXD에 블루투스 모듈 TXD를 기입하고 TXD에 블루투스 모듈 RXD를 입력합니다.

❷ 앱에서 데이터를 작성해 전송하면 블루투스 모듈로 데이터가 입력되고 mySerial.available() 함수는 데이터의 바이트 수를 반환합니다. 바이트 수가 1 이상이면 if() 함수의 조건은 참이 되므로 ❸을 실행합니다.

❸ 블루투스 모듈로 입력한 데이터를 mySerial.read() 함수로 읽은 뒤, Serial.write() 함수를 사용해 시리얼 모니터로 출력합니다.

2.4 결과 확인하기

 이 절의 실습 내용을 동영상으로 볼 수 있습니다.
QR 코드를 스캔하거나 http://bitly.kr/LPEY6s1mx 페이지로 접속하세요.

시리얼 모니터에서 데이터를 입력하면 스마트폰 앱의 메시지 창에 해당 데이터를 출력합니다. 반대로 스마트폰 앱에서 데이터를 입력하면 시리얼 모니터에 데이터를 출력합니다.

그림 15-3 시리얼 모니터에서 스마트폰으로 데이터 전송

COM3	HC-06
Hello~ I'm Arduino	HC-06: Hello~ I'm Arduino
시리얼 모니터 창	스마트폰 앱 메시지 창

그림 15-4 스마트폰에서 시리얼 모니터로 데이터 전송

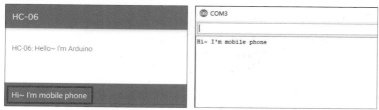

스마트폰 앱 메시지 창　　　　　　　　시리얼 모니터 창

블루투스 모듈 이름 및 PIN 번호 변경

블루투스 통신하기 과정을 따라 하면서 혹시 다음 내용이 궁금하지 않았나요?

- HC-06 블루투스 모듈이 여러 개 있다면 이름(HC-06)이 같은 블루투스 모듈을 어떻게 구분해 연결할 수 있을까?
- 초기 PIN 번호로 누구나 접근할 수 있다면 보안이 필요한 경우는 어떻게 할까?

위 두 가지 상황을 어떤 방법으로 해결할 수 있을까요? 첫 번째 상황은 각 블루투스 모듈에 이름을 부여해 블루투스 모듈을 쉽게 구분할 수 있습니다. 두 번째 상황은 자신만이 알 수 있는 PIN 번호로 설정해 해결할 수 있습니다.

블루투스 모듈의 이름과 PIN 번호를 변경할 수 있는 명령어를 알아보기 전에, 변경 전 설정해야 하는 사항을 살펴보겠습니다. 첫째, 블루투스 모듈과 스마트폰 연결이 끊어진 상태여야 합니다. 둘째, 시리얼 모니터 창에서 문장 표현과 관련한 메뉴에서 'line ending 없음'을 선택해야 합니다.

그림 15-5 line ending 없음 선택

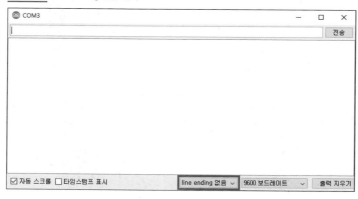

이름 변경

– 명령어 형식: AT+NAME변경이름
– 결과 메시지: OKsetname

그림 15-6 이름 변경 및 연결 화면 예

PIN 변경

- 명령어 형식: AT+PIN변경PIN번호
- 결과 메시지: OKsetPIN

그림 15-7 PIN 번호 변경 및 변경된 PIN 번호(2020) 입력 예

블루투스 통신으로 온·습도 및 미세먼지 데이터 출력하기

블루투스 통신을 이용하는 가전제품을 스마트폰과 연결하면 여러 동작을 제어할 수 있습니다. 가전제품에 내장된 센서에서 읽어온 데이터를 앱에 출력하기도 합니다. 예를 들어 공기

청정기의 경우 스마트폰 앱으로 전원을 켜거나 팬 속도 제어할 수 있고, 공기청정기에 내장된 온·습도 및 미세먼지 센서가 읽어온 데이터를 앱에서 확인할 수 있습니다.

이 절에서는 스마트홈 시스템의 일부 기능 중 온·습도 센서와 미세먼지 센서가 읽어온 데이터를 스마트폰 앱으로 확인할 수 있도록 구현하겠습니다.

표 15-2 재료 목록

아두이노 보드 우노(Uno)	브레드보드 (400핀)	스마트폰 (안드로이드 기반)
1개	1개	1개
블루투스 모듈 (HC-06)	온·습도 센서 (DHT11)	미세먼지 센서 (GP2Y1010AU0F)
1개	1개	1개
저항 (150Ω)	전해 콘덴서 (220μF)	점퍼 케이블 수(Male)-수(Male)
1개	1개	17개

이 절의 실습 내용을 동영상으로 볼 수 있습니다.
QR 코드를 스캔하거나 http://bitly.kr/wdphjHgiF9 페이지로 접속하세요.

블루투스 통신하기에서 구현한 하드웨어에서 전원 수정 후 온 · 습도 센서와 미세먼지 센서를 추가해 하드웨어를 구현하겠습니다.

1 블루투스 모듈 VCC, GND 핀에 연결된 점퍼 케이블을 브레드보드 빨간색, 파란색 라인에 각각 연결합니다.

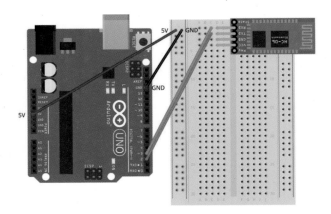

2 블루투스 모듈 VCC, GND 핀을 브레드보드 빨간색, 파란색 라인에 점퍼 케이블로 각각 연결합니다.

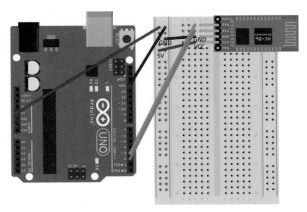

3 온·습도 센서를 브레드보드에 장착합니다.

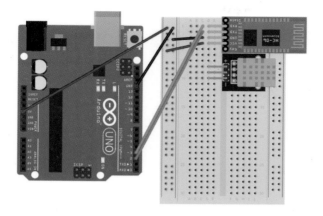

4 온·습도 센서 +핀을 브레드보드 빨간색 라인에 점퍼 케이블로 연결합니다.

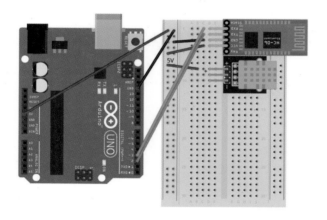

5 아두이노 7번 핀과 온·습도 센서 out 핀을 점퍼 케이블로 연결합니다.

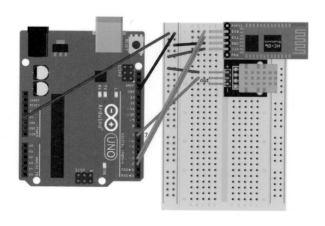

6 온 · 습도 센서 −핀을 브레드보드 파란색 라인에 점퍼 케이블로 연결합니다.

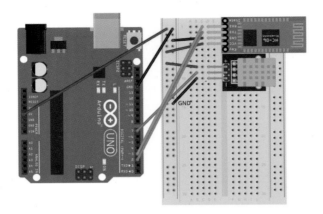

7 150Ω 저항과 220μF 전해 콘덴서를 브레드보드에 연결합니다.

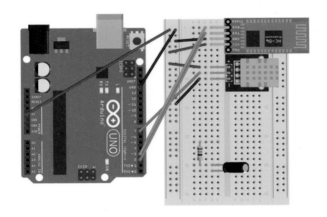

8 저항의 한쪽 핀에 5V 전압을 인가하고 전해 콘덴서의 −극은 접지 처리합니다.

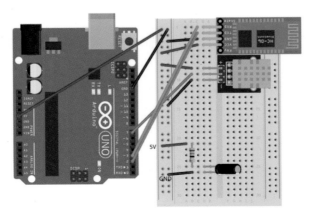

9 미세먼지 센서 1번 핀을 저항과 전해 콘덴서의 접점 부분에 점퍼 케이블로 연결합니다.

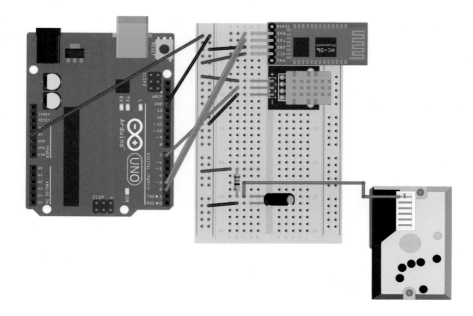

10 미세먼지 센서 2번 핀을 접지 처리합니다.

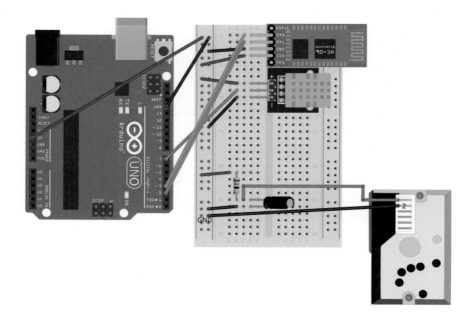

11 아두이노 4번 핀과 미세먼지 센서 3번 핀을 점퍼 케이블로 연결합니다.

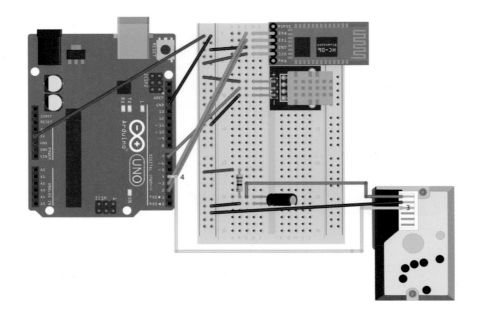

12 미세먼지 센서 4번 핀을 접지 처리합니다.

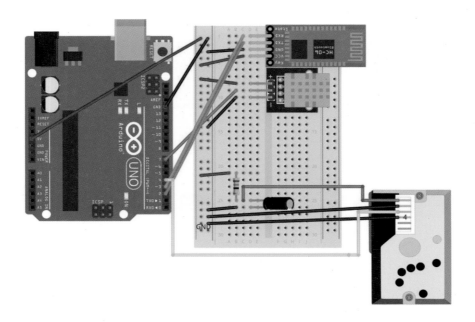

13 아두이노 A0 핀과 미세먼지 센서 5번 핀을 점퍼 케이블로 연결합니다.

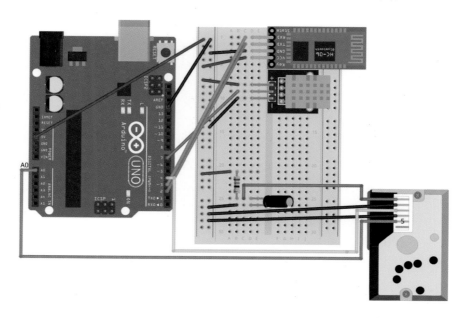

14 미세먼지 센서 6번 핀에 5V 전압을 인가합니다.

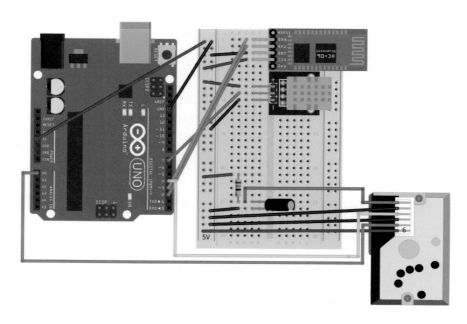

3.2 소프트웨어 구현하기(application_15.ino)

 이 절의 실습 내용을 동영상으로 볼 수 있습니다.
QR 코드를 스캔하거나 http://bitly.kr/bRQSkYSb1 페이지로 접속하세요.

5장, 11장에서는 온·습도와 미세먼지 데이터를 시리얼 모니터로 출력했습니다. 이 절에서는 블루투스 통신을 이용해 시리얼 모니터가 아닌 스마트폰 앱에 온·습도와 미세먼지 데이터를 출력하려고 합니다. 스마트폰 앱으로 해당 데이터를 출력하려면 데이터를 블루투스 모듈을 거쳐 스마트폰으로 전송해야겠죠? 소프트웨어 시리얼 통신을 이용해 온·습도 센서와 미세먼지 센서에서 발생한 데이터를 블루투스 모듈에서 읽어 스마트폰 앱으로 전송해 출력하겠습니다.

● **코드 15-2** 블루투스 통신으로 온·습도와 미세먼지 데이터 출력하기

```
#include <SoftwareSerial.h> //소프트웨어 시리얼 라이브러리 추가
#include <DHT.h> //온·습도 센서 라이브러리 추가

#define TXD 2 //TXD를 2번 핀으로 설정
#define RXD 3 //RXD를 3번 핀으로 설정
#define INPUT_PULSE 4 //4번 핀으로 입력 펄스 인가
#define DHTPIN 7  //온·습도 센서 out 7번 핀으로 설정
#define DHTTYPE DHT11   //온·습도 센서 타입 선택
#define OUTPUT_VOLTAGE A0 //A0 핀으로 출력 전압 입력

SoftwareSerial mySerial(TXD, RXD); //소프트웨어 시리얼 mySerial 객체 선언
DHT dht(DHTPIN, DHTTYPE); //DHT 센서 초기화

float preVoltage = 0; //0~1023 범위의 출력 전압
float voltage = 0; //0~5 범위의 출력 전압
float dustDensity = 0; //미세먼지 농도 수치
float sumDustDensity = 0; //미세먼지 농도 수치 합
```

```
float avgDustDensity = 0; //미세먼지 농도 수치 평균

void setup() {
  mySerial.begin(9600); //소프트웨어 시리얼 동기화
  dht.begin(); //핀 설정
  pinMode(INPUT_PULSE, OUTPUT); //4번 핀 출력으로 설정
  pinMode(OUTPUT_VOLTAGE, INPUT); //A0 핀 입력으로 설정
}

void loop() {

  delay(2000); //측정 간 2초 대기

  //습도 데이터를 읽어와 변수에 저장
  float humidity = dht.readHumidity();
  //온도 데이터를 읽어와 변수에 저장
  float temperature = dht.readTemperature();
  sumDustDensity = 0; //미세먼지 농도 수치 합을 초기화
  for(int i=0;i<30;i++) //미세먼지 농도 수치 30회 측정
  {
    digitalWrite(INPUT_PULSE, LOW); //입력 펄스 인가
    delayMicroseconds(280); //0.28ms 대기
    //A0 핀으로부터 데이터를 읽어 preVoltage에 저장
    preVoltage = analogRead(OUTPUT_VOLTAGE);
    delayMicroseconds(40); //0.04ms 대기
    digitalWrite(INPUT_PULSE, HIGH); //입력 펄스 종료
    delayMicroseconds(9680); //9.68ms 대기
    //0~5 범위 전압 값으로 변환 후 voltage에 저장
    voltage = preVoltage * 5.0 / 1024.0;
    //미세먼지 농도 수치 dustDensity에 저장
    dustDensity = (voltage-0.3)/0.005;
    sumDustDensity += dustDensity; //미세먼지 농도 수치 합계
    delay(10); //데이터 계산 간 10ms 대기
  }
```

```
//미세먼지 농도 수치의 평균 값을 avgDustDensity에 저장
avgDustDensity = sumDustDensity / 30.0;
//데이터를 읽어오지 못했을 경우 loop() 함수 종료
if (isnan(humidity) || isnan(temperature)) {
  return;
}
mySerial.print(humidity,1); //소수점 첫째 자리까지 습도 데이터 출력
mySerial.print("%\t"); //습도 단위 출력 후 탭만큼 커서 이동
mySerial.print(temperature,1); //소수점 첫째 자리까지 온도 데이터 출력
mySerial.print("C\t"); //온도 단위 출력 후 탭만큼 커서 이동
//소수점 첫째 자리까지 미세먼지 데이터 출력
mySerial.print(avgDustDensity,1);
mySerial.println("ug/m3"); //미세먼지 단위 출력
}
```

3.3 결과 확인하기

이 절의 실습 내용을 동영상으로 볼 수 있습니다.
QR 코드를 스캔하거나 http://bitly.kr/iPNt4Pufh 페이지로 접속하세요.

스마트폰과 블루투스 모듈이 잘 연결되면 습도, 온도, 미세먼지 데이터를 스마트폰 앱의 창
에 출력합니다.

그림 15-8 습도, 온도, 미세먼지 데이터 확인하기

HC-06

HC-06: 24.0% 29.1C 54.2ug/m3
HC-06: 23.0% 29.2C 51.2ug/m3
HC-06: 22.0% 29.3C 50.3ug/m3
HC-06: 22.0% 29.1C 52.4ug/m3
HC-06: 22.0% 29.3C 52.1ug/m3
HC-06: 22.0% 29.1C 53.1ug/m3

4 | Semi 프로젝트 블루투스 통신으로 온·습도, 미세먼지 데이터 출력 및 LED, DC 모터 제어하기

응용 과제에서는 센서에서 발생한 데이터를 블루투스 모듈을 거쳐 스마트폰 앱으로 출력했습니다. 17장 종합 프로젝트에서 만들 스마트홈 시스템 기능을 생각하면 센서가 읽은 데이터를 스마트폰으로 출력하기도 하지만, 반대로 스마트폰에서 다양한 명령을 내려 가전제품의 동작을 제어할 수도 있습니다. 이 절에서는 방이나 거실에 설치되는 LED와 거실에서 실링 팬(ceiling fan) 역할을 하는 DC 모터를 스마트폰으로 제어하겠습니다.

표 15-3 재료 목록

아두이노 보드 우노(Uno)	브레드보드 (400핀)	스마트폰 (안드로이드 기반)	블루투스 모듈 (HC-06)
1개	1개	1개	1개
온·습도 센서 (DHT11)	미세먼지 센서 (GP2Y1010AU0F)	DC 모터 (RF-310)	전해 콘덴서 (220μF)
1개	1개	1개	1개
LED (5mm 흰색)	트랜지스터 (2N2222A)	다이오드 (1N4001)	저항 (330Ω)
1개	1개	1개	1개
저항 (220Ω)	저항 (150Ω)	점퍼 케이블 수(Male)-수(Male)	
1개	1개	24개	

4.1 하드웨어 구현하기

이 절의 실습 내용을 동영상으로 볼 수 있습니다.
QR 코드를 스캔하거나 http://bitly.kr/sE9rmuw0n 페이지로 접속하세요.

응용 과제에서 구현한 하드웨어에서 LED와 DC 모터를 추가해 하드웨어를 구현하겠습니다.

1 LED를 브레드보드에 꽂습니다.

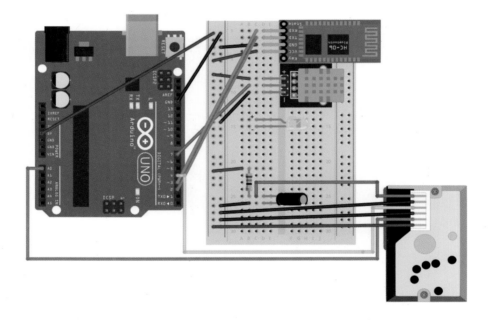

2 LED의 −극과 같은 라인에 220Ω 저항을 연결합니다.

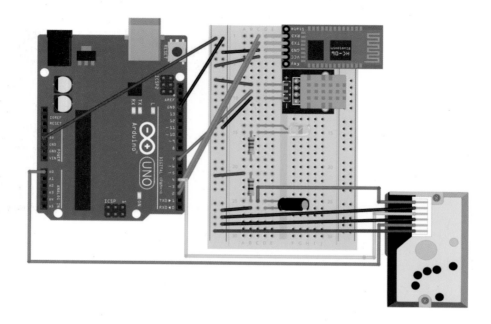

3 아두이노 8번 핀과 LED의 +극을 점퍼 케이블로 연결합니다.

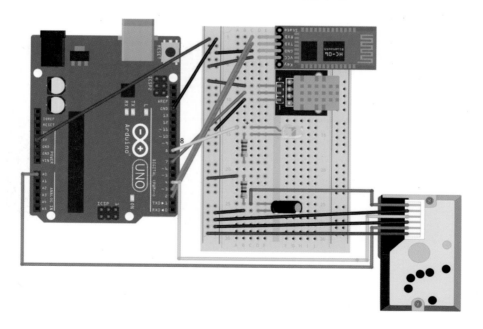

4 220Ω 저항의 나머지 다리 부분을 브레드보드의 파란색 라인에 점퍼 케이블로 연결합니다.

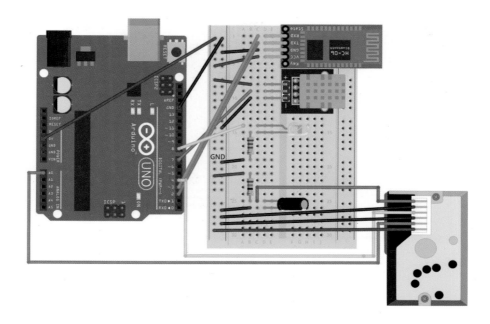

5 트랜지스터를 브레드보드에 꽂습니다.

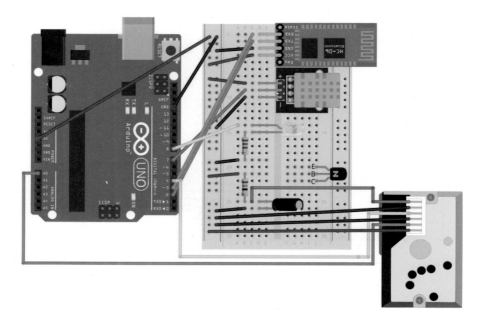

6 트랜지스터 베이스에 330Ω 저항을 연결합니다.

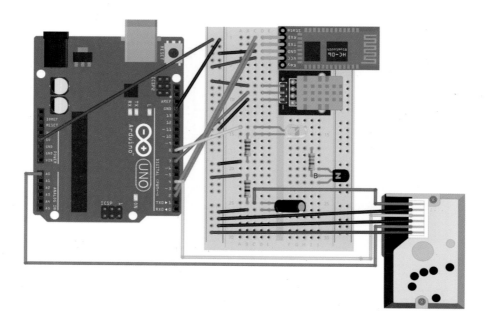

7 아두이노 6번 핀과 330Ω 저항의 나머지 다리 부분을 점퍼 케이블로 연결합니다.

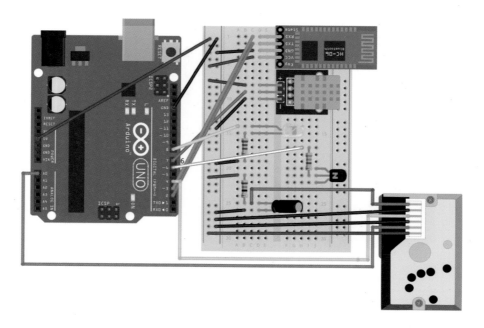

8 트랜지스터 이미터를 브레드보드의 파란색 라인에 점퍼 케이블로 연결합니다.

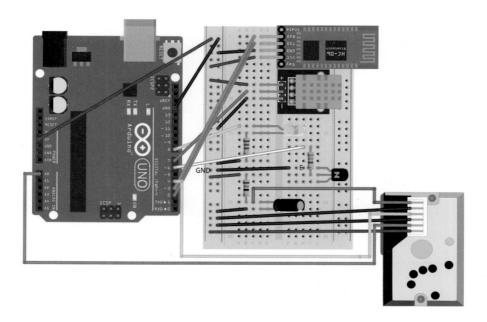

9 트랜지스터 컬렉터에 다이오드 애노드를 연결합니다.

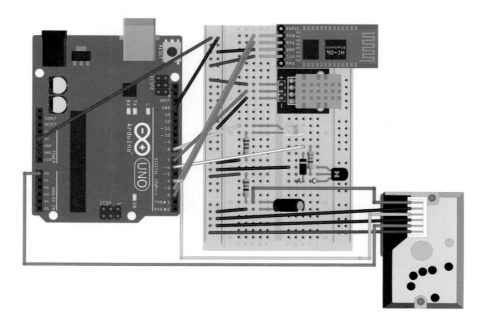

10 다이오드 캐소드를 브레드보드의 빨간색 라인에 점퍼 케이블로 연결합니다.

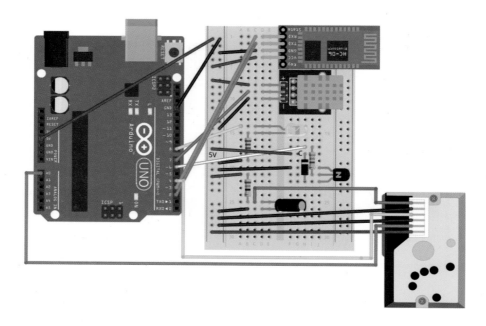

11 DC 모터의 두 케이블을 다이오드의 캐소드와 애노드에 연결합니다.

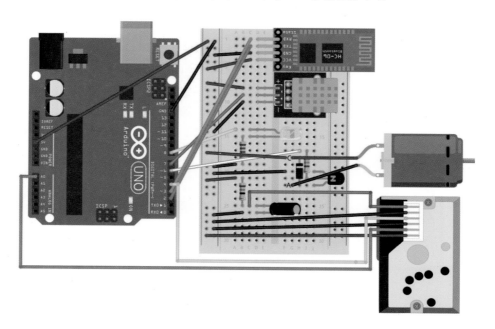

4.2 소프트웨어 구현하기(semiProject_15.ino)

이 절의 실습 내용을 동영상으로 볼 수 있습니다.
QR 코드를 스캔하거나 http://bitly.kr/eTE7GUh65 페이지로 접속하세요.

블루투스 통신하기에서 스마트폰에서 발생한 데이터 여부는 mySerial.available() 함수를 사용했지요? 데이터가 발생하면 mySerial.available() 함수는 1을 반환합니다. 데이터가 발생한 것을 알았다면 무엇을 해야 할까요? mySerial.read() 함수를 사용해 발생한 데이터를 읽습니다. 스마트폰 앱에서 발생한 데이터는 문자형(char)이고, mySerial.read() 함수는 정수형(int)을 반환합니다. 문자형의 데이터를 정수형으로 반환한다는 것은 문자형의 아스키(ASCII) 코드 값을 반환한다는 의미입니다. 예를 들어 LED를 점등하기 위해 스마트폰 앱에서 1을 입력했다면 mySerial.read() 함수는 문자형 1의 아스키 코드 값인 49를 반환합니다. 아스키 코드 값을 사용해 제어할 수도 있지만, 문자형으로 강제 형변환해 입력한 데이터 1을 그대로 사용해 switch-case 문을 구성할 수도 있습니다. 입력한 데이터를 그대로 사용하기 위해 mySerial.read() 함수에서 반환되는 정수형을 문자형으로 강제 형변환시켜 문자형 input 변수에 저장합니다. case 문에서 문자형 데이터를 표현할 때는 작은따옴표(' ')를 사용합니다. input 변수에 1이 저장돼 있다면 case '1'로 작성합니다.

switch-case 문에서 데이터 1은 LED 점등, 데이터 2는 LED 소등하도록 구현합니다. 데이터 3~5는 DC 모터의 속도가 1/4씩 증가하도록 하고, 데이터 6은 DC 모터가 정지하도록 구현합니다.

◉ **코드 15-3** 블루투스 통신으로 온·습도, 미세먼지 데이터 출력 및 LED, DC 모터 제어하기

```
#include <SoftwareSerial.h> //소프트웨어 시리얼 라이브러리 추가
#include <DHT.h> //온·습도 센서 라이브러리 추가

#define TXD 2 //TXD를 2번 핀으로 설정
#define RXD 3 //RXD를 3번 핀으로 설정
#define INPUT_PULSE 4 //4번 핀으로 입력 펄스 인가
#define MOTOR 6 //6번 핀으로 DC 모터 제어
```

```
#define DHTPIN 7  //온·습도 센서 out 7번 핀으로 설정
#define LED 8 //LED 제어 8번 핀으로 설정
#define DHTTYPE DHT11 //온·습도 센서 타입 선택
#define OUTPUT_VOLTAGE A0 //A0 핀으로 출력 전압 입력

SoftwareSerial mySerial(TXD, RXD); //소프트웨어 시리얼 mySerial 객체 선언
DHT dht(DHTPIN, DHTTYPE); //DHT 센서 초기화

float preVoltage = 0; //0~1023 범위의 출력 전압
float voltage = 0; //0~5 범위의 출력 전압
float dustDensity = 0; //미세먼지 농도 수치
float sumDustDensity = 0; //미세먼지 농도 수치 합
float avgDustDensity = 0; //미세먼지 농도 수치 평균

void setup() {
  mySerial.begin(9600); //소프트웨어 시리얼 동기화
  dht.begin(); //온·습도 센서 핀 설정
  pinMode(INPUT_PULSE, OUTPUT); //4번 핀 출력으로 설정
  pinMode(OUTPUT_VOLTAGE, INPUT); //A0 핀 입력으로 설정
  pinMode(MOTOR, OUTPUT); //6번 핀 출력으로 설정
  pinMode(LED, OUTPUT); //8번 핀 출력으로 설정
}

void loop() {

  delay(2000); //측정 간 2초 대기

  //습도 데이터를 읽어와 변수에 저장
  float humidity = dht.readHumidity();
  //온도 데이터를 읽어와 변수에 저장
  float temperature = dht.readTemperature();
  sumDustDensity = 0; //미세먼지 농도 수치 합을 초기화
  for(int i=0;i<30;i++) //미세먼지 농도 수치 30회 측정
  {
```

```
    digitalWrite(INPUT_PULSE, LOW); //입력 펄스 인가
    delayMicroseconds(280); //0.28ms 대기
    //A0 핀으로부터 데이터를 읽어 preVoltage에 저장
    preVoltage = analogRead(OUTPUT_VOLTAGE);
    delayMicroseconds(40); //0.04ms 대기
    digitalWrite(INPUT_PULSE, HIGH); //입력 펄스 종료
    delayMicroseconds(9680); //9.68ms 대기
    //0~5 범위 전압 값으로 변환 후 voltage에 저장
    voltage = preVoltage * 5.0 / 1024.0;
    //미세먼지 농도 수치 dustDensity에 저장
    dustDensity = (voltage-0.3)/0.005;
    sumDustDensity += dustDensity; //미세먼지 농도 수치 합계
    delay(10); //데이터 계산 간 10ms 대기
}
//미세먼지 농도 수치의 평균 값을 avgDustDensity에 저장
avgDustDensity = sumDustDensity / 30.0;
//데이터를 읽어오지 못했을 경우 loop() 함수 종료
if (isnan(humidity) || isnan(temperature)) {
  return;
}

//앱에서 데이터가 발생돼 블루투스 모듈로 데이터가 입력됐을 때
if(mySerial.available())
{
  //데이터를 읽어 char형으로 형변환 후 input 변수에 저장
  char input = (char)mySerial.read();

  switch(input) //input 변수의 값에 맞는 case 문 실행
  {
    case '1':
      digitalWrite(LED, HIGH); //LED 점등
      break;
    case '2':
      digitalWrite(LED, LOW); //LED 소등
      break;
```

```
        case '3':
          analogWrite(MOTOR, 64); //1/4 속도로 DC 모터 출력
          break;
        case '4':
          analogWrite(MOTOR, 128); //2/4 속도로 DC 모터 출력
          break;
        case '5':
          analogWrite(MOTOR, 192); //3/4 속도로 DC 모터 출력
          break;
        case '6':
          analogWrite(MOTOR, 0); //DC 모터 정지
          break;
      }
    }
    mySerial.print(humidity,1); //소수점 첫째 자리까지 습도 데이터 출력
    mySerial.print("%\t"); //습도 단위 출력 후 탭만큼 커서 이동
    mySerial.print(temperature,1); //소수점 첫째 자리까지 온도 데이터 출력
    mySerial.print("C\t"); //온도 단위 출력 후 탭만큼 커서 이동
    //소수점 첫째 자리까지 미세먼지 데이터 출력
    mySerial.print(avgDustDensity,1);
    mySerial.println("ug/m3"); //미세먼지 단위 출력
  }
```

TIP 아스키 코드

아스키 코드(ASCII : American Standard Code for Information Interchange)는 문자 표현을 위해 미국표준협회(ANSI)에서 제시한 표준 코드 체계로 각 문자를 7비트로 표현합니다. 7비트일 때 표현할 수 있는 문자 수는 2^7=128가지입니다.

표 15-4 아스키 코드 표

10진수	문자	10진수	문자	10진수	문자	10진수	문자
0	NULL	32	Space	64	@	96	'
1	SOH	33	!	65	A	97	a
2	STX	34	"	66	B	98	b

10진수	문자	10진수	문자	10진수	문자	10진수	문자
3	ETX	35	#	67	C	99	c
⋮							
16	DLE	48	0	80	P	112	p
17	DC1	49	1	81	Q	113	q
18	DC2	50	2	82	R	114	r
⋮							
31	US	63	?	95	_	127	DEL

아스키 코드 표에서 문자의 아스키 코드를 살펴보면 문자 1은 49, 대문자 A는 65, 소문자 a는 97임을 알 수 있습니다.

자료형

데이터 타입(Data Type)이라고도 하며, 여러 종류의 데이터를 구분하는 역할을 하고 변수, 함수 등을 선언할 때 반드시 포함해야 합니다.

아두이노 홈페이지(https://www.arduino.cc)에서 [RESOURCES]–[REFERENCE]를 선택하면 자료형을 더 자세히 알아볼 수 있습니다.

그림 15-9 데이터 타입

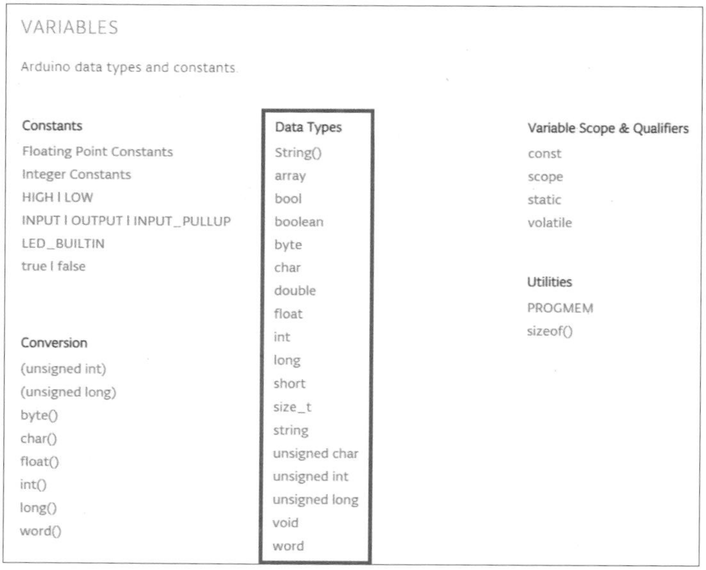

VARIABLES

Arduino data types and constants

Constants	Data Types	Variable Scope & Qualifiers
Floating Point Constants	String()	const
Integer Constants	array	scope
HIGH I LOW	bool	static
INPUT I OUTPUT I INPUT_ PULLUP	boolean	volatile
LED_ BUILTIN	byte	
true I false	char	
	double	Utilities
	float	PROGMEM
	int	sizeof()
Conversion	long	
(unsigned int)	short	
(unsigned long)	size_t	
byte()	string	
char()	unsigned char	
float()	unsigned int	
int()	unsigned long	
long()	void	
word()	word	

표 15-5 데이터 타입과 표현 범위

분류	자료형	크기	표현 범위
논리형	bool	1 byte	true(1) or false(0)
문자형	char	1 byte	부호가 있는 경우(signed): −128~127 부호가 없는 경우(unsigned): 0~255
정수형	byte	1 byte	0~255
	short	2 byte	−32,768~32,767
	int	2 byte(Uno)	부호가 있는 경우(signed): −32,768~32,767 부호가 없는 경우(unsigned): 0~65,535
		4 byte(Due, SAMD)	−2,147,483,648~2,147,483,647
	long	4 byte	−2,147,483,648~2,147,483,647
실수형	float	4 byte	−3.4E+38~3.4E+38
	double	4 byte(Uno)	−3.4E+38~3.4E+38
		8 byte(Due)	−1.7E+308 ~ 1.7E+308

4.3 결과 확인하기

이 절의 실습 내용을 동영상으로 볼 수 있습니다.
QR 코드를 스캔하거나 http://bitly.kr/L1rrKuYhM 페이지로 접속하세요.

습도, 온도, 미세먼지 데이터는 응용 과제와 같이 스마트폰 앱의 창에 출력합니다. 스마트폰 앱에서 1을 입력할 경우 LED를 점등하고 2를 입력하면 LED를 소등합니다. 3~5를 입력하면 DC 모터는 단계에 맞는 속도로 회전하고 6을 입력하면 DC 모터는 정지합니다.

그림 15-10 1 입력 시 LED 점등

HC-06

HC-06: 23.0% 28.6C 53.5ug/m3
HC-06: 23.0% 28.8C 54.4ug/m3
HC-06: 23.0% 28.8C 53.4ug/m3
> 1
HC-06: 22.0% 28.5C 50.4ug/m3

그림 15-11 2 입력 시 LED 소등

HC-06

HC-06: 30.0% 26.6C -29.4ug/m3
HC-06: 30.0% 26.6C -31.4ug/m3
HC-06: 30.0% 26.4C -29.1ug/m3
HC-06: 30.0% 26.4C -28.6ug/m3
> 2
HC-06: 30.0% 26.4C -28.7ug/m3
HC-06: 30.0% 26.5C -29.0ug/m3
HC-06: 30.0% 26.2C -29.0ug/m3
HC-06: 30.0% 26.4C -29.0ug/m3
HC-06: 30.0% 26.8C -29.1ug/m3

그림 15-12 3~5 입력 시 DC 모터 단계별 속도 출력

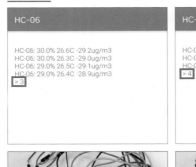

HC-06
HC-06: 30.0% 26.6C -29.2ug/m3
HC-06: 30.0% 26.3C -29.0ug/m3
HC-06: 29.0% 26.5C -29.1ug/m3
HC-06: 29.0% 26.4C -28.9ug/m3
> 3

HC-06
HC-06: 23.0% 29.2C 52.3ug/m3
HC-06: 23.0% 29.2C 53.0ug/m3
HC-06: 22.0% 29.1C 53.1ug/m3
> 4

HC-06
HC-06: 21.0% 29.2C 49.5ug/m3
HC-06: 20.0% 28.9C 50.3ug/m3
HC-06: 21.0% 29.2C 53.8ug/m3
HC-06: 22.0% 29.1C 50.1ug/m3
> 5

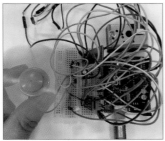

1/4 속도로 회전 · 2/4 속도로 회전 · 3/4 속도로 회전

그림 15-13 6 입력 시 DC 모터 정지

HC-06
HC-06: 22.0% 29.2C 52.6ug/m3
HC-06: 22.0% 29.2C 51.7ug/m3
HC-06: 22.0% 29.3C 51.8ug/m3
> 6
HC-06: 22.0% 29.2C 53.4ug/m3

앱 인벤터

1 앱 인벤터 소개

앱 인벤터(App Inventor)는 안드로이드 플랫폼 기반의 앱을 손쉽게 제작할 수 있는 비주얼 프로그래밍 환경입니다. 앱 인벤터 사이트에 접속하면 앱을 제작할 수 있는 도구들이 마련돼 있어 필요한 도구를 적절히 사용해 원하는 앱을 제작할 수 있습니다. 앱 제작은 외관 디자인과 프로그래밍 과정으로 이루어집니다. 사용자는 사용자 인터페이스(User Interface) 도구를 사용해 앱 외관을 디자인할 수 있고, 블록(Block) 도구를 사용해 앱 동작을 프로그래밍할 수 있습니다.

앱 인벤터는 다음과 같은 장점이 있습니다. 첫째, 앱 외관을 쉽게 디자인할 수 있습니다. 필요한 사용자 인터페이스 도구를 선택한 후 드래그 앤 드롭(Drag and Drop) 방식으로 원하는 외관을 누구나 쉽게 디자인할 수 있습니다. 둘째, 블록으로 프로그래밍할 수 있습니다. C나 Java의 문법과 명령어를 몰라도 쉽게 프로그래밍을 할 수 있습니다. 셋째, 이벤트(Event)를 쉽게 처리할 수 있습니다. 모바일 환경에서는 사용자에 의해 이벤트가 많이 발생하는데 블록을 사용해 다양한 이벤트를 처리할 수 있습니다. 앱 인벤터 홈페이지(https://appinventor.mit.edu/)에는 앱 인벤터 학습과 관련한 유용한 정보가 많습니다. 특히 Tutorials 메뉴는 앱 인벤터를 처음 접하는 사용자를 위해 다양한 앱을 소개하고 각 앱을 직접 따라 하면서 제작할 수 있도록 텍스트와 비디오 자료가 수록돼 있습니다.

그림 16–1 앱 인벤터 홈페이지[1]

---

1 [출처] https://appinventor.mit.edu/

그림 16-2 Tutorials 메뉴[2]

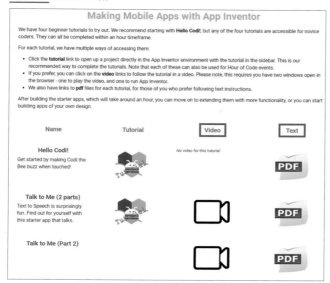

이제 본격적으로 앱을 제작하기 위한 과정을 알아보겠습니다. 앱을 제작하려면 구글 계정이 있어야 하므로 먼저 구글 계정을 만들어보겠습니다.

1 웹 브라우저에 https://www.google.com을 입력해 구글 홈페이지에 접속합니다.

---

2 [출처] https://appinventor.mit.edu/explore/ai2/beginner-videos

2 Google 앱에서 Google 계정을 선택합니다.

3 Google 계정 만들기를 클릭한 후 이름, 사용자 이름, 비밀번호를 입력한 후 다음 버튼을 클릭합니다.

4 생년월일, 성별을 입력한 후 다음 버튼을 클릭합니다.

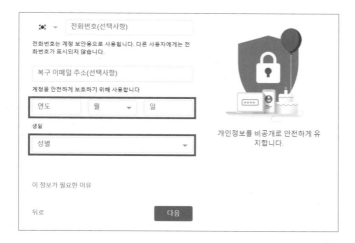

5 개인정보 보호 및 약관에 동의한 후 계정 만들기를 누르면 계정이 생성됩니다.

구글 계정을 만들었다면 앱을 제작하기 위해 앱 인벤터 홈페이지에 로그인하겠습니다.

1 앱 인벤터 홈페이지(https://appinventor.mit.edu/)에 접속한 후 Create Apps!를 클릭합니다.

2 구글 계정으로 로그인한 후 'I accept the terms of service!'를 클릭합니다.

3 'Start new project'를 클릭해 새로운 프로젝트를 만듭니다.

4 Project name을 작성하고 OK 버튼을 클릭합니다.

5 프로젝트 이름이 작성된 후 앱을 제작할 수 있는 화면이 나타납니다. 이제 외관 디자인 및 프로그래밍이 가능합니다. 다음 그림은 외관을 디자인할 수 있는 Designer 화면입니다.

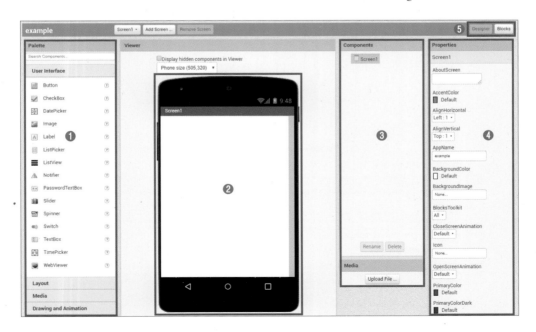

❶ **Palette**: 앱 외관을 디자인할 때 사용하며 User Interface, Layout, Sensors, Storage 등의 도구가 있습니다. 각 도구에서 원하는 요소를 Viewer(❷)로 드래그 앤 드롭하면 자동으로 외관의 일부가 완성됩니다.

❷ **Viewer**: 스마트폰 화면을 가상으로 구현한 창으로 Palette 도구의 요소를 배치해 앱 외관을 디자인할 수 있습니다. Viewer 창에서 디자인한 앱 외관은 스마트폰 앱에서도 똑같이 볼 수 있습니다.

❸ **Components**: Palette 도구 요소를 Viewer로 옮기면 Components 창에 해당 요소를 추가합니다. 외관 디자인이 완성되면 Components 창을 통해 어떤 요소가 사용됐는지 쉽게 확인할 수 있습니다. Components 창에서 하나의 요소를 클릭하면 Viewer에서 선택된 요소가 활성화됩니다.

❹ **Properties**: Palette 도구 요소의 속성을 보고 색깔, 크기, 정렬 등을 설정할 수 있는 창입니다. Components 창에서 하나의 요소를 선택하면 선택된 요소의 속성이 Properties 창에 보입니다.

❺ **Designer and Blocks**: Designer는 앱 외관을 디자인할 때 사용하는 탭으로 로그인하면 기본적으로 활성화합니다. Blocks는 블록(Block) 도구를 사용해 앱 동작을 프로그래밍할 때 사용하는 탭입니다.

6 다음 그림은 프로그래밍할 수 있는 Blocks 화면입니다.

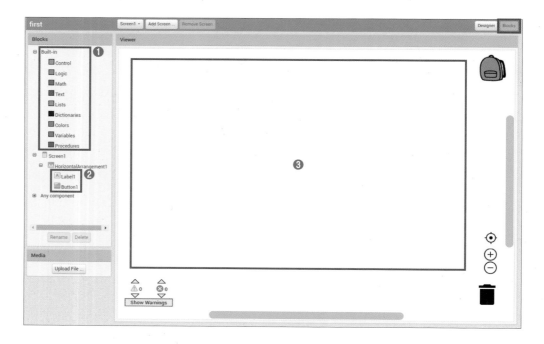

❶ Built-In Drawers: 앱 동작을 프로그래밍할 때 사용되는 블록 형태 도구로 Control, Logic, Math, Text 등이 있습니다. 앱 동작에 필요한 블록을 선택한 후 Viewer(❸) 창으로 드래그 앤 드롭해 프로그래밍합니다.

❷ Components-Specific Drawers: 앱 외관을 디자인할 때 사용한 요소들이 보입니다. 그중 하나의 요소를 클릭하면 요소와 관련한 동작 블록들이 나타납니다. 사용자는 앱 동작에 필요한 블록을 선택해 Viewer 창으로 옮겨주면 됩니다.

❸ Viewer: 앱 동작에 필요한 블록을 결합해 프로그래밍하는 창입니다. 앱에서 발생하는 이벤트(Event)를 중심으로 프로그래밍이 이루어집니다. 각 이벤트가 발생했을 때 수행하는 동작은 블록들을 결합해 구현합니다.

2 블루투스 연결 앱 만들기

스마트폰 앱에서 제어하기 위해서는 먼저 블루투스로 연결돼야 합니다. 앱 인벤터로 블루투스 연결 앱을 제작한 후 스마트폰에 설치하겠습니다. 앱 설치를 완료하면 스마트폰과 블루투스 모듈을 연결하겠습니다.

표 16-1 재료 목록

아두이노 보드 우노(Uno)	브레드보드 (400핀)	블루투스 모듈 (HC-06)
1개	1개	1개
스마트폰 (안드로이드 기반)	점퍼 케이블 수(Male)-수(Male)	
1개	4개	

2.1 하드웨어 구현하기

이 절의 실습 내용을 동영상으로 볼 수 있습니다.
QR 코드를 스캔하거나 http://bitly.kr/0w5jzRjRy 페이지로 접속하세요.

1 블루투스 모듈(HC-06)을 브레드보드에 장착합니다.

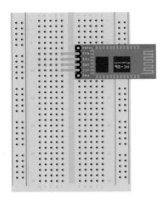

2 아두이노 5V 핀과 블루투스 모듈 VCC 핀을 점퍼 케이블로 연결합니다.

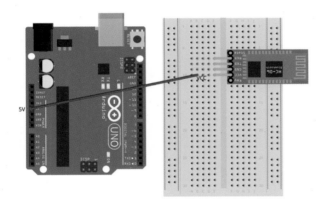

3 아두이노 GND 핀과 블루투스 모듈 GND 핀을 점퍼 케이블로 연결합니다.

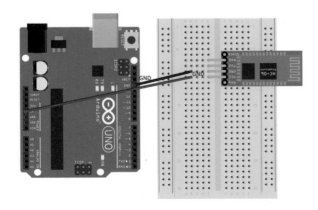

4 아두이노 2번 핀과 블루투스 모듈 TXD 핀을 케이블을 점퍼 케이블로 연결합니다.

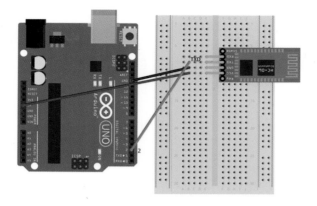

5 아두이노 3번 핀과 블루투스 모듈 RXD 핀을 케이블을 점퍼 케이블로 연결합니다.

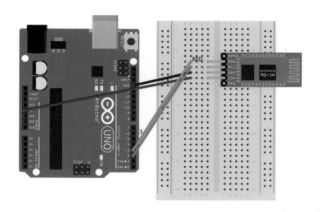

2.2 소프트웨어 구현하기(practice_16.ino)

 이 절의 실습 내용을 동영상으로 볼 수 있습니다.
QR 코드를 스캔하거나 http://bitly.kr/Tx5XOMvvK 페이지로 접속하세요.

소프트웨어 시리얼 라이브러리를 사용해 동기화까지 프로그래밍하면 블루투스 연결을 확인할 수 있습니다.

◉ **코드 16-1** 블루투스 연결하기

```
#include <SoftwareSerial.h> //소프트웨어 시리얼 라이브러리 추가

#define TXD 2 //TXD를 2번 핀으로 설정
#define RXD 3 //RXD를 3번 핀으로 설정

SoftwareSerial mySerial(TXD, RXD); //소프트웨어 시리얼 mySerial 객체 선언

void setup() {
  mySerial.begin(9600); //소프트웨어 시리얼 동기화
}
void loop() {

}
```

2.3 앱 구현하기

이 절의 실습 내용을 동영상으로 볼 수 있습니다.
QR 코드를 스캔하거나 http://bitly.kr/YlGEoBR9l 페이지로 접속하세요.

2.3.1 외관 디자인하기

블루투스 연결 앱 제작은 먼저 외관을 디자인한 후 블록을 이용해 프로그래밍하겠습니다.
인터넷 주소창에 http://ai2.appinventor.mit.edu/를 입력한 후 로그인합니다.

1 'Start new project'를 클릭해 새로운 프로젝트를 만듭니다.

2 Project name에 프로젝트 이름을 'SMART_HOME'으로 입력한 후 OK를 클릭합니다.

3 Component들을 가로로 정렬하기 위해 [Palette]–[Layout]–[HorizontalArrangement]를 선택한 후 드래그 앤 드롭해 Viewer로 옮기고 다음과 같이 Properties를 수정합니다.

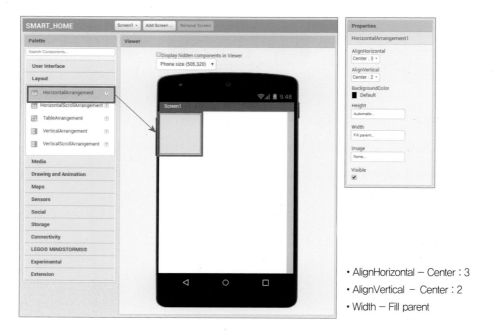

• AlignHorizontal – Center : 3
• AlignVertical – Center : 2
• Width – Fill parent

4 블루투스 목록 중 하나를 선택하기 위해 [Palette]-[User Interface]-[ListPicker]를 선택한 후 드래그 앤 드롭해 Viewer로 옮겨줍니다. Components에서 Rename을 클릭해 New name에 'bluetooth_list'를 입력하고 OK를 클릭합니다. Properties를 다음과 같이 수정합니다. Image에 첨부하는 블루투스 그림은 소스 코드와 함께 다운받아 사용하면 됩니다.

• Image : bluetooth_disable.
jpg (비활성화 그림)
• Text : 문장 삭제(빈 공간)

5 블루투스 통신 연결 및 해제를 표시하기 위해 [Palette]-[User Interface]-[Button]을 선택한 후 드래그 앤 드롭해 Viewer로 옮깁니다. Components에서 Rename을 클릭해 New name에 'bluetooth_disable'을 입력하고 OK를 클릭합니다. Properties를 다음과 같이 수정합니다.

- Image : bluetooth_enable.jpg
  (활성화 그림)
- Text : 문장 삭제(빈 공간)
- Visible : 체크 해제

6 블루투스 연결 상태를 수시로 체크하기 위해 [Palette]-[Sensors]-[Clock]을 선택한 후 드래그 앤 드롭해 Viewer로 옮깁니다. Clock은 앱 외관상 보이지 않는 Component이기 때문에 Non-visible components에 위치합니다. Properties의 내용은 수정하지 않으며, TimerInterval은 시간 간격으로 기본 세팅은 1초(1,000ms)이고 단위는 ms입니다.

7 블루투스 연결을 위해 [Palette]−[Connectivity]−[BluetoothClient]를 선택한 후 드래그 앤 드롭해 Viewer로 옮깁니다. BluetoothClient도 앱 외관상으로 보이지 않는 Component이기 때문에 Non−visible components에 위치합니다.

2.3.2 앱 프로그래밍하기

1 화면 오른쪽 상단의 'Blocks'를 클릭합니다.

2 블루투스 목록을 선택하기 전에 연결 가능한 블루투스 목록을 출력해야 합니다. 블루투스 목록 중 하나를 선택하기 전 이벤트를 처리하기 위해 bluetooth_list를 선택한 후 'when bluetooth_list.BeforePicking do'를 드래그 앤 드롭해 Viewer로 옮깁니다. 연결 가능한 블루투스 목록을 보여주기 위해 bluetooth_list를 선택한 후 'set bluetooth_list. Elements to'를 do 옆으로 붙입니다. BluetoothClient1을 선택한 후 'BluetoothClient1. AddressesAndNames'를 to 옆으로 붙입니다.

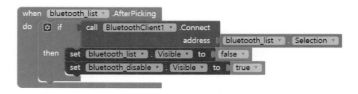

3 블루투스 목록 중 하나를 선택하면 블루투스를 연결해야 하고 블루투스 마크를 활성화해야 합니다.

블루투스 연결부터 살펴봅시다. 블루투스 목록 중 하나를 선택했을 때 이벤트를 처리하기 위해 bluetooth_list를 선택한 후 'when bluetooth_list.AfterPicking'을 드래그 앤 드롭해 Viewer로 옮깁니다. 선택한 주소로 블루투스를 연결하기 위해 [Control]−[if−then]을 Viewer로 옮기고 BluetoothClient1을 선택한 후 'call BluetoothClient1.Connect address'를 if 옆에 붙입니다. address 옆에는 선택한 블루투스 주소가 와야 하기 때문에 bluetooth_list를 선택한 후 'bluetooth_list.Selection'을 붙입니다.

이제 블루투스 마크 활성화를 살펴봅시다. 블루투스를 연결하면 블루투스 마크를 활성화해야 합니다. 따라서 bluetooth_list의 비활성화 그림은 보이지 않아야 하므로 bluetooth_list를 선택한 후 'set bluetooth_list.Visible to'를 then 옆에 붙이고 [Logic]−[false]를 to 옆에 붙입니다. 반대로 bluetooth_disable의 활성화 그림은 보여야 하므로 bluetooth_disable 을 선택한 후 'set bluetooth_disable.Visible to'를 then에 추가해 붙이고 [Logic]−[true]를 to 옆에 붙입니다.

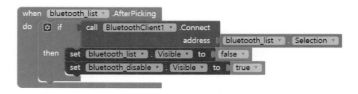

4 블루투스 해제 버튼을 클릭하면 블루투스 연결은 해제되고 블루투스 마크는 비활성화해야 합니다. 블루투스 해제 버튼을 클릭했을 때의 이벤트를 처리하기 위해 bluetooth_disable을 선택한 후 'when bluetooth_disable.Click'을 Viewer로 옮깁니다. 블루투스를 해제하기 위해 BluetoothClient1을 선택한 후 'call BluetoothClient1.Disconnect'를 do 옆에 붙입니다. 연결이 해제되면 블루투스를 비활성화해야 하므로 bluetooth_list를 선택한 후 'set bluetooth_list.Visible to'를 do에 추가로 붙이고 [Logic]−[true]를 to 옆에 붙입

니다. 반대로 Bluetooth_disable을 선택한 후 'set bluetooth_disable.Visible to'를 do에 추가로 붙이고 [Logic]-[false]를 to 옆에 붙입니다.

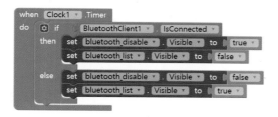

5 1초마다 블루투스 연결 상태를 확인해, 연결됐다면 블루투스 마크를 활성화시키고 연결이 끊어졌다면 블루투스 마크를 비활성화해야 합니다. 1초마다 블루투스 연결 상태를 확인하기 위해 Clock1을 선택한 후 'when Clock1.Timer'를 Viewer로 옮깁니다. 블루투스 연결 상태에 따라 활성화/비활성화를 설정하기 위해 [Control]-[if-then]을 선택해 붙이고 톱니바퀴를 클릭해 왼쪽 else를 오른쪽 if 안에 붙여주고 do 옆에 붙입니다. 블루투스가 연결된 상태를 if 조건으로 하기 위해 BluetoothClient1을 선택한 후 'BluetoothClient1.IsConnected'를 if 옆에 붙입니다. 블루투스가 연결된 상태면 활성화 표시해야 하므로 bluetooth_disable에서 'set bluetooth_disable.Visible to'를 선택한 후 then 옆에 붙이고 [Logic]-[true]를 to 옆에 붙입니다. bluetooth_list는 비활성화해야 하므로 bluetooth_list에서 'set bluetooth_list.Visible to'를 선택한 후 then에 추가해 붙이고 [Logic]-[false]를 to 옆에 붙입니다. else는 블루투스가 해제된 상태를 의미하므로 then과 Visible 상태를 반대로 설정해 붙입니다.

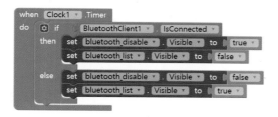

6 Build에서 App(provide QR code for .apk)를 선택해 QR 코드를 생성합니다.

7 스마트폰에서 Play 스토어를 실행시켜 'MIT AI2 Companion'을 설치합니다.

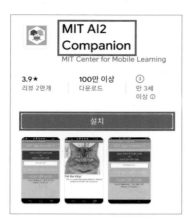

8 앱 설치가 끝나면 scan QR code를 클릭한 후 컴퓨터 모니터에 출력된 QR 코드를 찍습니다.

9 스캔 후 앱을 설치합니다. "알 수 없는 개발자의 앱은 안전하지 않을 수 있습니다." 등의 메시지가 나와도 '무시하고 설치'를 클릭합니다.

10 스마트폰 [설정]–[블루투스]에서 블루투스 모듈을 등록합니다. 블루투스 모듈을 선택하고 PIN을 입력하세요.

11 스마트폰 바탕화면에 설치된 'SMART_HOME' 앱을 실행시켜 제대로 동작하는지 확인합니다.

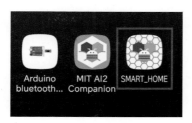

 ## 2.4 결과 확인하기

> 이 절의 실습 내용을 동영상으로 볼 수 있습니다.
> QR 코드를 스캔하거나 http://bitly.kr/FuSmJNXnp 페이지로 접속하세요.

앱을 실행하면 블루투스가 비활성화로 표시됩니다. 블루투스 마크를 클릭하면 연결 가능한 블루투스 목록을 출력하고 연결하려는 블루투스 이름을 선택하면 블루투스를 연결합니다. 블루투스가 연결되면 블루투스는 활성화로 표시됩니다. 활성화된 블루투스 마크를 다시 클릭하면 블루투스 연결을 해제합니다.

그림 16-3 앱 초기 화면과 블루투스 모듈 선택

 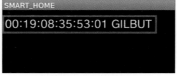

그림 16-4 블루투스 연결 성공 시 활성화

블루투스를 연결하면 스마트폰 앱으로 여러 동작을 제어할 수 있습니다. 이 절에서는 앱에 LED를 제어하는 기능을 추가한 후 앱으로 LED를 점등/소등하겠습니다.

표 16-2 재료 목록

아두이노 보드 우노(Uno)	브레드보드 (400핀)	블루투스 모듈 (HC-06)	스마트폰 (안드로이드 기반)
1개	1개	1개	1개
LED (5mm 흰색)	저항 (220Ω)	점퍼 케이블 수(Male)-수(Male)	
1개	1개	6개	

3.1 하드웨어 구현하기

이 절의 실습 내용을 동영상으로 볼 수 있습니다.
QR 코드를 스캔하거나 http://bitly.kr/IQhrm1nUL 페이지로 접속하세요.

블루투스 연결 앱 만들기에서 구현한 하드웨어에 LED를 추가해 하드웨어를 구현하겠습니다.

1 LED를 브레드보드에 꽂습니다.

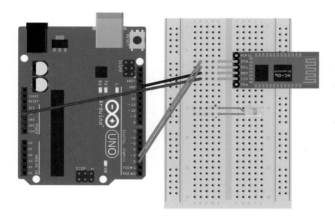

2 LED −극에 220Ω 저항을 연결합니다.

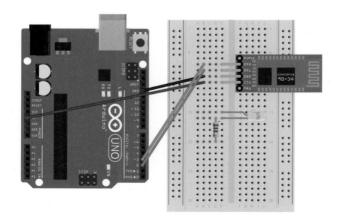

3 아두이노 GND 핀에 220Ω 저항의 나머지 다리를 점퍼 케이블로 연결합니다.

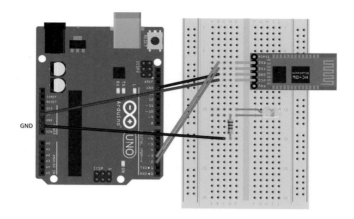

4 아두이노 13번 핀과 LED +극을 점퍼 케이블로 연결합니다.

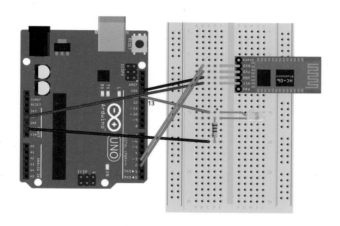

3.2 소프트웨어 구현하기(application_16.ino)

이 절의 실습 내용을 동영상으로 볼 수 있습니다.
QR 코드를 스캔하거나 http://bitly.kr/n3OpP9TEQ 페이지로 접속하세요.

15장 Semi 프로젝트에서 구현한 소프트웨어에서 두 가지 사항을 보완하려고 합니다.

첫째, 데이터 자료형입니다. 스마트폰 앱에서 발생한 데이터의 자료형은 문자형(char)이었습니다. mySerial.read() 함수는 문자의 아스키 코드를 반환했기 때문에 문자형으로 강제 형변환시켰습니다. 앱 인벤터에서는 바이트형(byte)으로 데이터를 전송할 수 있습니다. int와 byte는 크기만 다를 뿐 같은 정수형이기 때문에 앱 인벤터에서 byte형 1을 발생시키면 mySerial.read() 함수에서는 아스키 코드가 아닌 숫자 1을 반환합니다. 반환된 숫자 1을 byte형 변수에 저장하면 강제 형변환 없이 switch-case 문을 구성할 수 있습니다.

둘째, 발생한 데이터에 따른 전자 소자 제어입니다. 스마트폰 앱에서 블루투스 모듈로 1을 입력하면 LED를 점등하고 2를 입력하면 LED를 소등했습니다. DC 모터는 3~6의 데이터를 입력해 속도와 정지 여부를 제어했습니다. 만약 스마트폰으로 제어해야 하는 LED와 모터 등을 추가한다면 어떻게 될까요? 제어와 관련한 숫자 데이터가 늘어나면서 관리하기 어려워질 것입니다. 제어와 관련한 숫자가 많이 생기고, 관리하기 어려워지는 것을 어떻게 보완할 수 있을까요?

이 절에서는 각 제어 대상마다 고유 번호를 발생시키고 count 변수를 사용해 제어하려고 합니다. 예를 들어 LED를 점등, 소등하고자 할 때 1은 점등, 2는 소등되는 방식이 아니라 LED와 관련된 제어는 고유 번호 1만 발생시킵니다. 1이 발생할 때마다 ledCount 변수를 1 증가시키고 변수의 값이 홀수, 짝수 여부에 따라 LED를 점등 또는 소등합니다.

● **코드 16-2** 블루투스 통신으로 LED 제어하기

```
#include <SoftwareSerial.h> //소프트웨어 시리얼 라이브러리 추가

#define TXD 2 //TXD를 2번 핀으로 설정
#define RXD 3 //RXD를 3번 핀으로 설정
#define LED 13 //13번 핀으로 LED 제어

SoftwareSerial mySerial(TXD, RXD); //소프트웨어 시리얼 mySerial 객체 선언

//매개변수로 제어 핀과 count 횟수를 가진 ledControl() 함수 선언
void ledControl(int pin,int count);

int ledCount = 0; //LED 제어 이벤트 발생 횟수를 count하는 변수 0으로 초기화
```

```
void setup() {
  mySerial.begin(9600); //소프트웨어 시리얼 동기화
  pinMode(LED, OUTPUT); //13번 핀 출력으로 설정
}

void loop() {

  //앱에서 데이터가 발생해 블루투스 모듈로 데이터가 입력됐을 때
  if(mySerial.available())
  {
    byte input = mySerial.read(); //byte형의 데이터를 input 변수에 저장

    switch(input) //input 변수의 값에 맞는 case 문 실행
    {
      case 1:
        ledCount++; //1이 발생할 때마다 ledCount 변수 1 증가
        //LED 제어 핀과 ledCount 값을 매개변수로 해 ledControl()함수 호출
        ledControl(LED,ledCount);
        break;
    }
  }
}

void ledControl(int pin,int count) ❶
{
  if(count%2==1) //count 값이 홀수일 때
  {
    digitalWrite(pin, HIGH); //LED를 제어하는 핀에 HIGH 신호를 발생시켜 LED 점등
  }
  else //count 값이 짝수일 때
  {
    digitalWrite(pin, LOW); //LED를 제어하는 핀에 LOW 신호를 발생시켜 LED 소등
  }
}
```

❶ ledControl() 함수는 LED를 점등, 소등하는 제어를 담당합니다. LED 하나를 제어할 때는 매개변수 중 int pin은 없어도 됩니다. int pin을 매개변수로 추가한 이유는 LED가 추가됐을 때 각 핀에 연결된 LED를 제어하기 위해서입니다.

3.3 앱 구현하기

 이 절의 실습 내용을 동영상으로 볼 수 있습니다.
QR 코드를 스캔하거나 http://bitly.kr/mFg387NfV 페이지로 접속하세요.

블루투스 연결 앱 만들기에서 구현한 앱에서 LED 제어 기능을 추가하겠습니다. 인터넷 주소창에 http://ai2.appinventor.mit.edu/를 입력한 후 로그인합니다.

3.3.1 외관 디자인하기

1 로그인하면 최근에 작업한 프로젝트가 자동으로 화면에 나타납니다. 최근에 작업한 프로젝트가 아닌 다른 프로젝트를 선택하려면 [My Projects]-[My Projects]를 클릭한 후 원하는 프로젝트를 클릭합니다. 이 절에서는 SMART_HOME 프로젝트를 열겠습니다.

2 Component들을 가로로 정렬하기 위해 [Palette]-[Layout]-[HorizontalArrangement]를 선택한 후 드래그 앤 드롭해 Viewer로 옮기고 다음과 같이 Properties를 수정합니다.

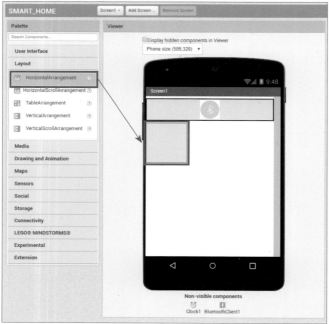

• Width : Fill parent

3 LED를 식별하기 위해 [Palette]−[User Interface]−[Label]을 선택한 후 드래그 앤 드롭해 Viewer로 옮깁니다. Properties를 다음과 같이 수정합니다.

• FontSize : 30
• Text : 거실 LED

4 LED를 스위칭하기 위해 [Palette]-[User Interface]-[Switch]를 선택한 후 드래그 앤 드롭해 Viewer로 옮깁니다. Components에서 Rename을 클릭해 New name에 'living_room'을 입력하고 OK를 클릭합니다. Properties를 다음과 같이 수정합니다.

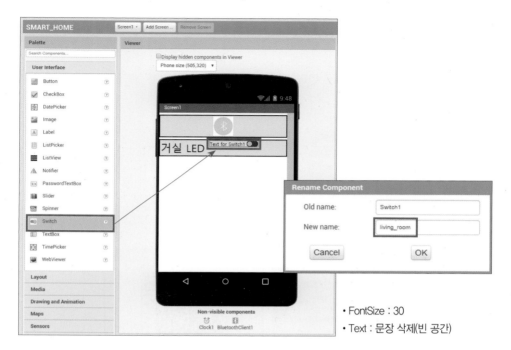

• FontSize : 30
• Text : 문장 삭제(빈 공간)

3.3.2 앱 프로그래밍하기

1 화면 오른쪽 상단의 'Blocks'를 클릭합니다.

2 Switch의 on/off 상태에 따라 LED는 점등, 소등해야 합니다. on/off 상태가 변화할 때 발생하는 이벤트를 처리하기 위해 living_room을 선택한 후 'when living_room.Changed do'를 드래그 앤 드롭해 Viewer로 옮깁니다. 상태가 변화할 때 바이트형 1을 발생시켜 블루투스 모듈로 전달해야 하므로 BluetoothClient1을 선택한 후 'call BluetoothClient1.

Send1ByteNumber number'를 do에 붙입니다. [Math]−[0]을 number 옆에 붙이고, 숫자
는 '1'로 변경합니다.

3 Build에서 App(provide QR code for .apk)를 선택해 QR 코드를 생성합니다.

4 스마트폰에서 MIT AI2 Companion 앱을 실행시키고 'scan QR code'를 클릭해 PC 화면
에 생성된 QR 코드를 스캔합니다.

5 앱을 설치한 후 실행시켜 블루투스를 연결합니다.

6 블루투스 마크가 활성화되면 거실 LED switch를 on/off해 LED 상태를 확인합니다.

3.4 결과 확인하기

이 절의 실습 내용을 동영상으로 볼 수 있습니다.
QR 코드를 스캔하거나 http://bitly.kr/XBFdfR7dfY 페이지로 접속하세요.

거실 LED switch가 off 상태이면 LED를 소등하고 on 상태이면 LED를 점등합니다.

그림 16-5 거실 switch가 off 상태일 때

그림 16-6 거실 switch가 on 상태일 때

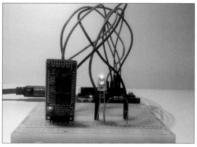

15장 Semi 프로젝트에서는 블루투스 통신으로 온도, 습도, 미세먼지 데이터를 스마트폰에 출력했습니다. 스마트폰에서는 숫자 데이터를 블루투스 모듈로 전송해 LED 및 DC 모터를 제어했습니다.

이 절에서는 17장의 종합 프로젝트인 스마트홈 시스템 중 블루투스 통신 제어와 관련된 모든 내용을 구현하겠습니다. 스마트홈 시스템 앱은 온·습도 센서와 미세먼지 센서가 읽어온 데이터를 앱에서 모니터링할 수 있습니다. Switch on/off 상태에 따라 거실과 방의 LED가 점등 또는 소등하며 팬 속도를 나타낸 버튼을 클릭하면 실링 팬(ceiling fan)의 전원 및 속도를 제어할 수 있습니다.

표 16-3 재료 목록

아두이노 보드 우노(Uno)	브레드보드 (400핀)	스마트폰 (안드로이드 기반)	블루투스 모듈 (HC-06)
1개	1개	1개	1개
온·습도 센서 (DHT11)	미세먼지 센서 (GP2Y1010AU0F)	DC 모터 (RF-310)	전해 콘덴서 (220μF)
1개	1개	1개	1개

LED (5mm 흰색)	트랜지스터 (2N2222A)	다이오드 (1N4001)	저항 (330Ω)
2개	1개	1개	1개

저항 (220Ω)	저항 (150Ω)	점퍼 케이블 수(Male)-수(Male)	
2개	1개	26개	

4.1 하드웨어 구현하기

 이 절의 실습 내용을 동영상으로 볼 수 있습니다.
QR 코드를 스캔하거나 http://bitly.kr/TPRtyJqes 페이지로 접속하세요.

스마트홈 시스템에는 전자 소자와 센서를 여러 개 사용하기 때문에 사용하는 아두이노 핀을
미리 계획해야 합니다. 블루투스 통신 제어와 관련한 전자 소자와 센서를 어떻게 처리할지
핀 계획을 세워 보겠습니다.

표 16-4 전자 소자와 센서에 대한 핀 계획

재료 명칭	아두이노 연결 핀	재료 명칭	아두이노 연결 핀
블루투스 모듈	TXD(2), RXD(3)	온·습도 센서	out(4)
DC 모터	Base(6)	미세먼지 센서	Pulse(7)
LED 1	방(12)	LED 2	거실(13)

1 아두이노 5V, GND 핀을 브레드보드의 빨간색, 파란색 라인에 점퍼 케이블로 각각 연결합니다.

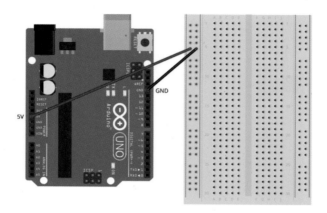

2 블루투스 모듈을 브레드보드에 꽂습니다.

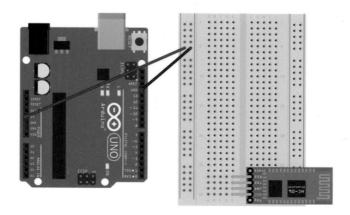

3 블루투스 모듈의 VCC 핀을 브레드보드 빨간색 라인에 점퍼 케이블로 연결합니다.

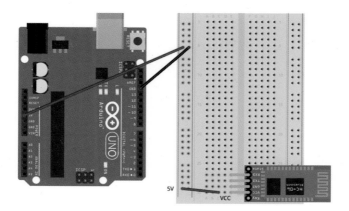

4 블루투스 모듈의 GND 핀을 브레드보드 파란색 라인에 점퍼 케이블로 연결합니다.

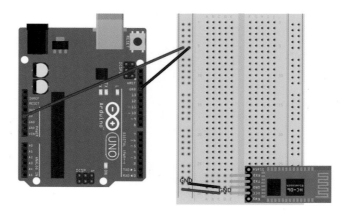

5 아두이노 2번 핀과 블루투스 모듈의 TXD 핀을 점퍼 케이블로 연결합니다.

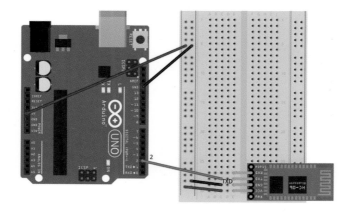

6 아두이노 3번 핀과 블루투스 모듈의 RXD 핀을 점퍼 케이블로 연결합니다.

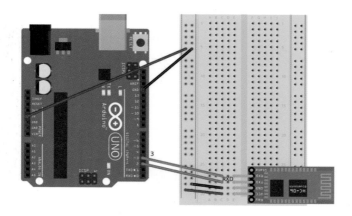

7 온·습도 센서를 브레드보드에 꽂습니다.

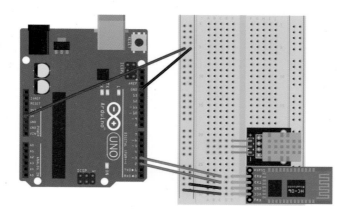

8 온·습도 센서의 +핀을 브레드보드 빨간색 라인에 점퍼 케이블로 연결합니다.

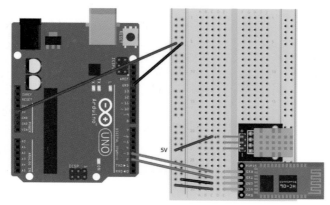

9 온·습도 센서의 -핀을 브레드보드 파란색 라인에 점퍼 케이블로 연결합니다.

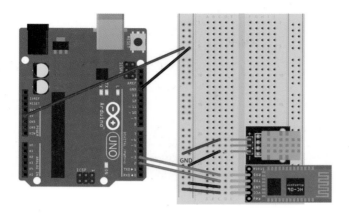

10 아두이노 4번 핀과 온·습도 센서 out 핀을 점퍼 케이블로 연결합니다.

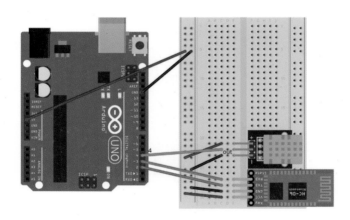

11 트랜지스터를 브레드보드에 꽂습니다.

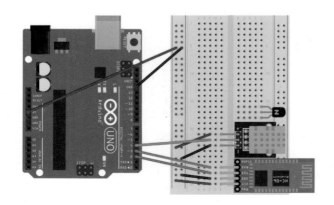

12 트랜지스터 베이스에 330Ω 저항을 연결합니다.

13 아두이노 6번 핀과 330Ω 저항의 나머지 다리 부분을 점퍼 케이블로 연결합니다.

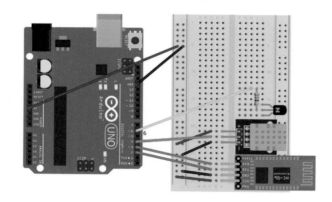

14 트랜지스터 이미터를 브레드보드의 파란색 라인에 점퍼 케이블로 연결합니다.

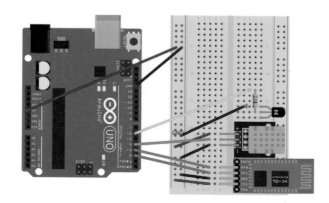

15 트랜지스터 컬렉터에 다이오드 애노드를 연결합니다.

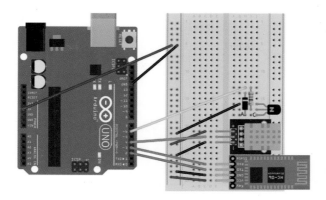

16 다이오드 캐소드를 브레드보드의 빨간색 라인에 점퍼 케이블로 연결합니다.

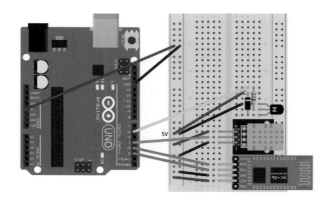

17 DC 모터의 두 케이블을 다이오드의 캐소드와 애노드에 연결합니다.

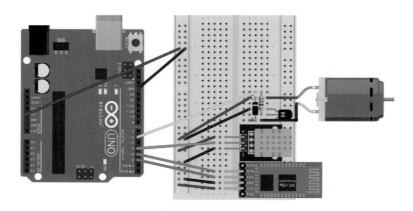

18 150Ω 저항과 220μF 전해 콘덴서를 브레드보드에 연결합니다.

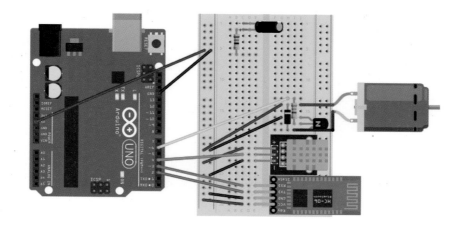

19 저항의 한 쪽 핀에 5V 전압을 인가하고 전해 콘덴서의 −극은 접지 처리합니다.

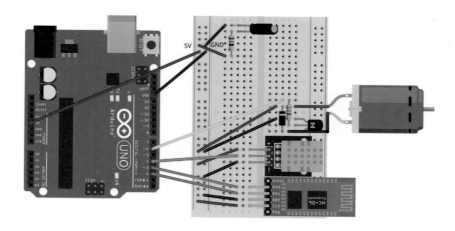

20 미세먼지 센서 1번 핀을 150Ω 저항과 전해 콘덴서의 접점 부분에 점퍼 케이블로 연결합니다.

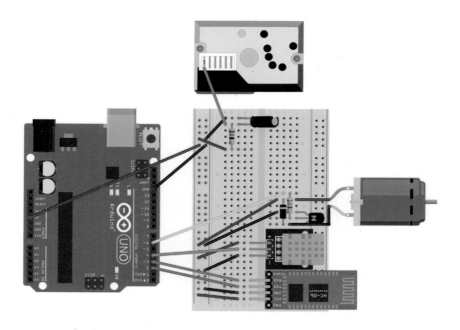

21 미세먼지 센서 2번 핀을 접지 처리합니다.

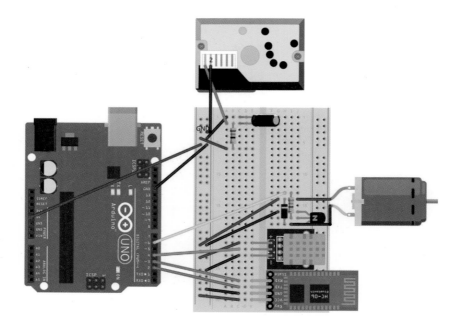

22 아두이노 7번 핀과 미세먼지 센서 3번 핀을 점퍼 케이블로 연결합니다.

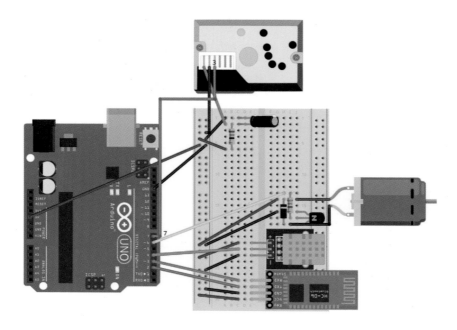

23 미세먼지 센서 4번 핀을 접지 처리합니다.

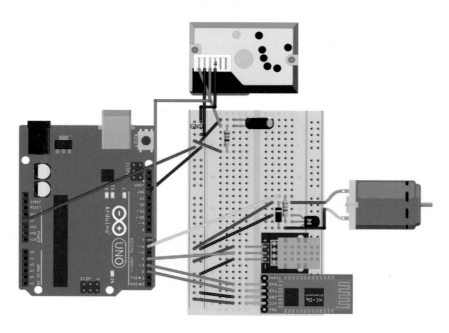

24 아두이노 A0 핀과 미세먼지 센서 5번 핀을 점퍼 케이블로 연결합니다.

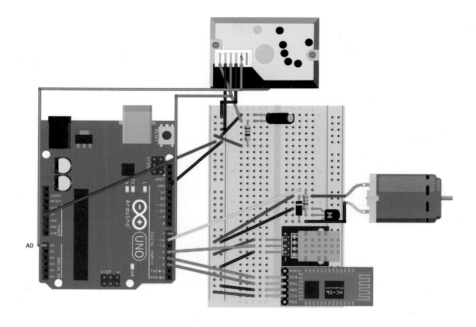

25 미세먼지 센서 6번 핀에 5V 전압을 인가합니다.

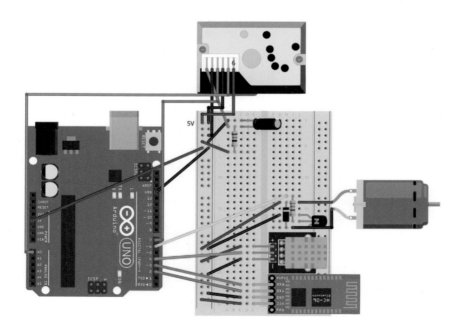

26 LED를 브레드보드에 꽂습니다.

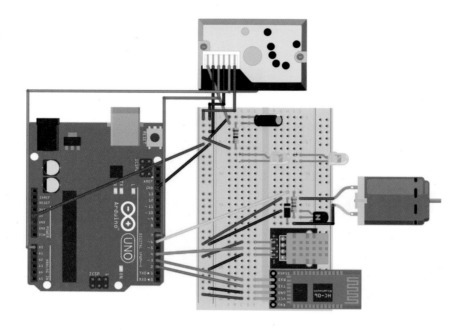

27 LED의 －극과 같은 라인에 220Ω 저항을 연결합니다.

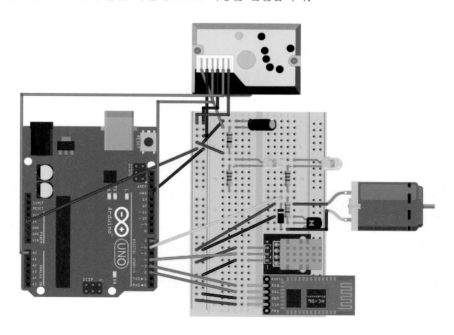

28 아두이노 13번 핀과 왼쪽 LED의 +극을 점퍼 케이블로 연결합니다.

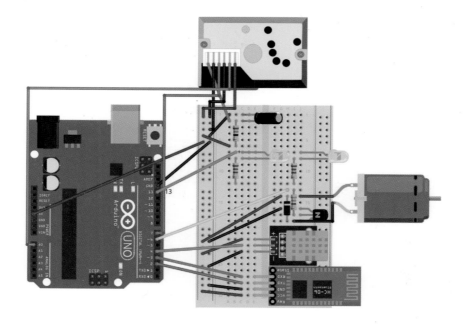

29 아두이노 12번 핀과 오른쪽 LED의 +극을 점퍼 케이블로 연결합니다.

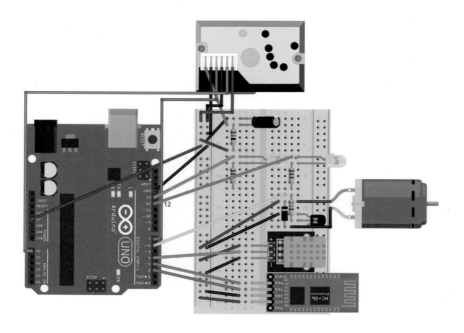

30 220Ω 저항의 나머지 다리 부분을 브레드보드의 파란색 라인에 점퍼 케이블로 연결합니다.

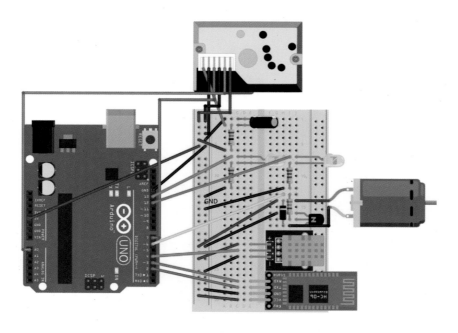

4.2 소프트웨어 구현하기(semiProject_16.ino)

이 절의 실습 내용을 동영상으로 볼 수 있습니다.
QR 코드를 스캔하거나 http://bitly.kr/oMZYLMkwu 페이지로 접속하세요.

스마트홈 시스템에서는 온도, 습도, 미세먼지 데이터를 OLED 출력은 물론 앱에서 모니터링할 수 있습니다. 온도, 습도, 미세먼지 데이터를 블루투스로 거쳐 스마트폰 앱으로 전송할때 각 데이터는 어떻게 구분할까요? 앱 인벤터는 공백을 기준으로 데이터를 구분할 수 있습니다. 따라서 온도, 습도, 미세먼지 데이터를 블루투스로 전송할 때 데이터 간에 공백을 추가하면 앱 인벤터에서 공백을 기준으로 데이터를 구분하고 스마트폰 앱에 각 데이터를 출력할 수 있습니다.

스마트폰 앱으로 LED 또는 DC 모터를 제어할 때 고유 번호를 발생시킵니다. DC 모터를 제어할 때는 두 가지 사항을 고려해야 합니다. 고유 번호와 DC 모터의 회전 속도입니다. 예를 들어 사용자가 스마트폰 앱에서 실링 팬이 2단계 속도로 운전하도록 명령을 내렸다면 DC 모터 제어와 관련한 고유 번호 3이 발생해야 하고, 2단계 속도도 처리해야 합니다. 두 가지 사항을 처리하기 위해 고유 번호와 단계 속도를 합친 데이터 32를 블루투스 모듈로 전송합니다. 블루투스 모듈로 32를 전송하면 해당 데이터를 고유 번호와 단계 속도로 분리해야겠죠? 32를 10으로 나누면 몫이 3, 나머지가 2가 되므로 이 방법으로 고유 번호를 분리할 수 있습니다. 32를 나머지 연산자를 사용해 10으로 나눠 고유 번호와 단계 속도를 분리합니다. 데이터 3은 switch-case 문에서 DC 모터를 제어하는 데 사용하고, 데이터 2는 DC 모터를 단계에 맞는 속도로 출력하기 위해 motor_Control() 함수 호출 시 매개변수로 사용합니다.

● **코드 16-3** 블루투스 통신으로 온도, 습도, 미세먼지 데이터 출력 및 LED, DC 모터 제어하기

```
#include <SoftwareSerial.h> //소프트웨어 시리얼 라이브러리 추가
#include <DHT.h> //온·습도 센서 라이브러리 추가

#define TXD 2 //TXD를 2번 핀으로 설정
#define RXD 3 //RXD를 3번 핀으로 설정
#define DHTPIN 4  //온·습도 센서 out 4번 핀으로 설정
#define DC_MOTOR 6 //6번 핀으로 DC 모터 제어
#define PULSE 7 //7번 핀으로 입력 펄스 인가
#define ROOM_LED 12 //12번 핀으로 방 LED 제어
#define LIVINGROOM_LED 13 //13번 핀으로 거실 LED 제어
#define OUTPUT_VOLTAGE A0 //A0 핀으로 출력 전압 입력
#define DHTTYPE DHT11   //온·습도 센서 타입 선택

DHT dht(DHTPIN, DHTTYPE); //DHT 센서 초기화
SoftwareSerial mySerial(TXD, RXD); //소프트웨어 시리얼 mySerial 객체 선언

//매개변수로 제어 핀과 count 횟수를 가진 ledControl() 함수 선언
void ledControl(int pin,int count);
```

```
//DC 모터 동작과 관련된 motor_Control 함수 선언
void motor_Control(byte dcStep);

int LivingroomLedCount = 0; //거실 LED 제어 시 발생한 스위칭 횟수를 저장
int roomLedCount = 0; //방 LED 제어 시 발생한 스위칭 횟수를 저장
byte motorStep = 0; //모터 속도 단계를 저장
float preVoltage = 0; //0~1023 범위의 출력 전압
float voltage = 0; //0~5 범위의 출력 전압
float dustDensity = 0; //미세먼지 농도 수치
float sumDustDensity = 0; //미세먼지 농도 수치 합
float avgDustDensity = 0; //미세먼지 농도 수치 평균

void setup() {
  dht.begin(); //온·습도 센서 동기화
  mySerial.begin(9600); //소프트웨어 시리얼 동기화
  pinMode(OUTPUT_VOLTAGE, INPUT); //A0 핀 입력으로 설정
  pinMode(DC_MOTOR, OUTPUT); //6번 핀 출력으로 설정
  pinMode(PULSE, OUTPUT); //7번 핀 출력으로 설정
  pinMode(ROOM_LED, OUTPUT); //12번 핀 출력으로 설정
  pinMode(LIVINGROOM_LED, OUTPUT); //13번 핀 출력으로 설정
  }

void loop() {
  delay(1000);
  float humidity = dht.readHumidity(); //습도 데이터를 읽어와 변수에 저장
  //온도 데이터를 읽어와 변수에 저장
  float temperature = dht.readTemperature();
  //데이터를 읽어오지 못했을 경우 loop() 함수 종료
  if (isnan(humidity) || isnan(temperature)) {
    return;
  }

  sumDustDensity = 0; //미세먼지 농도 수치 합을 초기화
  for(int i=0;i<30;i++) //미세먼지 농도 수치 30회 측정
```

```
{
  digitalWrite(PULSE, LOW); //입력 펄스 인가
  delayMicroseconds(280); //0.28ms 대기
  //A0 핀으로부터 데이터를 읽어 preVoltage에 저장
  preVoltage = analogRead(OUTPUT_VOLTAGE);
  delayMicroseconds(40); //0.04ms 대기
  digitalWrite(PULSE, HIGH); //입력 펄스 종료
  delayMicroseconds(9680); //9.68ms 대기
  //0~5 범위 전압 값으로 변환 후 voltage에 저장
  voltage = preVoltage * 5.0 / 1024.0;
  //미세먼지 농도 수치 dustDensity에 저장
  dustDensity = (voltage-0.3)/0.005;
  sumDustDensity += dustDensity; //미세먼지 농도 수치 합계
  delay(10); //데이터 계산 간 10ms 대기
}
//미세먼지 농도 수치의 평균 값을 avgDustDensity에 저장
avgDustDensity = sumDustDensity / 30.0;

mySerial.print(temperature,1); //소수점 첫째 자리까지 온도 데이터 출력
mySerial.print(" "); //각 데이터를 공백으로 구분
mySerial.print(humidity,1); //소수점 첫째 자리까지 습도 데이터 출력
mySerial.print(" "); //각 데이터를 공백으로 구분
//소수점 첫째 자리까지 미세먼지 데이터 출력
mySerial.println(avgDustDensity,1);

//앱에서 데이터가 발생해 블루투스 모듈로 데이터가 입력됐을 때
if(mySerial.available())
{
  byte input = mySerial.read();//데이터를 읽어 input 변수에 저장

  if(input >= 30) //DC 모터 제어와 관련된 데이터 발생 시 ❶
  {
    motorStep = input%10; //모터 속도를 나타내는 단계 처리
    input = input/10; //모터 제어와 관련된 고유 번호 3 처리
```

```
    }

    switch(input) //input 변수의 값에 맞는 case 문 실행
    {
      case 1:
        //1이 발생할 때마다 LivingroomLedCount 변수 1 증가
        LivingroomLedCount++;
        //거실 LED 제어 핀과 LivingroomLedCount 값을
        //매개변수로 ledControl() 함수 호출
        ledControl(LIVINGROOM_LED,LivingroomLedCount);
        break;
      case 2:
        roomLedCount++; //2가 발생할 때마다 roomLedCount 변수 1 증가
        //방 LED 제어 핀과 roomLedCount 값을 매개변수로
        //ledControl() 함수 호출
        ledControl(ROOM_LED,roomLedCount);
        break;
      case 3:
        //모터 속도 단계를 매개변수로 motor_Contorl() 함수 호출
        motor_Control(motorStep);
        break;
    }
  }
}

void ledControl(int pin,int count) //ledControl() 함수 정의
{
  if(count%2==1) //count 값이 홀수일 때
  {
    //LED를 제어하는 핀에 HIGH 신호를 발생시켜 LED 점등
    digitalWrite(pin, HIGH);
  }
  else //count 값이 짝수일 때
  {
```

```
        //LED를 제어하는 핀에 LOW 신호를 발생시켜 LED 소등
        digitalWrite(pin, LOW);
    }
}
void motor_Control(byte dcStep) //motor_Control 함수 정의
{
    switch(dcStep) //현재 DC 모터 속도 단계
    {
        case 0: //0단계
            analogWrite(DC_MOTOR, 0); //모터 멈춤
            break;
        case 1: //1단계
            analogWrite(DC_MOTOR, 32); //1/8 속도로 DC 모터 출력
            break;
        case 2: //2단계
            analogWrite(DC_MOTOR, 64); //2/8 속도로 DC 모터 출력
            break;
        case 3: //3단계
            analogWrite(DC_MOTOR, 96); //3/8 속도로 DC 모터 출력
            break;
    }
}
```

❶ DC 모터 제어와 관련한 고유 번호는 3이고 속도 단계는 0~3을 사용합니다. 속도 단계
가 0일 때는 정지를 의미하고 1~3은 1/8~3/8 속도로 DC 모터를 출력합니다. 예를 들
어 앱에서 실링 팬 메뉴 중 버튼 1을 클릭했을 때 블루투스 모듈로 데이터 31을 입력합
니다. 숫자 3은 실링 팬 제어를 의미하는 고유 번호이고, 숫자 1은 DC 모터의 속도 단
계를 의미합니다. 31을 변수 input에 저장합니다. input 변수를 10으로 나누면 몫이 3
이 되고, 나머지는 1이 됩니다. 나머지 연산자(%)를 사용해 DC 모터 속도 단계 1을 추
출한 후 motorStep 변수에 저장합니다. motorStep 변수는 motor_Control() 함수를
호출할 때 매개변수로 사용됩니다. 나누기 연산자(/)를 사용하면 실링 팬 제어와 관련한

고유번호 3을 추출할 수 있습니다. 고유번호 3은 input 변수에 저장돼 switch-case 문의 조건문 변수로 사용합니다.

4.3 앱 구현하기

이 절의 실습 내용을 동영상으로 볼 수 있습니다.
QR 코드를 스캔하거나 http://bitly.kr/HqJ4uJlkN 페이지로 접속하세요.

LED 제어 앱 만들기에서 구현한 앱에서 스마트홈 시스템의 모든 기능을 추가해 구현하겠습니다. 인터넷 주소창에 http://ai2.appinventor.mit.edu/를 입력한 후 로그인합니다.

4.3.1 외관 디자인하기

1 방 LED를 추가하기 위해 [Palette]−[User Interface]−[Label]을 선택한 후 드래그 앤 드롭해 Viewer로 옮깁니다. Properties를 다음과 같이 수정합니다.

• FontSize : 30
• Text : 방 LED

2 LED를 스위칭하기 위해 [Palette]-[User Interface]-[Switch]를 선택한 후 드래그 앤 드롭해 Viewer로 옮깁니다. Components에서 Rename을 클릭해 New name에 'room'을 입력하고 OK를 클릭합니다. Properties를 다음과 같이 수정합니다.

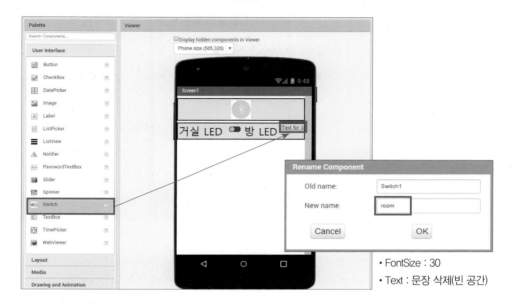

• FontSize : 30
• Text : 문장 삭제(빈 공간)

3 미세먼지 데이터를 모니터링하기 위해 [Layout]-[HorizontalArrangement]를 선택한 후 드래그 앤 드롭해 HorizontalArrangement1과 HorizontalArrangement2 사이로 옮기고 다음과 같이 Properties를 수정합니다.

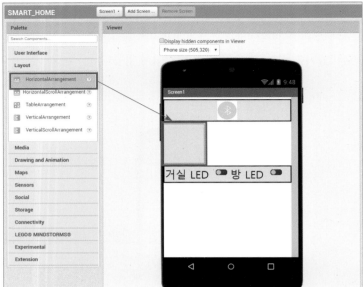

- AlignVertical : Center
- Width : Fill parent

4 미세먼지 데이터임을 표시하기 위해 [Palette]-[User Interface]-[Label]을 선택한 후 드래그 앤 드롭해 Viewer로 옮깁니다. Properties를 다음과 같이 수정합니다.

- FontSize : 30
- Text : 미세먼지

5 미세먼지 Label과 미세먼지 데이터 출력에 간격을 주기 위해 [Layout]−[Horizontal Arrangement]를 선택한 후 Viewer로 옮깁니다. Properties를 다음과 같이 수정합니다.

- Height : 20 pixels
- Width : 20 pixels

6 미세먼지 데이터를 출력하기 위해 [Palette]−[User Interface]−[Label]을 선택한 후 드래그 앤 드롭해 Viewer로 옮깁니다. Components에서 Rename을 클릭해 New name에 'Microdust'를 입력하고 OK를 클릭합니다. Properties를 다음과 같이 수정합니다.

- FontSize : 30
- Text : 문장 삭제(빈 공간)

7 미세먼지 수치에 따른 단계를 출력하기 위해 [Palette]−[User Interface]−[Label]을 선택한 후 드래그 앤 드롭해 Viewer로 옮깁니다. Components에서 Rename을 클릭해 New name 에 'Condition'을 입력하고 OK를 클릭합니다. Properties를 다음과 같이 수정합니다.

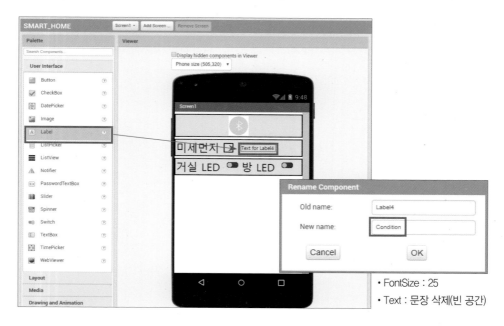

- FontSize : 25
- Text : 문장 삭제(빈 공간)

8 온도, 습도 데이터를 모니터링하기 위해 [Layout]—[HorizontalArrangement]를 선택한 후 드래그 앤 드롭해 HorizontalArrangement1과 HorizontalArrangement3 사이로 옮기고 다음과 같이 Properties를 수정합니다.

- AlignHorizontal : Center
- Width : Fill parent

9 온도 데이터임을 표시하기 위해 [Palette]—[User Interface]—[Label]을 선택한 후 드래그 앤 드롭해 Viewer로 옮깁니다. Components에서 Rename을 클릭해 New name에 'Temperature'를 입력하고 OK를 클릭합니다. Properties를 다음과 같이 수정합니다.

- FontSize : 30
- Text : 문장 삭제(빈 공간)

10 온도 기호를 표시하기 위해 [Palette]–[User Interface]–[Label]을 선택한 후 드래그 앤 드롭해 Viewer로 옮깁니다. Properties를 다음과 같이 수정합니다. Text 안 온도 기호(℃)는 문서 편집 프로그램(한글, 워드 등)에서 특수 문자를 입력한 다음 복사(Ctrl + C)해 붙여넣기(Ctrl + V)하면 됩니다.

- FontSize : 30
- Text : ℃

11 온도 데이터와 습도 데이터 출력에 간격을 주기 위해 [Layout]-[Horizontal Arrangement]를 선택한 후 Viewer로 옮깁니다. Properties를 다음과 같이 수정합니다.

• Height : 20 pixels
• Width : 20 pixels

12 습도 데이터임을 표시하기 위해 [Palette]-[User Interface]-[Label]을 선택한 후 드래 그 앤 드롭해 Viewer로 옮깁니다. Components에서 Rename을 클릭해 New name에 'Humidity'를 입력하고 OK를 클릭합니다. Properties를 다음과 같이 수정합니다.

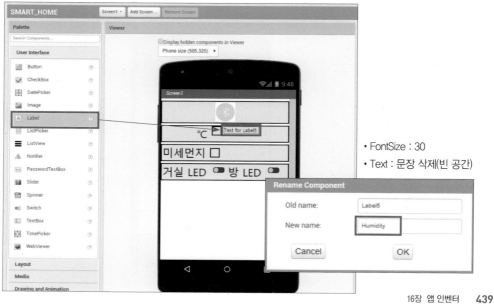

• FontSize : 30
• Text : 문장 삭제(빈 공간)

13 습도 기호(%)를 표시하기 위해 [Palette]-[User Interface]-[Label]을 선택한 후 드래그 앤 드롭해 Viewer로 옮깁니다. Properties를 다음과 같이 수정합니다.

• FontSize : 30
• Text : %

14 실링 팬을 제어하기 위해 [Layout]-[HorizontalArrangement]를 선택한 후 드래그 앤 드롭해 HorizontalArrangement2 아래로 옮기고 다음과 같이 Properties를 수정합니다.

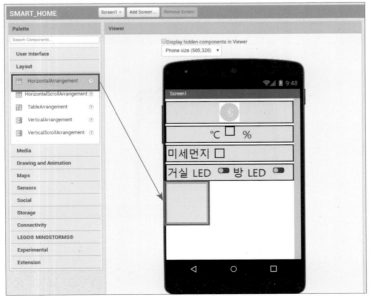

• AlignVertical : Center
• Width : Fill parent

15 실링 팬을 표시하기 위해 [Palette]−[User Interface]−[Label]을 선택한 후 드래그 앤 드롭해 Viewer로 옮깁니다. Properties를 다음과 같이 수정합니다.

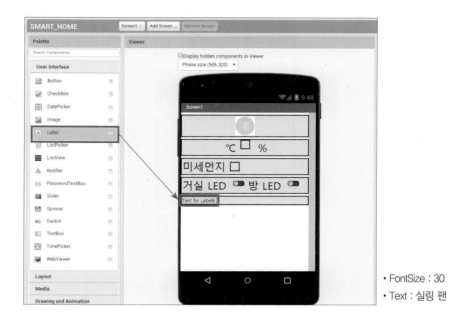

- FontSize : 30
- Text : 실링 팬

16 실링 팬의 속도 단계를 표시하기 위해 [Palette]−[User Interface]−[Button]을 선택한 후 드래그 앤 드롭해 Viewer로 옮깁니다. Components에서 Rename을 클릭해 New name에 'Stop'을 입력하고 OK를 클릭합니다. Properties를 다음과 같이 수정합니다.

- FontSize : 30
- Text : 0

17 실링 팬의 속도 단계를 표시하기 위해 [Palette]–[User Interface]–[Button]을 선택한 후
드래그 앤 드롭해 Viewer로 옮깁니다. Components에서 Rename을 클릭해 New name
에 'Step1'을 입력하고 OK를 클릭합니다. Properties를 다음과 같이 수정합니다.

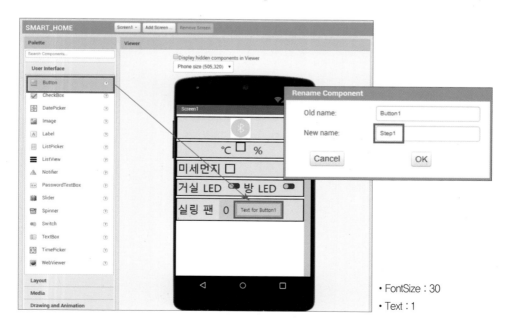

- FontSize : 30
- Text : 1

18 실링 팬의 속도 단계를 표시하기 위해 [Palette]-[User Interface]-[Button]을 선택한 후 드래그 앤 드롭해 Viewer로 옮깁니다. Components에서 Rename을 클릭해 New name 에 'Step2'를 입력하고 OK를 클릭합니다. Properties를 다음과 같이 수정합니다.

• FontSize : 30
• Text : 2

19 실링 팬의 속도 단계를 표시하기 위해 [Palette]-[User Interface]-[Button]을 선택한 후 드래그 앤 드롭해 Viewer로 옮깁니다. Components에서 Rename을 클릭해 New name 에 'Step3'를 입력하고 OK를 클릭합니다. Properties를 다음과 같이 수정합니다.

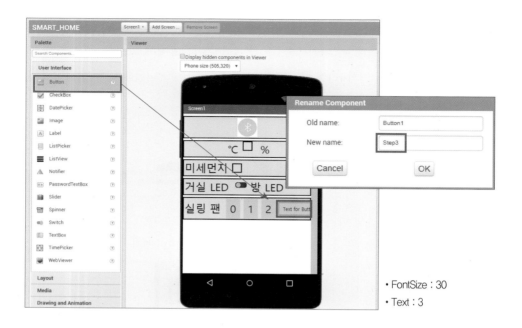

- FontSize : 30
- Text : 3

20 각 Layout 간 간격을 일정하게 주기 위해 [Layout]-[HorizontalArrangement]를 선택한 후 드래그 앤 드롭해 각 HorizontalArrangement 사이에 옮기고 다음과 같이 Properties 를 수정합니다.

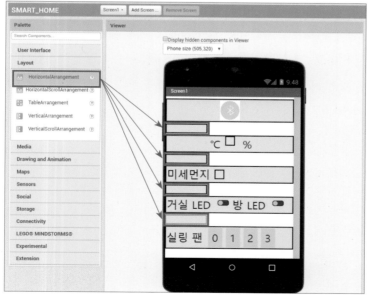

- Height : 20 pixels

21 온도, 습도, 미세먼지 데이터를 2초마다 출력하기 위해 [Palette]−[Sensors]−[Clock]을 선택한 후 드래그 앤 드롭해 Viewer로 옮깁니다. Properties를 다음과 같이 수정합니다. Properties의 TimerInterval로 시간을 '2,000'으로 설정합니다.

• TimerInterval : 2000

4.3.2 앱 프로그래밍하기

1 화면 오른쪽 상단의 'Blocks'를 클릭합니다.

2 방 LED의 on/off 상태가 변할 때 고유 번호 2가 발생해야 합니다. 방 LED switch의 상태가 변할 때 이벤트를 처리하기 위해 room을 선택한 후 'when room.Changed do' 를 드래그 앤 드롭해 Viewer로 옮깁니다. 상태가 변화할 때 데이터 2를 발생시켜 블루 투스 모듈로 전달해야 하므로 BluetoothClient1을 선택한 후 'call BluetoothClient1. Send1ByteNumber'를 do 옆에 붙입니다. [Math]−[0]을 number 옆에 붙이고, 숫자는 '2' 로 변경합니다.

```
when room ▼ .Changed
do  call BluetoothClient1 ▼ .Send1ByteNumber
                                 number  2
```

3 실링 팬 제어는 고유 번호와 DC 모터 단계 속도를 합쳐 데이터를 발생시킵니다. 0을 클릭했을 때 이벤트를 처리하기 위해 Stop을 선택한 후 'when Stop.Click do'를 드래그 앤 드롭해 Viewer로 옮깁니다. 30을 블루투스 모듈로 전송하기 위해 BluetoothClient1 을 선택한 후 'call BluetoothClient1.Send1ByteNumber number'를 do 옆에 붙입니다. [Math]−[0]을 number 옆에 붙이고, 숫자는 '30'으로 변경합니다.

```
when Stop ▼ .Click
do  call BluetoothClient1 ▼ .Send1ByteNumber
                                 number  30
```

4 1을 클릭했을 때 이벤트를 처리하기 위해 Step1을 선택한 후 'when Step1.Click do' 를 드래그 앤 드롭해 Viewer로 옮깁니다. 31을 블루투스 모듈로 전송하기 위해 BluetoothClient1을 선택한 후 'call BluetoothClient1.Send1ByteNumber number'를 do 옆에 붙입니다. [Math]−[0]을 number 옆에 붙이고, 숫자를 '31'로 변경합니다.

```
when Step1 ▼ .Click
do  call BluetoothClient1 ▼ .Send1ByteNumber
                                 number  31
```

5 2를 클릭했을 때 이벤트를 처리하기 위해 Step2를 선택한 후 'when Step2.Click do' 를 드래그 앤 드롭해 Viewer로 옮깁니다. 32를 블루투스 모듈로 전송하기 위해 BluetoothClient1을 선택한 후 'call BluetoothClient1.Send1ByteNumber number'를 do 옆에 붙입니다. [Math]−[0]을 number 옆에 붙이고, 숫자를 '32'로 변경합니다.

```
when Step2 ▼ .Click
do  call BluetoothClient1 ▼ .Send1ByteNumber
                                 number  32
```

6 3을 클릭했을 때 이벤트를 처리하기 위해 Step3를 선택한 후 'when Step3.Click do' 를 드래그 앤 드롭해 Viewer로 옮깁니다. 33을 블루투스 모듈로 전송하기 위해 BluetoothClient1을 선택한 후 'call BluetoothClient1.Send1ByteNumber number'를 do 옆에 붙입니다. [Math]−[0]을 number 옆에 붙이고, 숫자를 '33'으로 변경합니다.

7 온도, 습도, 미세먼지 데이터는 2초마다 출력되므로 Clock2를 선택한 후 'when Clock2. Timer do'를 드래그 앤 드롭해 Viewer로 옮겨줍니다.

8 온도, 습도, 미세먼지 데이터를 출력하기 위해서는 블루투스가 연결 상태에 있어야 하므로 [Control]−[if−then]을 선택한 후 드래그 앤 드롭해 do 옆에 붙이고, 블루투스 연결 여부가 if의 조건이 되므로 BluetoothClient1을 선택한 후 'BluetoothClient1. IsConnected'를 if 옆으로 붙입니다.

9 블루투스 모듈로 입력한 데이터 여부를 확인하기 위해 [Control]−[if−then]을 선택한 후 드래그 앤 드롭해 then 옆으로 붙여줍니다. if의 조건을 처리하기 위해 [Math]−[가운데 등호가 있는 두 번째 메뉴]를 선택해 if 옆으로 붙여줍니다. 블루투스 모듈로 입력된 데이터의 여부를 확인하기 위해 BluetoothClient1을 선택한 후 'call BluetoothClient1. BytesAvailableToReceive'를 등호의 왼쪽 빈 공간으로 붙입니다. 입력된 데이터가 있으면 0 이상이 되므로 [Math]−[0]을 등호의 오른쪽으로 붙이고 등호를 '〉'로 변경합니다.

10 블루투스 모듈로 입력된 데이터를 저장하기 위한 변수를 초기화하기 위해 [Variables]-
[initialize global name to]를 선택한 후 Viewer 창으로 옮깁니다. name을 'inputData'로
변경한 후 공백으로 초기화하기 위해 [Text]-[" "]을 to 옆에 붙입니다. inputData에 저
장되는 데이터를 목록으로 만들기 위해 [Variables]-[initialize global name to]를 Viewer
창으로 옮긴 뒤 name을 'dataList'로 변경합니다. 빈 리스트를 생성하기 위해 [Lists]-
[create empty list]를 to 옆에 붙입니다.

11 블루투스 모듈로 입력된 데이터가 있다면 inputData 변수에 저장해야 합니다. 블
루투스 모듈로 입력된 데이터를 변수에 저장하기 위해 [Variables]-[set to]를 선택
한 후 then 옆에 붙입니다. set과 to 사이의 변수는 'global inputData'를 선택합니
다. 블루투스 모듈로 입력된 데이터를 받기 위해 BluetoothClient1을 선택한 후 'call
BluetoothClient1.ReceiveText numberOfBytes'를 to 옆에 붙이고 'call BluetoothClient1.
BytesAvailableToReceive'를 numberOfBytes 옆에 붙입니다.

12 inputData 변수에는 온도, 습도, 미세먼지 데이터 모두 저장됐기 때문에 공백을 기준으
로 데이터를 구분해 dataList 변수에 저장해야 합니다. 공백을 기준으로 구분한 데이터들
을 목록으로 저장하기 위해 [Variables]-[set to]를 선택한 후 'set global inputData to' 아
래에 붙이고 set과 to 사이의 변수는 'global dataList'를 선택합니다. 소프트웨어 구현하

기 코드에서 각 데이터를 구분하기 위해 데이터 사이를 공백 처리했습니다. 공백 단위로 데이터를 구분하기 위해 [Text]–[split at spaces]를 선택해 to 옆에 붙이고 [Variables]–[get]을 선택해 spaces 옆에 붙입니다. 데이터는 inputData 변수에 저장됐으므로 get 이후 변수는 'global inputData'를 선택합니다.

13 온도, 습도, 미세먼지 데이터를 출력하기 위해서는 dataList 변수에 3가지 데이터가 저장됐어야 합니다. 저장 여부를 판별하기 위해 [Control]–[if then]을 선택해 'set global dataList to' 아래에 붙입니다. if의 조건으로 dataList 변수에 3가지 데이터가 있는지를 판별하기 위해 [Math]–[가운데 등호가 있는 두 번째 메뉴]를 선택해 if 옆에 붙입니다. 등호 왼쪽에는 dataList 변수의 길이를 구하기 위해 [Lists]–[length of list list]를 선택해 붙이고 [Variables]–[get]을 선택해 list 옆에 붙입니다. get 다음 변수는 'global dataList'를 선택합니다. dataList에 온도, 습도, 미세먼지 데이터가 저장됐다면 길이가 3이 됩니다. 따라서 [Math]–[0]을 선택해 등호 오른쪽으로 붙이고 숫자를 '3'으로 수정합니다.

14 dataList에서 온도 데이터를 추출해 Temperature Label에 출력하기 위해 Temperature 를 선택한 후 'set Temperature.Text to'를 then 옆에 붙입니다. dataList에 저장한 데이 터 중 온도 데이터만 추출하기 위해 [Lists]−[select list item list index]를 선택해 to 옆에 붙입니다. dataList 변수에서 온도 데이터를 추출해야 하므로 [Variables]−[get]을 선택 해 list 옆에 붙이고 get 다음에는 'global dataList'를 선택합니다. 온도 데이터는 dataList 에 저장된 데이터 중 1번째 항목이기 때문에 [Math]−[0]을 선택한 후 index 옆에 붙이고 숫자를 '1'로 변경합니다. 습도와 미세먼지 데이터도 동일한 과정으로 처리합니다. 'set Temperature.Text to'를 클릭해 복사(Ctrl+C)한 후, 붙여넣기(Ctrl+V)를 하면 전체 블 록이 나타납니다. 전체 블록에서 Label 이름과 색인 번호만 수정하면 쉽게 프로그래밍을 할 수 있습니다.

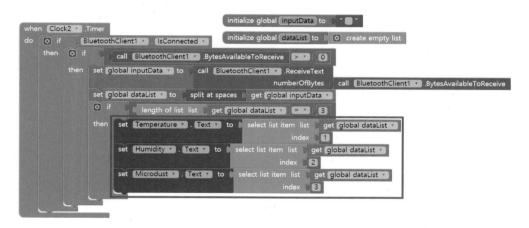

15 온도와 습도 데이터를 출력할 때 단위도 함께 출력해야 하므로 Label4를 클릭해 'set Label4.Visible to'를 선택한 후 'set Microdust.Text to' 아래로 붙입니다. 단위를 화면에 출력하기 위해 [Logic]−[true]를 선택해 to 옆에 붙입니다. 습도 단위(Label5) 출력도 같 은 과정으로 수행합니다.

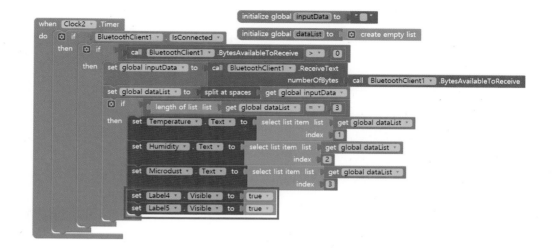

16 미세먼지 수치에 따른 단계 색깔 출력과 상태 메시지(예: 보통)를 출력하기 위해 [Control]−[if then]을 선택한 후 'set Label5.Visible to' 아래로 붙입니다. if−then 블록에 있는 톱니바퀴를 클릭해 왼쪽 else if를 오른쪽 if 안으로 두 번 넣어줍니다. 마지막으로 왼쪽 else를 오른쪽 else if 아래에 붙입니다.

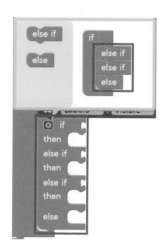

17 미세먼지 수치가 매우 나쁨 이상일 때 조건을 만들기 위해 [Math]−[가운데 등호가 있는 두 번째 메뉴]를 선택해 if 옆으로 붙입니다. 등호 왼쪽에는 미세먼지 수치가 위치해야 하므로 Microdust Label을 클릭한 후 'Microdust.Text'를 선택해 붙입니다. 등호 오른쪽에는 미세먼지가 매우 나쁨 이상일 때 수치를 넣기 위해 [Math]−[0]을 선택해 붙여준 뒤 숫자를 '101'로 수정하고, 등호를 '≥'로 변경합니다.

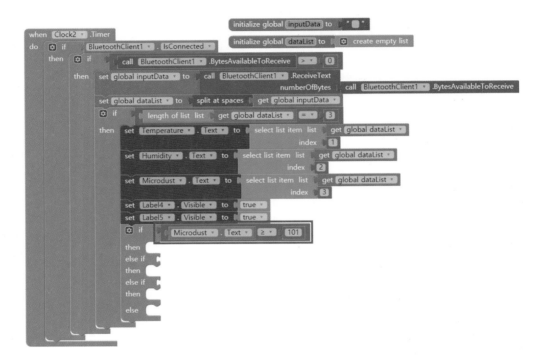

18 미세먼지가 매우 나쁨 이상일 때 배경을 빨간색으로 출력하기 위해 Microdust Label이 포함된 HorizontalArrangement3 레이아웃을 클릭해 'set HorizontalArrangement3. BackgroundColor to'를 선택한 후 then에 붙입니다. 빨간색을 출력하기 위해 [Colors]− [빨간색]을 선택해 to 옆에 붙입니다.

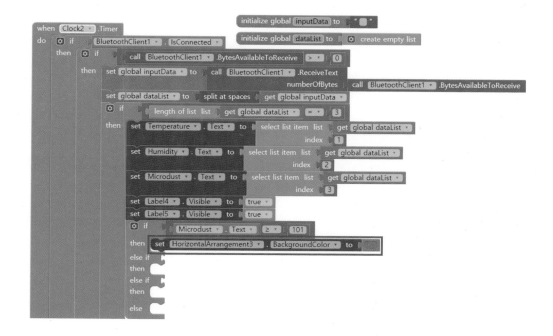

19 미세먼지가 매우 나쁨 이상일 때 상태 메시지를 출력하기 위해 Condition Label을 클릭해 'set Condition.Text to'를 선택한 후 set HorizontalArrangment3.BackgroundColor to 아래로 붙입니다. 매우 나쁨 메시지를 출력하기 위해 [Text]−[" "]를 to 옆에 붙여준 뒤 메시지를 '(매우 나쁨)'으로 작성합니다.

20 미세먼지 나쁨 이상일 때에도 17~19 과정을 동일하게 수행합니다. 단, 미세먼지 수치를 '51', 배경색을 '주황색', 상태 메시지를 '(나쁨)'으로 수정합니다. 복사하기와 붙여넣기를 이용하면 쉽게 프로그래밍할 수 있습니다.

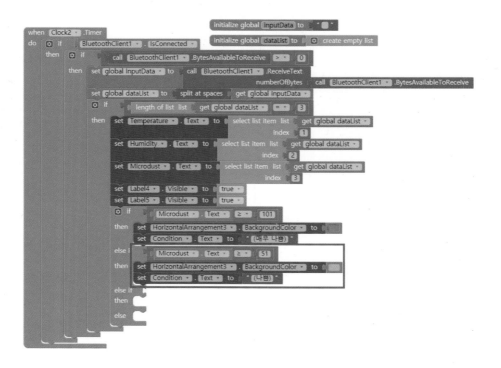

21 미세먼지 보통 이상일 때도 동일한 과정을 수행합니다. 미세먼지 수치를 '31', 배경색을 '초록색', 상태 메시지를 '(보통)'으로 수정합니다.

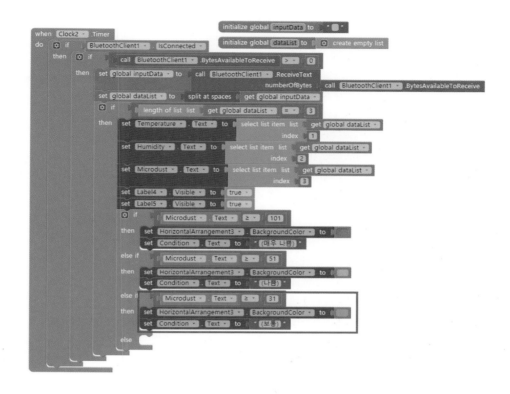

22 마지막 else 부분이 미세먼지 좋음 상태를 의미합니다. 위와 동일한 과정으로 수행하되 조건은 필요 없습니다. else 문은 그 밖의 조건(미세먼지 수치가 30 이하)일 때 자동 처리 하기 때문입니다. 미세먼지 수치는 설정할 필요 없고, 배경색을 '파란색', 상태 메시지를 '(좋음)'으로 수정합니다.

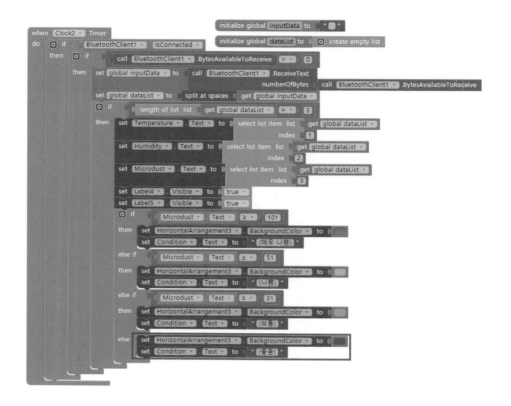

23 온도, 습도, 미세먼지 데이터를 모두 출력하면 inputData와 dataList 변수를 초기화하기 위해 [Variables]−[set to]를 선택해 'if call BluetoothClient1.BytesAvailableToReceive 〉 0'의 then 절에 붙이고 set과 to 사이에 변수는 'global inputData'로 변경합니다. inputData 변수를 공백으로 초기화하기 위해 [Text]−[" "]를 선택해 to 옆에 붙입니다. dataList 변수도 동일하게 [Variables]−[set to]를 선택해 'set global inputData to' 아래에 붙이고 set과 to 사이에 변수는 'global dataList'로 변경합니다. dataList 변수를 초기화하기 위해 [Lists]−[create empty list]를 선택해 to 옆에 붙입니다.

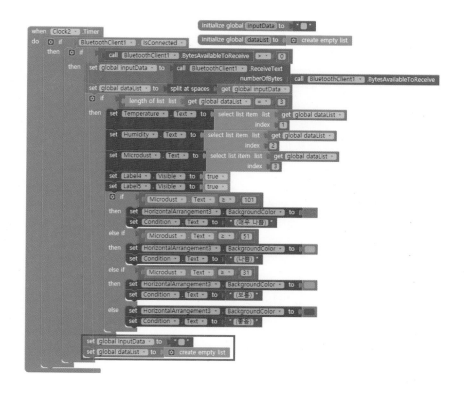

24 온도, 습도 단위는 데이터보다 먼저 출력하지 않도록 처리하기 위해 Screen1을 클릭해 'when Screen1.Initialize do'를 선택한 후 Viewer로 옮깁니다. Label4를 클릭해 'set Label4.Visible to'를 선택한 후 do 옆에 붙입니다. Screen1을 초기화할 때 단위가 보이지 않아야 하므로 [Logic]−[false]를 to 옆에 붙입니다. Label5도 동일한 과정으로 수행합니다.

25 스마트홈 시스템 제어 앱의 전체 블록 코딩 내용은 다음과 같습니다.

```
initialize global inputData to " "
initialize global dataList to create empty list

when Clock2 .Timer
do  if    BluetoothClient1 . IsConnected
    then  if    call BluetoothClient1 .BytesAvailableToReceive > 0
          then  set global inputData to   call BluetoothClient1 .ReceiveText
                                          numberOfBytes  call BluetoothClient1 .BytesAvailableToReceive
                set global dataList to   split at spaces   get global inputData
                if    length of list  list  get global dataList  = 3
                then  set Temperature . Text to   select list item list  get global dataList
                                                              index  1
                      set Humidity . Text to   select list item list  get global dataList
                                                          index  2
                      set Condition . Text to   select list item list  get global dataList
                                                           index  3
                      set Label4 . Visible to  true
                      set Label5 . Visible to  true
                      if    Microdust . Text ≥ 101
                      then  set HorizontalArrangement3 . BackgroundColor to
                            set Condition . Text to " 매우 나쁨 "
                      else if    Microdust . Text ≥ 51
                      then  set HorizontalArrangement3 . BackgroundColor to
                            set Condition . Text to " 나쁨 "
                      else if    Microdust . Text ≥ 31
                      then  set HorizontalArrangement3 . BackgroundColor to
                            set Condition . Text to " 보통 "
                      else  set HorizontalArrangement3 . BackgroundColor to
                            set Condition . Text to " 좋음 "
                set global inputData to " "
                set global dataList to   create empty list

when Stop .Click
do  call BluetoothClient1 .Send1ByteNumber
                              number  30

when Step1 .Click
do  call BluetoothClient1 .Send1ByteNumber
                              number  31

when Step2 .Click
do  call BluetoothClient1 .Send1ByteNumber
                              number  32

when Step3 .Click
do  call BluetoothClient1 .Send1ByteNumber
                              number  33

when Screen1 .Initialize
do  set Label4 . Visible to  false
    set Label5 . Visible to  false

when bluetooth_list .BeforePicking
do  set bluetooth_list . Elements to  BluetoothClient1 . AddressesAndNames

when bluetooth_list .AfterPicking
do  if    call BluetoothClient1 .Connect
                          address  bluetooth_list . Selection
    then  set bluetooth_list . Visible to  false
          set bluetooth_disable . Visible to  true

when bluetooth_disable .Click
do  call BluetoothClient1 .Disconnect
    set bluetooth_list . Visible to  true
    set bluetooth_disable . Visible to  false

when Clock1 .Timer
do  if    BluetoothClient1 . IsConnected
    then  set bluetooth_disable . Visible to  true
          set bluetooth_list . Visible to  false
    else  set bluetooth_disable . Visible to  false
          set bluetooth_list . Visible to  true

when living_room .Changed
do  call BluetoothClient1 .Send1ByteNumber
                              number  1

when room .Changed
do  call BluetoothClient1 .Send1ByteNumber
                              number  2
```

26 Build에서 App(provide QR code for .apk)를 선택해 QR 코드를 생성합니다.

27 스마트폰에서 MIT AI2 Companion 앱을 실행시키고 'scan QR code'를 클릭해 PC 화면에 생성한 QR 코드를 스캔합니다.

28 앱을 설치한 후 실행시켜 블루투스를 연결합니다.

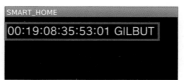

4.4 결과 확인하기

 이 절의 실습 내용을 동영상으로 볼 수 있습니다.
QR 코드를 스캔하거나 http://bitly.kr/f9wwP6xeJ 페이지로 접속하세요.

앱을 실행시킨 후 블루투스를 연결하면 2초마다 온도, 습도, 미세먼지 데이터를 출력합니다. 미세먼지 수치에 따라 배경 색깔을 바꾸고 상태 메시지를 출력합니다. 거실 또는 방 LED 스위치를 on/off하면 해당 LED를 점등 또는 소등합니다. 실링 팬은 1~3 버튼 중 하나를 누르면 버튼에 해당하는 단계의 속도로 DC 모터가 회전합니다. 0 버튼을 클릭하면 DC 모터는 정지합니다.

그림 16-7 온도, 습도, 미세먼지 데이터 출력

그림 16-8 거실 LED ON일 때 결과

그림 16-9 거실, 방 LED ON일 때 결과

Screen1

27.5°C 25.0%

미세먼지 72.7 (나쁨)

거실 LED ◖ 방 LED ◖

실링 팬 [0] [1] [2] [3]

그림 16-10 실링 팬 단계별 속도 출력

정지 (버튼 0을 누를 때)

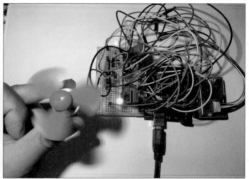

1/8 속도로 회전 (버튼 1을 누를 때)

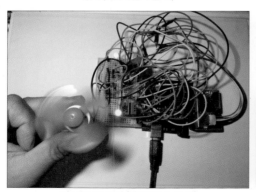

2/8 속도로 회전 (버튼 2를 누를 때)

3/8 속도로 회전 (버튼 3을 누를 때)

[종합 프로젝트]
스마트홈
시스템 만들기

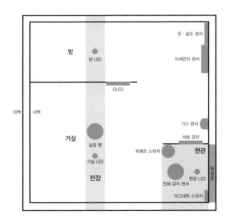

준비하기

이 장에서는 스마트홈 시스템을 제작하겠습니다.

표 17-1 재료 목록

아두이노 보드 우노(Uno)	브레드보드 (400핀)	스마트폰 (안드로이드 기반)	블루투스 모듈 (HC-06)
1개	1개	1개	1개
온·습도 센서 (DHT11)	미세먼지 센서 (GP2Y1010AU0F)	DC 모터 (RF-310)	OLED (128X64 I^{2}C)
1개	1개	1개	1개
인체 감지 센서 (HC-SR501)	마그네틱 스위치 (MC-38)	가스 센서 (MQ-5)	서보 모터 (SG90)
1개	1개	1개	1개

피에조 스피커 (수동형)	전해 콘덴서 (220μF)	LED (5mm 흰색)	트랜지스터 (2N2222A)
1개	1개	3개	1개

다이오드 (1N4001)	저항 (330Ω)	저항 (220Ω)	저항 (150Ω)
1개	1개	3개	1개

배터리와 스냅 (9V)	점퍼 케이블 수(Male)-수(Male)	점퍼 케이블 암(Female)-수(Male)	
1개	11개	73개	

스마트홈 시스템을 제작하기에 앞서, 구현할 기능들이 무엇인지를 파악하고 어떻게 구현할지 정리하겠습니다. 스마트홈 시스템 기능은 다음과 같습니다.

- **현관 LED 제어 시스템**: 현관에 설치된 인체 감지 센서에 움직임이 포착되면 LED를 점등합니다.
- **현관문 알람 시스템**: 현관문이 일정 시간 열려 있는 경우 알람을 울려 현관문의 상태를 사용자에게 알립니다.
- **가스 감지 시스템**: 가스가 누출될 경우 경고음을 출력하고 가스 밸브를 잠급니다.

- **온도, 습도, 미세먼지 데이터 확인 시스템**: OLED, 스마트폰 앱을 통해 온도, 습도, 미세먼지 데이터를 확인할 수 있습니다. 추가 기능으로 스마트폰 앱에서는 미세먼지 수치에 따라 상태 메시지와 색깔을 출력합니다.
- **거실, 방 LED 제어 시스템**: 거실과 방에 설치한 LED의 전원을 스마트폰 앱에서 제어할 수 있습니다.
- **실링 팬 시스템**: 거실 천장에 설치한 실링 팬의 전원 및 속도를 스마트폰 앱에서 제어할 수 있습니다.

스마트홈 시스템을 제작하기 위해 고려할 사항이 무엇인지 살펴볼까요?

하드웨어 구현하기 단계

첫째, 외부 전원 사용 계획입니다. 스마트홈 구현에 사용하는 전자 소자와 센서가 아두이노 5V 전원으로는 제대로 동작하기가 어렵기 때문에 별도의 외부 전원을 인가해야 합니다.

둘째, 아두이노 핀 사용 계획입니다. 스마트홈 구현에 전자 소자와 센서를 여러 개 사용하므로 사용 핀을 미리 정리해야 합니다.

소프트웨어 구현하기 단계

아두이노 사용 핀을 정의해야 합니다. 이 장에서는 제어와 관련한 핀을 많이 사용하므로 각 핀의 용도에 따라 정의해야 합니다.

외관 구현하기 단계

첫째, 케이블의 정리입니다. 전자 소자나 센서에 연결한 케이블이 최대한 외관으로 드러나지 않도록 정리해야 합니다.

둘째, 천장에 설치해야 할 전자 소자나 센서를 파악하고 설치 계획을 수립합니다. 스마트홈 시스템은 전반적으로 천장이 없는 구조이고 일부 구역에만 천장을 만들어 전자 소자나 센서를 고정합니다.

그림 17-1 스마트홈 시스템 구조

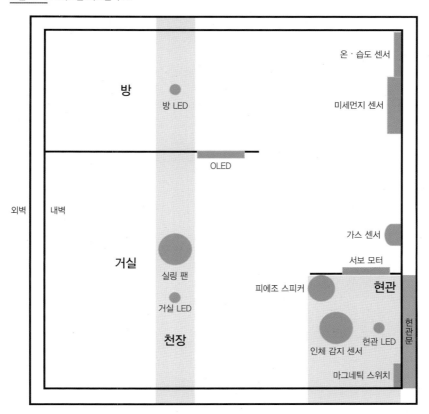

2 하드웨어 구현하기

이 절의 실습 내용을 동영상으로 볼 수 있습니다.
QR 코드를 스캔하거나 http://bitly.kr/MomTteRHu 페이지로 접속하세요.

준비하기에서 하드웨어 구현하기와 관련해 고려한 사항을 정리하겠습니다.

첫째, 아두이노에서 제공하는 5V 전원에서는 스마트홈 시스템 구현에 사용하는 전자 소자와 센서가 제대로 동작하기가 어렵습니다. 특히 서보 모터와 DC 모터를 동작시키기 위해서는 높은 전원이 필요하므로 9V 외부 전원을 인가해서 작동하겠습니다. OLED는 3.3V 전압, 나머지 전자 소자와 센서의 경우에는 5V 전압을 인가하겠습니다.

둘째, 스마트홈 시스템 구현에 사용되는 모든 전자 소자와 센서에 대해 핀 정리하겠습니다.

표 17-2 스마트홈 시스템 전자 소자와 센서에 대한 핀 정리

재료 명칭	아두이노 연결 핀	재료 명칭	아두이노 연결 핀
블루투스 모듈	TXD(2), RXD(3)	온·습도 센서	out(4)
서보 모터	PWM(5)	DC 모터	Base(6)
미세먼지 센서	Pulse(7), V_o(A0)	인체 감지 센서	out(8)
피에조 스피커	+(9)	LED 1	현관(10)
마그네틱 스위치	+(11)	LED 2	방(12)
LED 3	거실(13)	가스 센서	AO(A1)
OLED	SDA(A4), SCL(A5)		

16장 Semi 프로젝트에서 구현한 하드웨어를 수정해 구현하겠습니다. 온·습도 센서와 LED를 브레드보드에서 분리해 암-수 점퍼 케이블을 연결한 후 전자 소자와 센서를 추가합니다.

1 온·습도 센서에 연결한 수-수 점퍼 케이블을 브레드보드에서 제거한 후 온·습도 센서에 암-수 점퍼 케이블을 연결합니다.

2 온·습도 센서의 +, -극에 연결한 점퍼 케이블을 브레드보드의 빨간색, 파란색 라인에 각각 연결합니다.

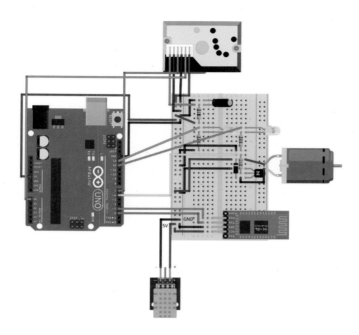

3 아두이노 4번 핀과 온·습도 센서의 out 핀을 점퍼 케이블로 연결합니다.

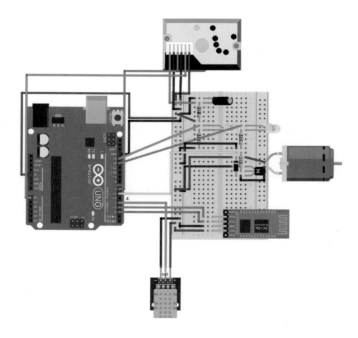

4 LED +극에 연결한 수−수 점퍼 케이블을 브레드보드에서 제거한 후 LED에 암−수 점퍼 케이블을 연결합니다.

5 왼쪽 LED의 +극은 아두이노 13번 핀, −극은 220Ω 저항과 같은 라인에 점퍼 케이블로 연결합니다. 오른쪽 LED의 +극은 아두이노 12번 핀과 점퍼 케이블로 연결하고 −극은 220Ω 저항과 같은 라인에 연결합니다.

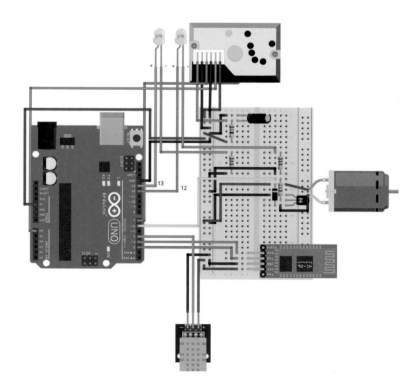

6 서보 모터의 3색 케이블에 수-수 점퍼 케이블을 연결합니다.

7 서보 모터의 갈색 케이블을 브레드보드의 파란색 라인에 연결합니다.

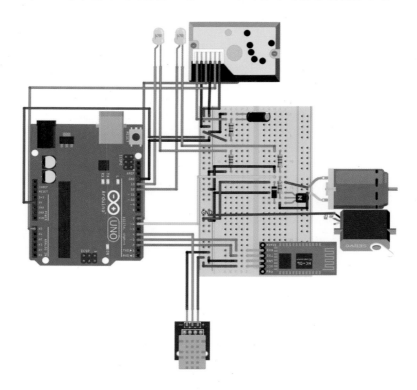

8 서보 모터의 빨간색 케이블에 9V 전원을 인가하기 위해 브레드보드의 오른쪽 빨간색 라인에 연결합니다.

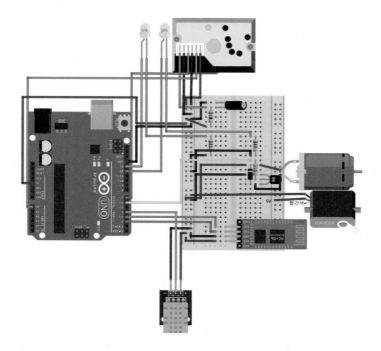

9 아두이노 5번 핀과 서보 모터의 주황색 케이블을 연결합니다.

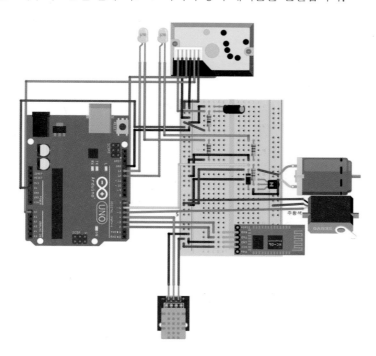

10 인체 감지 센서 3개의 핀에 암–수 점퍼 케이블을 연결합니다.

11 인체 감지 센서 GND 핀에 연결한 점퍼 케이블을 브레드보드 파란색 라인에 연결합니다.

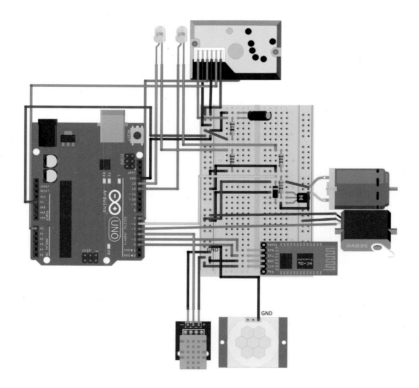

12 인체 감지 센서 VCC 핀에 연결한 점퍼 케이블을 브레드보드 빨간색 라인에 연결합니다.

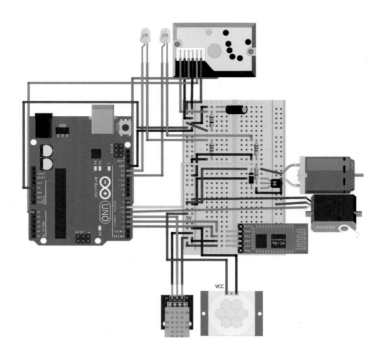

13 아두이노 8번 핀과 인체 감지 센서 out 핀을 점퍼 케이블로 연결합니다.

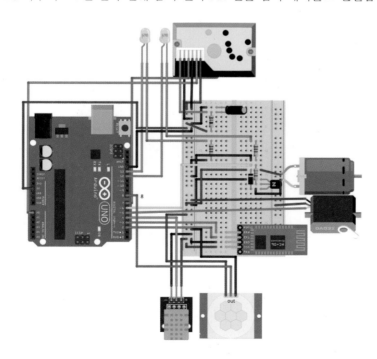

14 피에조 스피커 2개의 핀에 암-수 점퍼 케이블을 연결합니다.

15 피에조 스피커 -극을 브레드보드의 파란색 라인에 점퍼 케이블로 연결합니다.

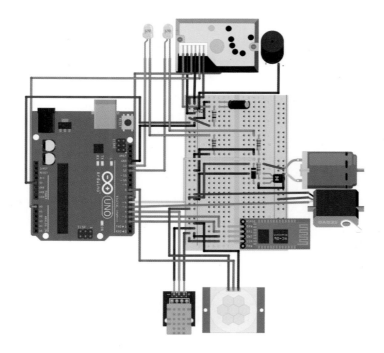

16 아두이노 9번 핀과 피에조 스피커 +극을 점퍼 케이블로 연결합니다.

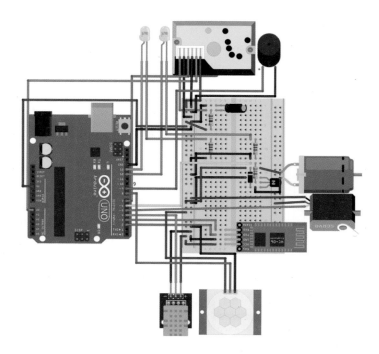

17 LED에 암-수 점퍼 케이블을 연결하고 브레드보드에 220Ω 저항을 꽂습니다.

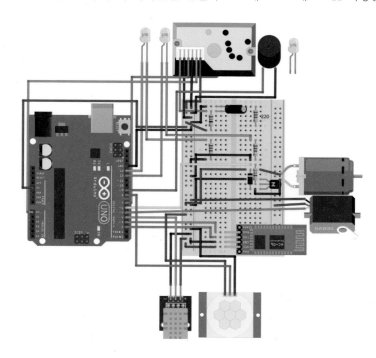

18 LED의 +극은 아두이노 10번 핀, −극은 220Ω 저항과 같은 라인에 점퍼 케이블로 연결합니다.

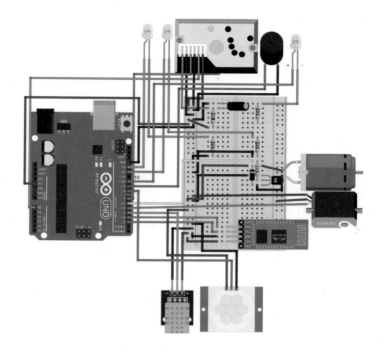

19 220Ω 저항의 나머지 다리 부분은 브레드보드의 파란색 라인에 연결합니다.

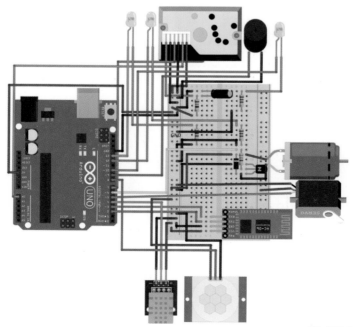

20 마그네틱 스위치의 케이블 하나를 브레드보드의 파란색 라인에 연결합니다.

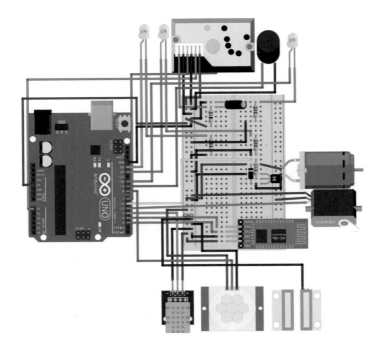

21 아두이노 11번 핀과 마그네틱 스위치의 나머지 케이블을 연결합니다.

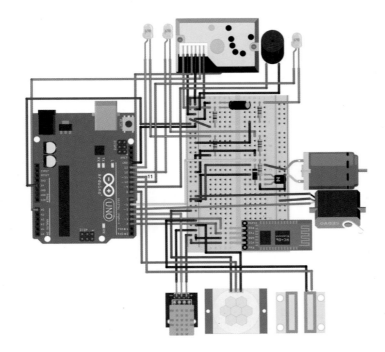

22 가스 센서의 VCC, GND, AO 핀에 암-수 점퍼 케이블을 연결합니다.

23 가스 센서의 VCC 핀을 브레드보드의 빨간색 라인에 점퍼 케이블로 연결합니다.

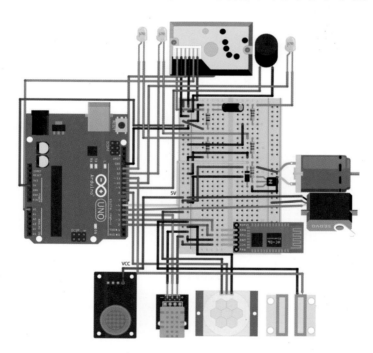

24 아두이노 GND 핀과 가스 센서의 GND 핀을 점퍼 케이블로 연결합니다.

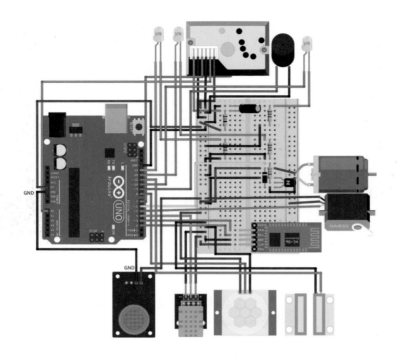

25 아두이노 A1 핀과 가스 센서의 AO 핀을 점퍼 케이블로 연결합니다.

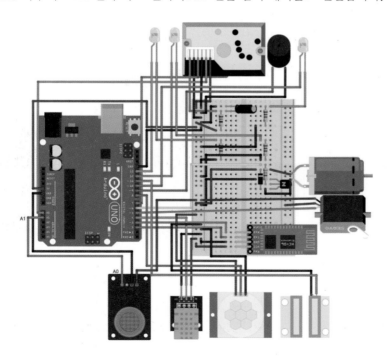

26 OLED의 VCC, GND, SCL, SDA 핀에 암-수 점퍼 케이블을 연결합니다.

27 아두이노 GND 핀과 OLED GND 핀을 점퍼 케이블로 연결합니다.

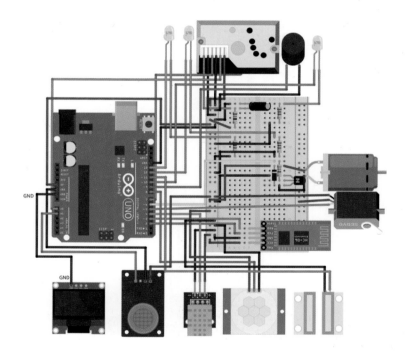

28 아두이노 3.3V 핀과 OLED VCC 핀을 점퍼 케이블로 연결합니다.

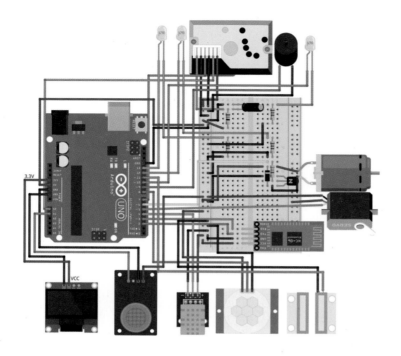

29 아두이노 A5 핀과 OLED SCL 핀을 점퍼 케이블로 연결합니다.

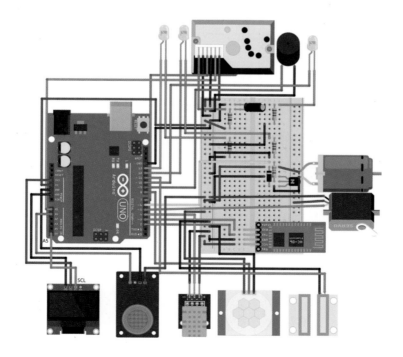

30 아두이노 A4 핀과 OLED SDA 핀을 점퍼 케이블로 연결합니다.

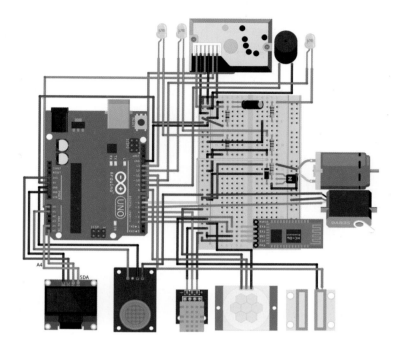

31 DC 모터에 9V 전원을 인가하기 위해 다이오드 캐소드와 브레드보드의 왼쪽 빨간색 라인에 연결한 점퍼 케이블을 제거한 후 다이오드 캐소드와 브레드보드의 오른쪽 빨간색 라인에 점퍼 케이블을 연결합니다.

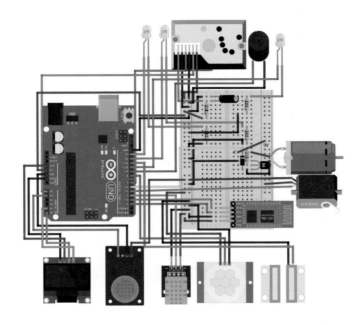

32 9V 건전지의 +극을 브레드보드의 오른쪽 빨간색 라인에 연결합니다.

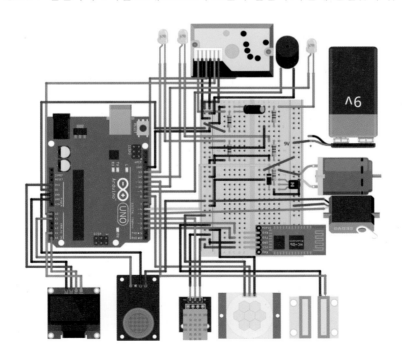

33 9V 건전지의 −극을 브레드보드의 왼쪽 파란색 라인에 연결합니다.

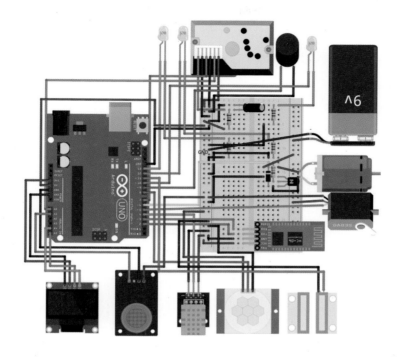

3 소프트웨어 구현하기(project_3.ino)

 이 절의 실습 내용을 동영상으로 볼 수 있습니다.
QR 코드를 스캔하거나 http://bitly.kr/LbNilhZmK 페이지로 접속하세요.

준비하기에서 소프트웨어 구현하기와 관련해 고려한 사항을 정리하겠습니다.

스마트홈 시스템을 구현하기 위해 아두이노에서 핀을 많이 사용합니다. 따라서 프로그램 작성 시 사용하는 핀의 목적에 맞게 정의해야 합니다. #define 문을 사용해 각 핀을 정의한 후 프로그램을 작성하겠습니다.

스마트홈 시스템 프로그램은 11~16장 semiProject 프로그램 코드를 참고해 작성합니다. 먼저, 준비하기에서 제시한 각 기능을 구현하기 위한 프로그램 코드를 구상해봅시다.

- **현관 LED 제어 시스템**: 인체 감지 센서에 움직임이 감지됐을 경우 5초 동안 현관에 설치된 LED를 점등합니다.
- **현관문 알람 시스템**: 알람이 동작해야 하는 상황은 현관문이 열려 있는 상태이고 움직임은 감지되지 않을 때입니다. 이때 알람을 2회 출력해 사용자가 현관문의 상태를 확인할 수 있도록 합니다.
- **가스 감지 시스템**: 가스 센서의 데이터가 250 이상이 될 경우 가스가 누출된다고 가정하고 경고음을 5회 출력하고 서보 모터로 가스 밸브를 잠급니다.
- **온도, 습도, 미세먼지 데이터 확인 시스템**: 온도, 습도, 미세먼지 데이터를 읽어 OLED에 출력합니다. 블루투스 모듈로 데이터를 전송할 때 각 데이터를 구분할 수 있도록 공백을 포함하고, 전송한 데이터는 스마트폰 앱에서 확인할 수 있도록 합니다. 미세먼지 데이터의 경우에는 수치에 따른 배경색과 상태 메시지를 출력합니다.
- **거실, 방 LED 제어 시스템**: 스마트폰 앱에서 거실이나 방 LED를 스위칭하면 블루투스 모듈로 고유 번호 1이나 2를 전송하고 LED 제어 함수를 호출해 해당 LED를 점등 또는 소등합니다.
- **실링 팬 시스템**: 스마트폰 앱에서 실링 팬 관련 제어가 발생하면 DC 모터 제어와 관련된 고유 번호 3과 팬의 속도를 의미하는 0~3의 번호를 함께 블루투스 모듈로 전송합니다. 예를 들어 버튼 1을 눌렀을 때 블루투스 모듈로 31을 전송합니다. 31을 전송하면 3과 1을 따로 추출해 모터 제어를 의미하는 고유 번호 3을 switch-case 문에 사용하고 모터 제어 함수의 매개변수로 1을 사용해 1단계 속도로 팬이 회전합니다.

◉ **코드 17-1** 스마트홈 시스템 만들기

```
#include <SoftwareSerial.h> //소프트웨어 시리얼 라이브러리 추가
#include <U8glib.h> //u8g 라이브러리 추가
#include <DHT.h> //온·습도 센서 라이브러리 추가
#include <Servo.h> //서보 모터 라이브러리 추가

#define TXD 2 //TXD를 2번 핀으로 설정
```

```
#define RXD 3 //RXD를 3번 핀으로 설정
#define DHTPIN 4  //온·습도 센서 out 4번 핀으로 설정
#define SERVO 5 //서보 모터 각도 제어 5번 핀으로 설정
#define DC_MOTOR 6 //DC 모터 제어 6번 핀으로 설정
#define PULSE 7 //미세먼지 센서 입력 펄스를 7번 핀으로 인가
#define PIR 8 //인체 감지 센서 out 8번 핀으로 설정
#define PIEZO 9 //피에조 스피커 +극 9번 핀으로 설정
#define DOOR_LED 10 //현관 LED 등 제어 10번 핀으로 설정
#define MAGNETIC 11 //마그네틱 스위치 제어 11번 핀으로 설정
#define ROOM_LED 12 //방 LED 제어 12번 핀으로 설정
#define LIVINGROOM_LED 13 //거실 LED 제어 13번 핀으로 설정
#define OUTPUT_VOLTAGE A0 //미세먼지 센서 출력 전압 A0 핀으로 설정
#define GAS_OUT A1 //가스 센서 아날로그 출력 A1으로 설정
#define DHTTYPE DHT11 //온·습도 센서 타입 선택

U8GLIB_SSD1306_128X64 u8g(U8G_I2C_OPT_NONE);  //SSD1306 128X64 I2C 규격 선택
DHT dht(DHTPIN, DHTTYPE); //DHT 센서 초기화
SoftwareSerial mySerial(TXD, RXD); //소프트웨어 시리얼 mySerial 객체 선언
Servo myservo; //서보 모터 객체 선언

//매개변수로 제어 핀과 count 횟수를 가진 ledControl() 함수 선언
void ledControl(int pin,int count);
//DC 모터 동작과 관련된 motor_Control 함수 선언
void motor_Control(byte dcStep);

int LivingroomLedCount = 0; //거실 LED 제어 시 발생한 스위칭 횟수를 저장
int roomLedCount = 0; //방 LED 제어 시 발생한 스위칭 횟수를 저장
byte motorStep = 0; //모터 속도 단계를 저장
float preVoltage = 0; //0~1023 범위의 출력 전압
float voltage = 0; //0~5 범위의 출력 전압
float dustDensity = 0; //미세먼지 농도 수치
float sumDustDensity = 0; //미세먼지 농도 수치 합
float avgDustDensity = 0; //미세먼지 농도 수치 평균
```

```
void setup() {
  dht.begin(); //온·습도 센서 동기화
  Serial.begin(9600); //시리얼 통신 동기화
  mySerial.begin(9600); //소프트웨어 시리얼 동기화
  myservo.attach(SERVO); //서보 모터 제어를 위한 핀 설정
  myservo.write(15); //가스 배관과 일직선상에 위치
  pinMode(DC_MOTOR, OUTPUT); //6번 핀 출력으로 설정
  pinMode(PULSE, OUTPUT); //7번 핀 출력으로 설정
  pinMode(PIR, INPUT); //8번 핀을 입력으로 설정
  pinMode(PIEZO, OUTPUT); //9번 핀을 출력으로 설정
  pinMode(DOOR_LED, OUTPUT); //10번 핀을 출력으로 설정
  pinMode(MAGNETIC, INPUT_PULLUP); //11번 핀을 INPUT_PULLUP으로 설정
  pinMode(ROOM_LED, OUTPUT); //12번 핀 출력으로 설정
  pinMode(LIVINGROOM_LED, OUTPUT); //13번 핀 출력으로 설정
  pinMode(OUTPUT_VOLTAGE, INPUT); //A0 핀 입력으로 설정
  pinMode(GAS_OUT, INPUT); //A1 핀 입력으로 설정
}

void loop() {
  delay(1000);
  int pirValue = digitalRead(PIR); //움직임 감지 신호를 value 변수에 저장
  //마그네틱 스위치의 출력 신호를 magneticValue 변수에 저장
  int magneticValue = digitalRead(MAGNETIC);
  //아날로그 데이터를 읽어 value 변수에 저장
  int gasValue = analogRead(GAS_OUT);
  Serial.print("Pir state :"); //인체 감지 센서 상태 확인
  Serial.print(pirValue);
  Serial.print("\t");
  Serial.print("magnetic state :"); //마그네틱 스위치 상태 확인
  Serial.print(magneticValue);
  Serial.print("\t");
  Serial.print("gas value :"); //가스 센서 데이터 확인
  Serial.println(gasValue);
```

```
if(pirValue == HIGH) //움직임을 감지했을 경우
{
  digitalWrite(DOOR_LED, HIGH); //LED 점등
  delay(5000); //5초 동안 지연
}
else
{
  digitalWrite(DOOR_LED, LOW); //LED 소등
}
//현관문이 열려 있고 움직임이 감지되지 않았을 때
if(magneticValue == 1 && pirValue == 0)
{
   for(int i=0;i<2;i++) //알림음을 2회 출력
  {
    tone(PIEZO, 6271, 150); //6271Hz 주파수의 음을 0.15초 출력
    delay(200); //0.2초 대기
    tone(PIEZO, 4186, 150); //4186Hz 주파수의 음을 0.15초 출력
    delay(200);
  }
}
if(gasValue >= 250) //가스가 누출되는 상황일 때
{
  for(int i=0;i<5;i++) //경고음을 5회 출력
  {
    tone(PIEZO, 2093, 250); //2093Hz 주파수의 음을 0.25초 출력
    delay(200); //0.2초 대기
    tone(PIEZO, 1567, 250); //1567Hz 주파수의 음을 0.25초 출력
    delay(200);
  }
  myservo.write(170); //가스 배관과 90도 방향이 되도록 회전
  delay(200); // 서보 모터가 위치까지 도달할 수 있도록 0.2초 대기
  myservo.detach(); //서보 모터 출력 신호 정지
}
```

```
//습도 데이터를 읽어와 변수에 저장
float humidity = dht.readHumidity();
//온도 데이터를 읽어와 변수에 저장
float temperature = dht.readTemperature();
//데이터를 읽어오지 못했을 경우 아래 메시지 출력
if (isnan(humidity) || isnan(temperature)) {
  return;
}

sumDustDensity = 0; //미세먼지 농도 수치 합을 초기화
for(int i=0;i<30;i++) //미세먼지 농도 수치 30회 측정
{
  digitalWrite(PULSE, LOW); //입력 펄스 인가
  delayMicroseconds(280); //0.28ms 대기
  //A0 핀으로부터 데이터를 읽어 preVoltage에 저장
  preVoltage = analogRead(OUTPUT_VOLTAGE);
  delayMicroseconds(40); //0.04ms 대기
  digitalWrite(PULSE, HIGH); //입력 펄스 종료
  delayMicroseconds(9680); //9.68ms 대기
  //0~5 범위 전압 값으로 변환 후 voltage에 저장
  voltage = preVoltage * 5.0 / 1024.0;
  //미세먼지 농도 수치 dustDensity에 저장
  dustDensity = (voltage-0.3)/0.005;
  sumDustDensity += dustDensity; //미세먼지 농도 수치 합계
  delay(10); //데이터 계산 간 10ms 대기
}
//미세먼지 농도 수치의 평균 값을 avgDustDensity에 저장
avgDustDensity = sumDustDensity / 30.0;

u8g.firstPage(); //picture loop의 시작
do {
  u8g.setFont(u8g_font_fub14); //온도, 습도 폰트지정
  u8g.setPrintPos(5, 20); //온도 데이터 출력 커서 설정
  u8g.print(temperature,1); //온도 데이터(소수점 첫째 자리) 출력
```

```
    u8g.print("\xb0""C"); //온도 기호(°C) 출력
    u8g.setPrintPos(70, 20); //습도 데이터 출력 커서 설정
    u8g.print(humidity,1); //습도 데이터(소수점 첫째 자리) 출력
    u8g.print("%"); //습도 기호(%) 출력
    u8g.setFont(u8g_font_fub20); //미세먼지 농도 수치 폰트 지정
    u8g.setPrintPos(40, 55); //미세먼지 농도 수치 출력 커서 설정
    u8g.print(avgDustDensity,1); //미세먼지 농도 수치(소수점 첫째 자리) 출력
} while(u8g.nextPage()); //picture loop의 끝

mySerial.print(temperature,1); //소수점 첫째 자리까지 온도 데이터 출력
mySerial.print(" "); //각 데이터를 공백으로 구분
mySerial.print(humidity,1); //소수점 첫째 자리까지 습도 데이터 출력
mySerial.print(" "); //각 데이터를 공백으로 구분
//소수점 첫째 자리까지 미세먼지 데이터 출력
mySerial.println(avgDustDensity,1);

//앱에서 데이터가 발생해 블루투스 모듈로 데이터가 입력됐을 때
if(mySerial.available())
{
  byte input = mySerial.read();//데이터를 읽어 input 변수에 저장

  if(input >= 30) //DC 모터 제어와 관련된 데이터 발생 시
  {
    motorStep = input%10; //모터 속도를 나타내는 단계 처리
    input = input/10; //모터 제어와 관련된 고유 번호 3 처리
  }

  switch(input) //input 변수의 값에 맞는 case 문 실행
  {
    case 1:
      //1이 발생할 때마다 LivingroomLedCount 변수 1 증가
      LivingroomLedCount++;
      //거실 LED 제어 핀과 LivingroomLedCount 값을 매개변수로 해
      //ledControl() 함수 호출
```

```
                ledControl(LIVINGROOM_LED,LivingroomLedCount);
                break;
            case 2:
                roomLedCount++; //2가 발생할 때마다 roomLedCount 변수 1 증가
                //방 LED 제어 핀과 roomLedCount 값을 매개변수로
                //ledControl() 함수 호출
                ledControl(ROOM_LED,roomLedCount);
                break;
            case 3:
                //모터 속도 단계를 매개변수로 motor_Contorl() 함수 호출
                motor_Control(motorStep);
                break;
        }
    }
}


void ledControl(int pin,int count) //ledControl() 함수 정의
{
    if(count%2==1) //count 값이 홀수일 때
    {
        //LED를 제어하는 핀에 HIGH 신호를 발생시켜 LED 점등
        digitalWrite(pin, HIGH);
    }
    else //count 값이 짝수일 때
    {
        //LED를 제어하는 핀에 LOW 신호를 발생시켜 LED 소등
        digitalWrite(pin, LOW);
    }
}
void motor_Control(byte dcStep) //motor_Control 함수 정의
{
    switch(dcStep) //현재 DC 모터 속도 단계
    {
        case 0: //0단계
```

```
      analogWrite(DC_MOTOR, 0); //모터 멈춤
      break;
    case 1: //1단계
      analogWrite(DC_MOTOR, 32); //1/8 속도로 DC 모터 출력
      break;
    case 2: //2단계
      analogWrite(DC_MOTOR, 64); //2/8 속도로 DC 모터 출력
      break;
    case 3: //3단계
      analogWrite(DC_MOTOR, 96); //3/8 속도로 DC 모터 출력
      break;
  }
}
```

4 결과 확인하기

 이 절의 실습 내용을 동영상으로 볼 수 있습니다.
QR 코드를 스캔하거나 http://bitly.kr/nVGt41OC1 페이지로 접속하세요.

현관 LED 제어 시스템에서는 인체 감지 센서가 움직임을 감지하면 현관에 설치한 LED를
5초 동안 점등합니다.

그림 17-2 현관 LED 제어 시스템 결과

Pir state :0	magnetic state :0	gas value :116
Pir state :1	magnetic state :0	gas value :116
Pir state :0	magnetic state :0	gas value :117
Pir state :0	magnetic state :0	gas value :113

현관문 알람 시스템에서는 현관문이 열려 있고 움직임이 감지되지 않을 때 알람을 2회 출력
합니다.

그림 17-3 현관문 알람 시스템 결과

Pir state :0	magnetic state :0	gas value :124
Pir state :0	magnetic state :0	gas value :123
Pir state :0	magnetic state :1	gas value :124
Pir state :0	magnetic state :0	gas value :123

가스 감지 시스템에서는 가스가 누출될 경우(감지 데이터가 250 이상일 때) 경고음을 5회 출력하고 서모 모터가 가스 밸브를 잠급니다.

그림 17-4 가스 감지 시스템 결과

온도, 습도, 미세먼지 데이터 출력 시스템에서는 OLED와 스마트폰 앱에 온도, 습도, 미세먼지 데이터를 출력합니다. 스마트폰 앱에서는 미세먼지 데이터에 따라 단계별 배경색과 상태 메시지를 출력합니다.

그림 17-5 온도, 습도, 미세먼지 데이터 출력 시스템 결과

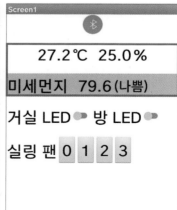

거실, 방 LED 제어 시스템에서는 스마트폰 앱에서 LED를 제어하기 위해 스위칭하면 해당 LED를 점등 또는 소등합니다.

그림 17-6 거실, 방 LED 제어 시스템 결과

실링 팬 시스템에서는 스마트폰 앱에서 0~3 버튼 중 하나를 누르면 해당 숫자 단계의 속도로 DC 모터가 회전합니다.

그림 17-7 실링 팬 시스템 결과

준비하기에서 외관 구현과 관련해 고려한 사항을 정리하겠습니다.

첫째, 스마트홈 시스템에 필요한 전자 소자와 센서를 모두 부착하면 많은 점퍼 케이블이 생깁니다. 케이블을 정리하기 위해 내벽과 외벽 사이의 공간을 활용하려고 합니다. 케이블을 내벽과 외벽 사이로 빼낸 후 천장 처리하면 깔끔하게 케이블을 정리할 수 있습니다.

둘째, 그림 17-1 스마트홈 시스템 구조를 살펴보면 천장 설치는 크게 두 부분으로 나뉩니다. 거실에서 방으로 이어지는 천장에는 DC 모터, LED가 위치합니다. 현관 천장에는 피에조 스피커, LED, 인체 감지 센서가 위치합니다. 각 소자에 연결한 케이블은 내벽과 외벽 사이로 빼내어 정리합니다.

그림 17-8 내벽 설치 도면 (단위 : cm)

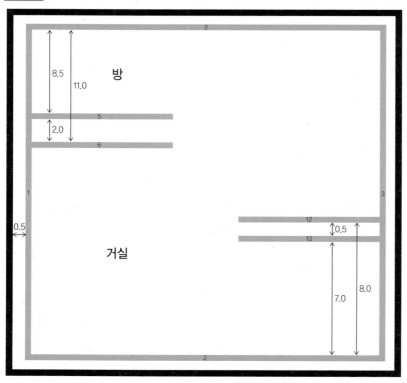

표 17-3 재료 목록

부품명	개수	비고
폼보드	약 7장	30cm×30cm, 두께 0.5cm
폼보드 접착제	1개	
커터칼	1개	
자	1개	30cm
연필	1개	
순간 접착제	1개	

〈내벽 재료〉　　　　　　　　　　　　　　　　　　　　　　　　　　　（단위는 cm, - - - -은 절단선, Φ는 지름）

재료 1	재료 2	재료 3
1개	2개	1개

재료 4	재료 5	재료 6
1개	1개	1개

재료 7	재료 8	재료 9
7.5 0.5 1.7 1.7 동일한 사이즈로 절판 15 3	15.5 3	3.5 1.5
1개	1개	1개

재료 10	재료 11	재료 12
1 0.5 0.5 7.3 3.5 1 0.5 0.5 9.3	9.3 2	1.5 4.5 0.5 15 7.5 7
1개	1개	1개

재료 13	재료 14	
0.5 0.5 15 10.5 7	15 1.5	
1개	1개	

〈서보 모터 재료〉

재료 15	재료 16	재료 17
1.5 / 2.2	1.7 / 2.5	1 / 2.5
2개	1개	2개

재료 18	재료 19	재료 20
0.5 / 2	Φ2	1.5 / 4
1개	1개	1개

〈현관 재료〉

재료 21	재료 22	재료 23
6.5 / 3 / 1.5 / Φ1.2 / 1.5 / 0.5 / 5.5 / 5.5 / 2.3 / 9.5 / 3 / 2.3 / Φ0.5 / 5 / 8.5	8.5 / 2.5	6.5 / 2.5
1개	2개	2개

재료 24		
7.5 / 8.5		
1개		

〈거실, 방 천장 재료〉

재료 25	재료 26	재료 27
7 1,7 17,5 11 Φ2,4 1,7 Φ0,5 3,4	5 9,5 1,7 Φ0,5 3,4	28 2
1개	1개	2개

재료 28	재료 29	재료 30
2 2,4	0,5 2 1 1 2,4	28 3,4
1개	1개	1개

〈외벽 재료〉

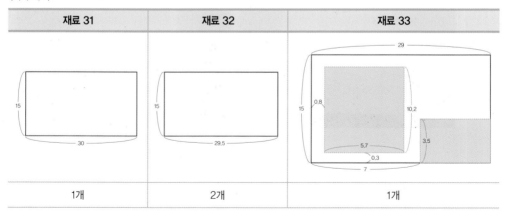

재료 31	재료 32	재료 33
15 30	15 29,5	29 0,8 15 10,2 5,7 3,5 0,3 7
1개	2개	1개

〈내벽, 외벽 사이 재료〉

재료 34	재료 35	재료 36
1.5 / 30	1.5 / 28 / 1 / 6 / 3.4	1.5 / 19
1개	1개	1개

재료 37	재료 38	
1.5 / 6	1.5 / 10.3	
1개	1개	

내벽 재료는 내벽 설치 도면(그림 17-8)을 참고해 부착합니다.

1 바닥면 왼쪽에 재료 1을 부착하고 바닥면 위·아래에 재료 2를 부착합니다.

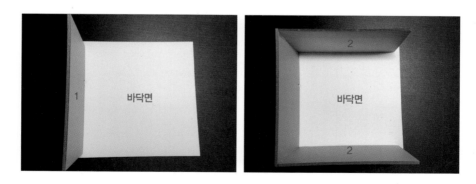

2 현관문 연결을 위해 저항의 양 다리를 자릅니다.

3 절단한 저항의 양 다리를 재료 3의 현관문 틀과 재료 4에 연결합니다. 온·습도 센서와 가스 센서의 핀마다 암-수 점퍼 케이블을 2개씩 연결해 길이를 연장시킨 후 미세먼지 센서와 함께 재료 3에 고정합니다. 센서를 고정할 때 폼보드 접착제를 사용하면 더욱 견고하게 고정할 수 있습니다

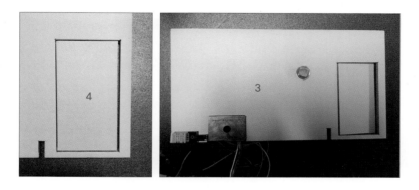

4 재료 3을 바닥면에 부착하고 바닥면에 재료 5를 부착합니다.

5 OLED의 핀마다 암-수 점퍼 케이블을 5개씩 연결해 길이를 연장하고, OLED를 재료 6 홈에 고정한 후 재료 6을 바닥면에 부착합니다. 단, OLED에 연결하는 암-수 점퍼 케이블은 재료 1 아래 홈으로 빼내어 내벽 밖에 위치하도록 합니다. 재료 5, 6 윗부분에 재료 7을 부착하고 재료 5, 6 옆면에 재료 8을 부착합니다.

6 재료 3의 미세먼지 센서에 밀착해 재료 9에 부착하고 재료 9에 재료 10을 부착합니다.

7 재료 9, 10의 윗면에 재료 11을 부착합니다.

8 재료 15 두 개를 겹쳐서 부착하고 서보 모터 사각형 부분에 순간 접착제를 사용해 재료 15를 부착합니다. 단, 재료 15는 재료 12에 부착되므로 90° 회전 방향을 고려해서 서보 모터에 부착합니다. 순간 접착제를 너무 많이 사용하면 폼보드가 녹을 수 있으니 적당량을 사용합니다. 그리고 재료 12 구멍 아래에 재료 15를 부착합니다. 이때 서보 모터의 지지대는 바닥 방향으로 향하게 됩니다.

9 재료 16 긴 변의 양쪽으로 재료 17을 부착합니다. 서보 모터 지지대에 재료 16을 순간 접착제를 사용해 부착합니다.

10 재료 19에 재료 18을 부착합니다. 저항 다리를 1cm 정도 자른 후 재료 20 중앙에 꽂은 후 재료 19 중앙과 연결합니다. 그리고 재료 17에 재료 19를 부착합니다.

11 재료 12를 바닥면과 재료 3에 부착하고, 재료 20을 재료 3에 부착합니다. 서보 모터에 연결한 3색 케이블에서 점퍼 케이블을 제거하고 3색 케이블을 재료 12 구멍에 넣어준 뒤 재료 3 아래 구멍으로 빼냅니다. 구멍으로 빼낸 3색 케이블에 제거한 점퍼 케이블을 다시 연결합니다.

12 마그네틱 스위치 중 케이블을 연결한 스위치를 현관문 위 재료 3에 부착합니다. 자석은 스위치와 마주 보도록 재료 4에 부착합니다. 다음으로 피에조 스피커의 각 핀에 암−수 점퍼 케이블을 3개씩 연결해 길이를 연장합니다. 길이 연장이 완료되면 피에조 스피커는 재료 21에 부착하고 점퍼 케이블은 재료 3 아래 홈으로 빼냅니다.

13 인체 감지 센서의 각 핀에 암-수 점퍼 케이블을 3개씩 연결한 후 재료 21에 부착합니다. 단, 인체 감지 센서 부착 시 점퍼 케이블은 재료 3 아래 홈으로 빼냅니다. 현관 LED의 각 핀에 암-수 점퍼 케이블을 3개씩 연결한 후 재료 21에 부착합니다. 점퍼 케이블은 재료 3 아래 홈으로 빼냅니다. 단, LED 다리와 점퍼 케이블의 연결이 느슨하다면 LED 다리에 폼보드 접착제를 살짝 발라주고 연결합니다.

14 재료 3과 바닥면에 재료 13을 부착합니다. 단, 부착 시에는 현관 천장에 설치된 전자 소자와 센서의 점퍼 케이블이 재료 12, 13 사이에 위치하도록 합니다. 마그네틱 스위치의 케이블은 재료 13의 홈으로 빼냅니다. 그리고 재료 12, 13에 옆면에 재료 14를 부착합니다.

15 재료 2, 3, 12, 13에 재료 21을 부착합니다. 그리고 재료 21 왼쪽 면에 재료 22를 부착합니다.

16 재료 21 위, 아래 면에 재료 23을 부착하고 재료 21 오른쪽 면에 재료 22를 부착합니다. 그리고 재료 22, 23에 재료 24를 부착합니다.

17 재료 2, 7에 재료 25를 부착한 뒤 DC 모터를 고정합니다. DC 모터의 극마다 암-수 점퍼 케이블을 3개씩 연결해 길이를 연장한 후 다이오드의 애노드와 캐소드에 각 점퍼 케이블을 연결합니다. 그리고 거실 LED를 재료 25에 고정하고 핀마다 암-수 점퍼 케이블을 4개씩 연결해 길이를 연장합니다.

18 재료 2, 7에 재료 26을 부착한 후 방 LED를 고정합니다. LED 핀마다 암−수 점퍼 케이블을 3개씩 연결해 길이를 연장합니다.

19 재료 26의 오른쪽 긴 변에 재료 27을 부착하고 재료 26의 아래 짧은 변에 재료 28을 부착합니다. 그리고 재료 26의 왼쪽 긴 변에 재료 27를 부착합니다.

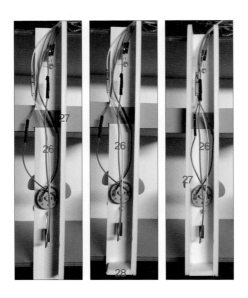

20 재료 26 위 짧은 변에 재료 29을 부착합니다. 그리고 재료 27, 28, 29에 재료 30을 부착합니다.

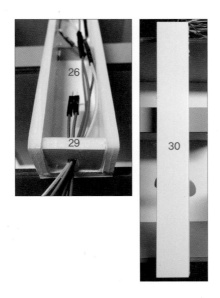

21 재료 1의 외벽으로 재료 31을 부착합니다. 외벽을 부착할 때 점퍼 케이블이 외벽과 내벽 사이에 위치하도록 합니다. 그리고 재료 2의 위아래 외벽으로 재료 32를 부착합니다.

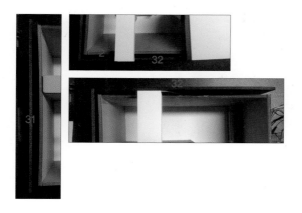

22 재료 3의 외벽으로 재료 33을 부착합니다. 그리고 내벽 재료 1과 외벽 재료 31 사이에 재료 34를 부착합니다.

23 위 내벽 재료 2과 외벽 재료 32 사이에 재료 35를 부착합니다. 그리고 내벽 재료 3과 외벽 재료 33 사이에 재료 36을 부착합니다.

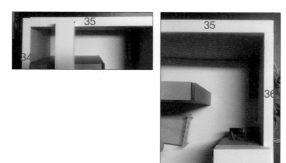

24 아래 내벽 재료 2과 외벽 재료 32 사이에 재료 37과 38을 부착합니다.

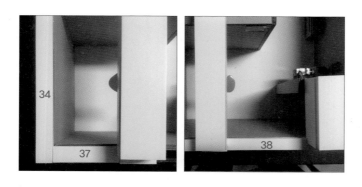

25 스마트홈 시스템의 외관을 완성했습니다.

6 성능 테스트하기

이 절의 실습 내용을 동영상으로 볼 수 있습니다.
QR 코드를 스캔하거나 http://bitly.kr/ZJl760HeM 페이지로 접속하세요.

스마트홈 시스템이 제대로 작동하는지 성능 테스트하겠습니다. 아두이노 전용 케이블로 PC
와 아두이노를 연결하고 9V 건전지 스냅에 9V 건전지를 부착합니다. 업로드를 완료한 후
현관에 움직임이 포착되면 현관문에 설치한 LED가 점등합니다.

그림 17-9 현관 LED 제어 시스템 결과 확인하기

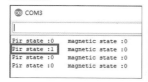

현관문이 열려 있는 상태에서 움직임이 포착되지 않으면 알람을 2회 출력합니다.

그림 17-10 현관문 알람 시스템 결과 확인하기

가스 농도가 250 이상이면 가스가 누출되고 있으므로 경고음을 5회 출력하고 가스 밸브를 잠급니다.

그림 17-11 가스 감지 시스템 결과 확인하기

```
Pir state :0      magnetic state :0      gas value :501
Pir state :0      magnetic state :0      gas value :492
Pir state :0      magnetic state :0      gas value :486
```

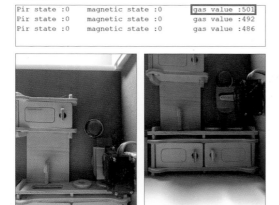

온도, 습도, 미세먼지 데이터는 OLED로 확인할 수 있습니다. 해당 데이터들은 스마트폰 앱에도 출력되며 특히 미세먼지 데이터의 경우 수치에 따라 단계별 색상 출력과 상태 메시지를 확인할 수 있습니다.

그림 17-12 온도, 습도, 미세먼지 데이터 시스템 결과 확인하기

블루투스를 연결하면 거실과 방에 설치한 LED는 스마트폰 앱에서 제어할 수 있습니다. 스마트폰 앱에서 해당 LED를 스위칭하면 점등 또는 소등할 수 있습니다.

그림 17-13 거실, 방 LED 제어 시스템

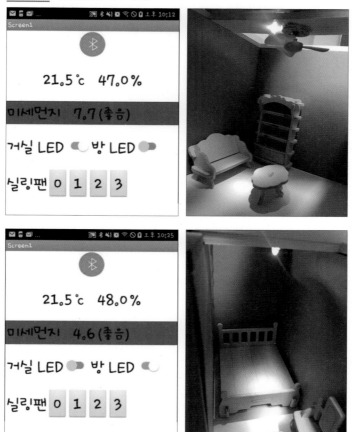

거실에 설치한 실링 팬은 스마트폰 앱으로 제어할 수 있습니다. 1~3 버튼을 누르면 단계에 맞는 속도로 DC 모터가 회전하고 0 버튼을 누르면 DC 모터는 정지합니다.

그림 17-14 실링 팬 시스템

부품 리스트

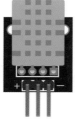

품명	제품 번호규격	비고
아두이노	우노(Uno) R3 DIP	CH340 타입은 드라이버를 추가로 설치해야 함
브레드보드	400핀	
아두이노 전용 케이블	1.5m	
점퍼 케이블	수-수(40핀, 20cm)	
점퍼 케이블	암-수(40핀, 20cm)	스마트홈 시스템을 구현할 때 약 80핀이 필요함
터치 센서	TTP223B	
빨간색 LED	5 파이	
초록색 LED	5 파이	
흰색 LED	5 파이	
저항	220Ω	
저항	160Ω	120 ~ 200Ω 저항을 사용해도 괜찮음
저항	100Ω	
저항	330Ω	
원형 네오픽셀 LED	WS2812B(12bit)	
3색 LED	캐소드 공통(공통 음극)	
온 · 습도 센서	DHT11	
OLED	128X64 I^2C	
DC 모터	RF-310 (1.5~12V, 8~70mA)	
트랜지스터	MPS2222A, 2N2222A	
다이오드	1N4001	
초음파 센서	HC-SR04	
배터리 스냅	9V용	6V용 배터리 스냅 사용 가능
배터리	9V	6V용 배터리 스냅에 1.5V 건전지 4개를 사용해도 됨
서보 모터	SG90	
미세먼지 센서	GP2Y1010AU0F	150Ω 저항 1개와 220uF 콘덴서 1개는 포함됨
인체 감지 센서	HC-SR501	

품명	제품 번호규격	비고
피에조 스피커	수동	
마그네틱 스위치	MC-38	
가스 센서	MQ-5	
블루투스 모듈	HC-06	HC-05 모듈도 사용 가능
전해 콘덴서	220µF	

TIP

CH340 드라이버

아두이노 우노 CH340 보드를 사용할 경우 CH340 드라이버를 설치해야 아두이노 IDE에서 보드를 인식합니다. CH340 드라이버 설치 파일은 길벗 홈페이지나 깃허브에서 소스 코드와 함께 내려받을 수 있습니다. SETUP 파일을 열고 'INSTALL'을 클릭하면 드라이버가 설치됩니다.

그림 0-13 아두이노 우노 CH340 보드

TIP

퍼스트 디바이스(1st Device) 쇼핑몰에서 책에서 사용한 DC 모터를 비롯한 모든 부품을 개별적으로 혹은 키트 상태로 구매할 수 있습니다.

• https://smartstore.naver.com/1stdevice

찾아보기